U0015874

思想 REFLEXION 14

台灣的日本症候群

編輯委員會

總編輯：錢永祥

編輯委員：沈松僑、汪宏倫、林載爵

　　　　　陳宜中、王智明

聯絡信箱：reflexion.linking@gmail.com

網址：www.linkingbooks.com.tw/reflexion/

目次

思想人生

思想采風

殷海光先生的理想主義道路：
從公共知識分子談起*

張　灝

　　大家好。今天真是一個很難得的聚會，在殷先生逝世40年之後，當他當年教過的年輕人已變成白髮老人的時候，大家還能從世界各方趕來參加這個聚會，紀念他，懷念他，並爲此作一些學術討論。殷海光基金會要我爲這場討論會作一個開場白。大家都知道，殷先生這一生的努力與志業有兩方面特別爲世人景仰與懷念；一方面是他爲自由主義所作的闡揚、奮鬥與犧牲，另一方面是他作爲公共知識分子所走的思想道路。關於自由主義這一面，待會接下來有幾場專題討論。在這開場白裡，我想就集中談談他作爲公共知識分子這一面。

　　關於殷先生作爲公共知識分子所走的生命道路，我認爲在三個方面的表現，特別值得我們注意：

一、超越學術專業的限制，走入公共空間

　　20世紀末葉，西方文化界、思想界出了一個新觀念──公共知識分子。這個觀念是美國學者羅素・雅各比在1987年《最後的知識

＊　殷海光基金會爲紀念殷海光先生逝世40週年暨雷震先生逝世30週年，以「追求自由的公共空間：以《自由中國》爲中心」爲題舉辦學術研討會(98年8月15-16日)。本文即爲張灝先生爲研討會所作的主題演講。

分子》這本書裡首先提出，立刻產生廣泛的迴響，其中包括薩依德的名著《知識分子論》。就以這兩本書而論，它們的中心意思，都是對當代知識分子發展趨向表示不滿，認為知識分子已失去知識分子應有的職責與功能，對政治社會沒有理念與關懷，不能發揮批判意識。究其原因，說法雖有不同，但這番公共知識分子的討論似乎都集中在一點：現代學術界的職業精神要負責任。這種職業精神發展過度，已有專業掛帥的趨勢，在這趨勢籠罩下，知識分子只注重自己的專業知識，只重視個人的學術成就與職業昇遷，除此之外，漠不關心。雅各比與薩依德這些感慨主要因為這種專業掛帥的發展趨向與他們心目中的知識分子典型不合——他們的典型是老一輩的西方理念型知識分子如，羅素、沙特、Edmund Wilson、Lewis Mumford等等。這些人都是本著理念與知識，走入公共空間，面對時代的問題，真誠而勇敢地發言與介入。雅各比稱這些人為公共知識分子，以別於一般的知識分子。

從這個觀點去看殷先生，他毫無疑問是中國在20世紀下半葉的公共知識分子的一位先驅與表率。大家都知道殷先生從少年時代就非常好學，已經開始他一生的知識追求。在高中就曾翻譯西方邏輯的書，後來在大學師從金岳霖，進入哲學的領域。他在哲學的專業，多半集中在邏輯經驗論、分析哲學，這一類很專門、很技術性的哲學。他在這方面的興趣始終不衰，不斷地鑽研，求長進。但他從不以此自限，從大學起就熱切地關心書齋外的時代問題。面對現代中國的政治社會危機，不斷地「焦灼的思慮」，不斷地提出自己的看法，熱烈地參與當時的各種政治社會的活動與討論，從此終生把他的知識與理念，投入公共空間，發為社會良知、批判意識與抗議精神。甚至不惜冒著自己職業與生命安全的危險，為當時台灣與20世紀後半葉的華人世界樹立了一個公共知識分子的典型。

二、以大無畏的精神，面對白色恐怖，批評時政

我方才提到在西方，特別是在美國，談公共知識分子，特別強調他需要超越學術專業精神。這種態度是可以了解的，因為這是目前在西方公共知識分子難產的最主要一個原因。但在當代的中國與40年前的台灣，要談公共知識分子這一角色，就不能只專注在超越專業精神這一點。因為在中國的環境裡，公共知識分子還要面臨另一個更大的困難，那就是來自政治權威的威脅與迫害。殷先生作為一個公共知識分子，在這方面的慘痛經歷，是在座諸位都很熟悉的。他在這方面的種種表現，我想大家都會同意，是他生命中最光輝、最動人心弦、最可歌可泣的一頁，我在這裡也就不多說了。

三、反潮流的批判精神

方才我從超越學術專業精神的限制、與抗拒政治權威這兩個角度去認識殷先生的公共知識分子角色。現在我要從另一個角度，一個比較不為人注意但非常重要的角度去看殷先生作為公共知識分子的表現。這個角度就是我所謂的「反潮流」。從這個角度去認識殷先生的公共知識分子的角色，首先我們必需把他放在中國現代知識分子思想傳統這個大脈絡去看。

大家知道，殷先生在五四發生的1919年出生，30年代與40年代正是他青少年成長期。重要的是，那個時期也正是近代知識分子傳統內思想激化趨勢迅速開展、思想左轉這個潮流大漲潮的時候。什麼是激化？我對激化有三點定義：第一，激化是指對現狀全面的否定。所謂現狀，不僅指現實政治社會經濟文化的狀況，更重要的是指它們後面的基本價值與制度。第二，在現實狀況之外，看到一個完美的理想社會。第三是相信有一套積極的公共行動方案（特別是政治行動）可以實現這個理想社會。這種激化的思想趨勢，從現代知識分子在1895以後登上歷史舞台開始就出現，但它的成長與壯大主要

是在五四時期，特別是五四後期。到了1930與40年代，已經在知識分子裡面演為一個勢不可當的大潮流。

　　值得注意的是，面對這左轉大潮，殷先生的態度不是投入洪流，而是逆流抗拒。舉一些顯明的例子，他是在30年代末到40年代初進大學，唸的大學是昆明的西南聯大。當時西南聯大是抗戰時期全國學術中心，也是左傾學者與學生聚匯的中心，左派勢力極大。殷先生不但不隨聲附和，加入他們的行列，而且常常站起來與這些左派人士辯論、爭吵、「對著幹」。例如他聽到左翼學生高唱「保衛馬德里」歌曲，就問他們，「為什麼不唱保衛華北？」又如當時聯大的一位名教授張奚若，曾寫文章、發表演說，支持左傾的學生運動，殷先生以一位剛出茅廬的大學生，就曾為了一個民主傳單問題，與張奚若激辯了一個多小時。可見殷先生當時面對聲勢浩大的左傾運動，挺身而鬥，絲毫不懼怕、不心虛、不讓步來捍衛他自己的立場。待會我會討論殷先生這種抗拒左傾的態度背後的思想因素。這裡我只想指出：殷先生這種反潮流態度反映一種面對社會與文化權威，不隨波逐流，仍然維持雖千萬人吾往矣的獨立自主的精神。這也是他扮演公共知識分子角色的重要一面，其意義不下於我方才指出的其他兩面：抗拒政治權威的勇氣，與超越專業掛帥的學術風氣，所表現的社會關懷與責任感。

　　綜合殷先生作為一個公共知識分子在這三方面的表現，我認為它們都透露了他的思想，或者應該說他一生精神生命的一個重要特質、一個基調，那就是他的強烈的理想主義。我想在座諸位曾經與殷先生生前有過接觸，有過來往，都會感覺到他的生命與人格散發一股特有的理想主義精神，表現在他的文章裡、書信裡、教室討論裡、公開演講裡、與朋友和學生私下談話裡、以及他日常生活品味與為人處世的格調裡。假如我們說當年台灣有一個殷海光現象，我

想這份理想主義就是這現象的精神核心。

回憶起來，我當年就是受這份理想主義的牽引而投到他的門下。記得大約是1950年代初，我在《自由中國》上讀到一篇題名爲〈一顆孤星〉的文章。作者就是今天也在座的聶華苓女士。在她生動感人的筆觸下，一位獨立特行，光芒四射的哲人在我的腦海裡浮現。這個形象放在1950年代台灣灰暗消沉的政治與思想環境裡，真像一顆孤星在黑夜中閃閃發光，令人仰望。就這樣我登門求見，找到了殷先生。

接近殷先生的學生和朋友都知道，他這一生，受著他的理想主義的驅使，一直在不斷地做思想上的探索與精神上的追求。晚年在經過心靈上一番調整以後，他又重新出發，曾經寫下一段關於他心路歷程的獨白。今天大家聚在這裡，紀念殷先生，懷念殷先生，我想把這段獨白唸出來，讓大家能透過殷先生散文詩的語言，重溫一下他生命中特有的這份理想主義的基調：

> 在這樣的背景下，我獨自出發來尋找出路和答案。當我出發時，我像是我自己曾經涉足過的印緬邊境的那一條河。那一條河，在那無邊際的森林裡蜿蜒地流著，樹木像是遮蔽著它的視線，岩石像是擋住了它的去路。但是，它不懈怠，終於找到了出路，奔赴大海和百谷之王滙聚在一起。現在，我發現了自己該走的大路。我認為這也是中國知識分子可能走的大路。我現在看到窗外秋的藍天，白雲的舒展，和遙遠的景色。

你們也許注意到我方才用獨特這兩個字來形容他的理想主義精神。這是因爲我拿他與台灣早期和他同輩的知識分子相比。事實上殷先生自己也有相同的感覺。他生前常常感嘆當時讀書人的精神失落與

萎靡。但是我們若把他放在中國近代早期知識分子的思想大脈絡去
看，他的理想主義不是一個孤例，而是當時知識分子的一個思想基
調。我現在要進一步指出：這份基調的出現是有其時代背景的。

　　這個背景就是晚清出現的所謂三千年未有之大變局，這個變局
雖然是開始於19世紀初葉，但真正的展開、真正的啓動大約是1895
年以後的年代。那是一個空前的危機時代。首先是政治危機，內亂
外患已惡化到一種程度，不但國族生存受到威脅，而且傳統政治秩
序的基本體制——普世王權也開始解體。同時，西方文化思想的侵
蝕與挑戰已由傳統文化秩序的邊緣深入到核心，使得以天人合一的
宇宙觀與三綱五常的價值觀組合所形成的儒家核心思想，也在動搖
消解中。這空前的政治與文化的雙重危機，激發出空前的危機意識，
在1895年以後出現的現代知識分子中散布。一方面是對現實情況有
一種從根爛起、瀕臨絕境的悲觀。而另一方面，就在同時，中國知
識分子的時間觀念與歷史觀念也起了很大的變化。他們放棄了中國
傳統看歷史的運行不是循環返復就是江河日下的悲觀論，而開始擁
抱西方認為歷史是單向直線的、朝著無限的未來進展的樂觀論，再
加上當時的西潮、西學帶來一個嶄新世界觀，一個新天新地的視野，
以及許多前所未聞前所未見的「新生事物」如自由民主的觀念、憲
政代議制度與科技等等，開展中國人對未來的想像力，對未來的矚
望與遠景。在他們的眼裡，前途不再是侷蹙狹隘、江河日下的趨勢，
而是「地球由苦到甘」（譚嗣同語）日趨佳境的不斷進展。因此，一
種高度樂觀的前瞻意識與對現狀空前的悲觀，同時籠罩著1895年以
後知識分子的世界，也可說在這危機意識裡面有一個兩極心態；一
邊是一片腐爛、一片黑暗的今天，一邊是無限光明燦爛的未來。在
這兩極心態裡，當時的知識分子又投注一種積極進取的精神：這精
神一部份來自傳統士大夫以天下為己任的儒家經世觀；一部份來自

近代西方文化蘊含的戡世精神。這份積極進取的精神與方才提到的兩極心態融滙，成爲中國歷史前所未有的一種理想主義精神。

最能代表這份理想主義的，是當時知識界的一位領袖人物：梁啓超。他認爲當時的中國正處於他所謂的「過渡時代」，一方面他是這樣形容當時的中國：「正如駕一葉扁舟，放乎中流，兩頭不到岸，險象環生，隨時滅頂。」而另一方面，他展望海之彼岸，看到一片璀璨的景觀，又有這樣興奮的期待：「其將來之目的地，黃金世界，荼錦生涯，誰能限之？」

是在這樣樂觀而自信的前瞻意識的驅使之下，他寫下一首傳頌一時的詩歌，〈志未酬〉：

> 志未酬！志未酬！問君之志幾時酬。志亦無盡量，酬亦無盡時。世界進步靡有止期，吾之希望亦靡有止期。眾生苦惱不斷如亂絲，吾之悲憫亦不斷如亂絲。登高山復有高山，出瀛海更有瀛海，任龍騰虎躍以度此百年兮，所成就其能幾許？雖或少許，不敢自輕。不有少許兮，多許奚自生？但望前途之宏闊而遼遠兮，其孰能無感于余情。吁嗟呼，男兒志兮天下事，但有進兮不有止。言志已酬便無志！

大家也許知道，梁啓超這首〈志未酬〉是殷先生生前非常欣賞、非常喜愛、也時而引用的詩歌。這裡我要特別一提的是，殷先生在他逝世大約三週前寫的一篇文章裡，還念念不忘這首詩歌。那篇文章是他爲香港友聯出版社編的《海光文選》寫的序言，在文章的末了，他這樣沉痛而堅強地寫道：

> 我在寫這自敘時，正是我的癌症再度併發的時候，也就是我和死神再度搏鬥的時候。這種情形，也許正象徵著今日中國知識

分子的悲運。今天，肅殺之氣，遍布大地。自由民主的早春已
被消滅得無影無蹤了。我希望我能再度戰勝死神的威脅，正如
我希望在春暖花開的日子，看見大地開放著自由之花。說到這
裡，我不禁聯想起梁啟超先生的〈志未酬〉歌。

接著殷先生就抄錄這首詩歌的全文，以結束這幾乎是他一生臨終絕
筆的一篇文字。很顯然，在殷先生的心目中，這首詩歌所透顯的理
想主義精神，也是他一生為之盡瘁的苦志與悲願的凝聚點。

　　我在這裡把殷先生的理想主義放在中國近現代知識分子思想發
展的大環境去看，一方面是要說明他的理想主義不是一個孤立現
象，而是與1949年以前中國近代早期知識分子的思想傳統一脈相
承，精神相通的。同時，我也要提出一個我認為很有意義的問題，
我相信思考這個問題，可以幫助我們進一步認識殷先生的思想生
命，與殷先生所歸屬的近代中國知識分子的精神傳統。

　　提到這個問題，我就要回到我方才討論過的一個殷先生的思想
特徵——反潮流。我曾經指出，這個「反潮流」態度的思想背景就
是五四後期到1940年代的知識分子的左轉大潮流，而這個大潮流後
面的一個最重要的思想動力，也就是我所謂的「激化」趨勢。這個
趨勢，如我方才指出，在近代知識分子的思想傳統裡可以追溯到梁
啓超與康有為、譚嗣同等第一代知識分子所開啓的文化啓蒙。也就
是說，當梁啓超在20世紀初寫〈志未酬〉詩歌的時候，這激化的趨
勢已開始在他們所引導的思想界顯露端倪。以後它持續擴展，繼長
增高，從五四後期開始幾乎有席捲知識界與文化界的趨勢，而殷先
生身處這樣一個理想主義傳統之中，卻不為所動，力抗這股激化的
洪流？這是什麼原因？

　　在回答這問題以前，為了彰顯這問題的意義，讓我簡略地追溯

一下理想主義在殷先生思想裡的發展。首先，我要指出：他進入這
理想主義傳統是很早的。我的證據是他早年，大約是大學時代，寫
的一首新詩〈燈蛾〉：

> 只為貫徹畢生的願望，毅然地奮力撲向火光。
> 千百次迴旋也不覺疲憊。
> 是光明激起了無窮力量？
> 直至火花燃去了翅膀，
> 倒下了，也不悲傷。
> 掙扎中，還再三叮嚀同伴，
> 一定要撲向火花！

　　這首新詩的主題，燈蛾撲火，是中國知識分子早期思想傳統裡
常見的一個引喻，特別在所謂的「三十年代文學」與「革命文學」
裡。燈蛾，為了追求光與熱，不惜葬身火焰；人，為了追求真理與
理想所發出的光與熱，也應該有同樣的犧牲精神。這種殉道精神、
烈士精神，毫無疑問是理想主義的最高表現，殷先生顯然在少年時
代已經擁抱，但他卻沒有像他同時代許多熱血青年一樣跟著這種精
神左轉，這是為什麼？
　　大約10年之後，1950年代初，殷先生已是一位中年學者，他寫
了一篇長文，〈自由人底反省與重建〉，重申他少年時所展現的理
想主義精神。重要的是：在這十年間，他不但沒有隨著時代潮流，
往左轉去追求他的理想主義，反而認為這份理想主義的精髓，可以
化為「至大至剛」的獨立自主精神，一旦形成時代的酵母，能夠抗
拒與扭轉時代的赤化洪流。他說：「我們先在思想中成長一個新的
世界，我們內在的生命力、思想力、意志力充實的一天，我們底光

輝自然會放射於外，照徹四海。」然後他話鋒一轉，針對他認爲精神萎靡的同時代知識分子喊話：「作者深知人心並未死絕。許多人底靈魂還隱藏在他們底腔子裡頭。不過，他們像冬天的草蟲，在冬季西伯利亞的寒風裡蟄伏起來，以待春到人間的一天。可是我們要知道，這不是禦寒最佳的方法。禦寒的最佳方法，是自動地創造春天。」

　　殷先生這番話，使我聯想到五四時代一位知識分子的領袖李大釗。他曾在《新青年》雜誌上發表一篇題名爲〈春〉的文章，向他精神萎靡的同胞，發出了「回春再造」的呼聲。這個呼聲與殷先生的「自動地創造春天」那句話，都是用象徵性的語言來表達同樣的信念：人的精神力量是偉大的，無限的，發揮起來可以把春天帶回嚴冬封鎖的人間，使得大地欣欣向榮地滋長繁榮下去。順便提醒大家，李大釗也是受過早期知識分子的精神傳統的強烈影響。殷先生在這個傳統裡最心儀崇拜的人物是梁啓超；李大釗最心儀崇拜的是梁的摯友譚嗣同，因此殷先生與李大釗來自同樣的精神傳統，用著同樣的象徵語言，表達了同樣的精神信念。但令人費解的是二人的思想發展，卻是非常的不同。李後來變成共產黨的創黨人，抱著共產主義天堂的理念，走上悲劇性的革命道路。大多數與殷先生同時代的知識分子，也都走上這條革命的道路。但殷先生卻與眾不同，始終拒絕走上李大釗的道路，始終與革命與激化的潮流保持著批判的距離。照理講，以殷先生高昂的理想主義精神，應該很容易被牽引走上李大釗的激進道路，但他卻始終沒有，這是爲什麼？

　　對這個問題，我沒有很滿意的答覆，但是我在他的思想裡看到三個因素，合而觀之，我相信可以幫助我們說明他與激化的逆反關係。

　　第一個因素是殷先生的天生性格。我方才在討論他的反潮流精

神時，曾經提到過，我認爲他有與生俱來的一副傲骨，不與世俗妥協的反抗勁兒，一番「千山我獨行」的氣概，這些性格與氣質後來化入他一生再三強調的獨立自主的精神，使他面對外在的權威時，不論是時代精神、思想潮流或學術風尚，很容易產生先天的抗拒力。

其次殷先生認爲激化思想的核心——馬克思主義的基本觀念——與他的理想主義相牴觸。他在〈自由人的反省與再建〉的文章裡再三強調他的理想主義是建築在對人的主觀精神的信念。讓我再引用他的一段話作爲說明，他說：「精神力量是不可計量的，因而是無窮的。今日只有藉這無窮的精神力量來運用物質力量才能打敗邪惡的極權主義。這種精神力量，在起支配作用時，比氫氣原子彈底力量不知偉大多少萬倍。」這裡順便提一下，在這方面我認爲他有意無意地受到傳統儒家思想中唯心論的很大影響。大家知道，孟子是古代儒家唯心思想集大成的人物。殷先生這篇文章裡有好幾節，從他引文的字句語言、氣勢以及強調唯心的觀點，是充滿了「孟子精神」。而他認爲這種寶貴的唯心精神是被馬克思主義否定了。因爲馬克思主義有一個基本哲學觀念，那就是「存在決定意識」。後者，更具體地說是一種經濟決定論，認爲人的思想是一種上層建構，受制於基層的經濟結構，亦即主觀意識只能被動地反映現實社會經濟環境的影響。換言之，殷先生的理想主義的中心觀念：他所謂的「人的自主性與自動性」，以及隨之而來的「自由精神」與精神至上的觀念，都被馬克思主義否定了。這自然不是他能接受的。可見他的理想主義對思想激化是有內在的抗拒力。

此外，我要強調：就思想激化而言，殷先生的理想主義還有一個更大的、更重要的內在抗拒力，這就是殷先生對烏托邦的看法。我方才曾經對「激化」觀念的意義作了三點簡單的說明。綜合這三點，我們可以說「激化」的核心思想就是一種以烏托邦主義爲取向

的政治轉化意識，也就是說，它不但相信未來有一個終極的理想社
會，而且相信這個社會可以透過政治組織的安排與權力的運作加以
實現。近代的馬克思主義就是典型的這種烏托邦型的政治轉化意
識，相信人類可以一個龐大的極權政府去實現一個無政府的理想社
會，這種信念我稱之為建構型或硬性烏托邦主義。它是建築在一個
基本政治信念上，那就是政治的創造性（creative politics），相信政治
可以創造出人類最美好的理想；或者稱救贖性的政治（redemptive
politics），相信政治可以把人類從苦海或罪海中拯救出來。大家都知
道，這種創造性的政治觀在20世紀闖了大禍，造了大孽。

　　殷先生一生堅強地反共與反極權，反映他對建構型的烏托邦以
及隨之而來的激化思想有很深的反感。問題是：他這種反感的思想
根源從何而來？一個明顯的答覆是他的自由主義。但是問題接著來
了。因為西方的民主自由觀念，從1895年開始大規模地進入中國，
到殷先生成長的1930-40年代已經形成一個思想傳統，這個傳統有一
個主軀，我稱之為高調的自由主義。後者對建構式的烏托邦主義以
及隨之而來的激進主義，不但沒有抗拒性，反而在思想上有很強的
親和性。就了解殷先生的自由主義的思想背景而言，這是一個很有
相關性的重要事實，讓我在此作一些簡略的說明。

　　大致而言，高調的自由主義的出現，是因為近代早期的中國知
識分子受到兩方面思想的影響；一方面是來自歐陸理性主義傳統的
激進主義民主觀，另一方面是來自傳統儒家以道德理想主義為取向
的經世思想。這兩種影響使他們相信民主與自由代表一種政治秩
序，其主要功能在於實現崇高的道德理念，也就是說他們認為自由
主義的政治就是我方才提到的創造性的政治；它可以創造出一個美
好的理想社會。我想以他們最常談的兩個觀念：「自由」與「民主」，

來稍稍說明一下這高調的自由主義。

　　首先是**自由**的觀念。對於許多當時的知識分子而言，個人自由主要指「精神自由」。什麼是精神自由？它有一個前提，那就是來自中國傳統的二元自我觀，相信人的個體自我有雙重性：一方面是人的理性或「良知」，或它們所代表的「精神我」、「真我」、「貴體」、「大我」；另一方面是人的各種情緒、感覺、衝動、慾望以及成見與私意以及它們所反映的「軀體我」、「賤體」、「小我」。當個人能以自己的本性或良知為主宰，克服或控制自己的情感、慾望以及身體其他各種需要，這就是精神自由。換言之，這種個人自由就是要求壓制個人外在軀體的小我以彰顯內在精神的大我或真我，這顯然是理想性很強的自由觀，很近乎伯林所謂的積極自由。誠如伯林所指出，這種自由觀有其重要的意義與價值，但也有其危險性，因為這種精神自由以及隨之而來的二元自我觀念，由於缺乏純淨的超越內化意識，常常會被群體意識與權威意識所滲透與扭曲，變成一種否定經驗現實中活生生個人的自由與自主的觀念，從而變為一種專制主義與集體主義的思想因子。

　　再看高調自由主義的**民主**觀念。近代早期的知識分子一開始接受民主觀念，就有朝著盧騷型的共和主義民主觀發展的傾向，含有很強的道德意識與集體意識，而同時對古典自由主義的民主觀，採取批判的態度，認為古典自由主義的民主觀太狹隘、太為資產階級的利益著想、太接近資本主義，因此擴大民主觀念的呼聲愈來愈高，其結果是一種激進的、高調的民主觀在知識分子之間流行起來。它有兩個特徵，一是民粹主義：也就是以表達社會低下層大多數人民的意志與利益為宗旨，而產生一種理想化的人民觀，視人民為一個單純同質的整體，有共同的意志，可以直接選舉或公投等方式表達出來，這就是所謂的直接民主。

　　另外一個特徵是民主的偶像化，認爲民主可以爲這個世界帶來烏托邦。在現代世界，民主觀念變成烏托邦思想的溫床，原來就是一個相當普遍的趨勢。中國早期的知識分子也不例外，從康有爲、譚嗣同到陳獨秀、李大釗都有這種傾向。李大釗在五四時代對民主的看法就是一個典型的例子。他曾引用《聖經》中的諾亞方舟故事，把當時的民主潮流視爲沖洗世界的大洪水，能把污穢骯髒的世界洗得乾乾淨淨，產生一個他所謂的「新生活，新文明，新世界」。這種理想化的民主觀，配上理想性的自由觀念，產生我所謂的高調自由主義，在20世紀前半期是知識分子思想激化的一個主要渠道，同時也變成中共後來的極權民主的一個重要階梯。

　　現在回頭來看殷先生的自由主義。如果他與他同時代大多數的知識分子有著同樣的背景，則順著高調自由主義的思路發展，他不應該會對建構型的烏托邦主義有反感。但重要的是，他的思想是來自與高調自由主義很不同的背景。大家知道，影響他的自由與民主觀念的人如金岳霖、羅素、海耶克乃至張佛泉，都與英國自由主義傳統直接或間接有很深的思想淵源關係。而大約而言，這個傳統的自由主義的性格，是屬於低調型與消極型。

　　英國自由主義這種低調性格的形成，簡化地說，可以歸因於來自兩方面的歷史影響。最顯著的當然是英國哲學傳統主流的經驗論，特別是隨之而來的知識上的懷疑主義，也就是卡爾波普爾所謂的「悲觀的知識論」（epistemological pessimism），認爲人的理性有限，認知能力有限，不足以設計與建構一個理想社會。另外一個影響是來自基督教的新教，特別是加爾文教派。我們知道新教有很強烈的悲觀的人性論，認爲人性充滿了陰暗面，充滿貪得無壓的慾望，特別是對權力的慾望。因此權力在人手上是很危險的，弄得不好，就會氾濫成災，血流成河。而權力又是政治秩序不可或缺的東西，

因此他們對權力，對政治秩序，總是心存疑慮與恐懼，總是小心翼翼，戰戰兢兢的。

總之英國自由主義，由於他們雙重的悲觀論——知識的悲觀論與人性的悲觀論，對政治秩序以及隨之而來的權力的行使，不敢抱奢望，不敢存幻想，與高調自由主義對政治秩序的樂觀態度及其相信政治有創造性的想法，適成鮮明的對照。就此而言，英國經驗主義的哲學大師大衛休姆曾經說過一句話，很足以代表英國的低調自由主義：「所有的政府想要在人的思想與行為上作一番大改動的計劃，都明顯是想入非非。」

我方才提到英國的自由主義傳統是殷先生的主要思想背景。當然，我們認識殷先生的自由與民主思想，必須要考慮到他在這方面的思想，不是前後一貫，而是時時有些變化，有些反覆與游移。但總的來說，他在1949年以後的自由主義是有一個大方向，那就是來自英國傳統的自由主義式的民主（liberal democracy），他所強調的大體是這種自由主義式的民主的核心觀念：人權自由與民主憲政。這些觀念所蘊含的對政治秩序一種消極、低調與戒慎恐懼的態度自然也是殷先生的自由主義的一個基調。就此而言，殷先生毫無疑問是一個反烏托邦主義的學人。

話說到這裡，問題又來了。我們能不能據此進一步說殷先生是一個徹頭徹尾的反烏托邦主義者？我的答案是否定的。我主要的理由是因為，烏托邦思想可以不同形式出現。僅就烏托邦作為社會理想而言，大致可分為兩類：一類就是我方才談到的建構型或硬性的烏托邦主義，我已指出它與殷先生的低調自由主義格格不入，為他所不取。但重要的是：所謂社會型的烏托邦意識還有另一類，西方一些學者如康德與甫過世的現代學者柯拉科夫斯基都曾注意到，那就是我稱之為指標型或方向型的烏托邦意識。這種意識，是來自人

性中無法避免的一些理想性或價值意識。也就是說,人不時地會把他生命中所珍貴的一些理想,投射到未來,形成地平線上一個可望而不可即的遠景,向人招手,激勵他往這個方向去追求,驅策他以這個遠景為指標去探索。在此,我想引用台灣一位外科醫生曾經說過的一段很有意義的話。他告訴人,他在替人開刀時,總是在追求一個「完美的境界」。他說,「這境界,就像北斗星一樣,讓人曉得方向,但永遠追求不到。」這北斗星的比喻,我覺得為指標型的烏托邦主義作了一個絕好的說明。

此外,我認為要認識指標型烏托邦主義的意義,我們同時必須正視人性中不可捉摸、難以預測的雙重性向:人有理性,也有狂性;人有罪惡性,也有道德性;人有毀滅性,也有創造性;人是有限的,也是無限的;一言以蔽之,人是神魔混雜的動物。人因為有魔性,他不時會有罪惡性、毀滅性出現;因此在追求理想的目標時,不能走火入魔,不能強求,不能蠻幹,特別是不能用政治的強制力去強求與蠻幹。但同時也不能因此而放棄追求理想的目標,因為人也有神性,他的理性、德性與創造性也不時會出現,發揮起來,也可能有意想不到的契機與善果。總之人在追求理想目標時,一方面要有戒慎恐懼的態度,但另一方面也要對那可望而不可及的遠景維持心靈的開放,作不斷的追求與探索。記得韋伯曾經說過這樣一句話,提醒大家:「歷史充分證明:人類將不能做到他可能做到的,除非他時而追求那不可能的。」

我認為殷先生就是這樣一個指標型的烏托邦主義者。我的證據就在他高昂的理想主義裡面。這種理想主義在他的文字裡到處可見,但我要特別引用他晚年寫的一篇文章〈人生的意義〉,因為在這篇文章裡,他的理想主義,直指指標型的烏托邦思想。他把人的生命分為由下到上的四個層面:物理層面,生物邏輯層面,生物文

化層面，道德理想真善美層面。而人生命的發展就是由下到上，層層提升，最後提升到以真善美爲代表的道德理想層面。他認爲這一層「是人所獨有」，也是「人之所以爲人的層級。」他說：「我們講道德，追求理想，要創造理想社會，從柏拉圖的理想國，湯姆斯・穆爾的烏托邦，以至我們要追求真善美等，這都是超生物邏輯的東西，借用黑格爾的話說是『精神的創造』。我想大概說來只有人類有精神的創造。」

　　很顯然，在殷先生的心靈深處，在他的理想主義的深處是有一股強烈的精神創造的衝動，以及烏托邦的嚮往，與他的自由主義同爲他作爲公共知識分子的重要思想資源。他爲自由主義所作的努力，已爲世人所共知。但他的理想主義以及隨之而來的烏托邦意識，我想卻不那麼容易爲世人所了解。因爲，大家不要忘記，我們今天所處的時代是一個反烏托邦主義的時代。這種反烏托邦的意識，在今天盛行並不足怪。只要看看建構型烏托邦主義在20世紀所造成的巨大的政治災害，便可以了解。但是同時，如我所強調，我們也要認清烏托邦思想的複雜性，不能不分青紅皂白的對烏托邦主義作全面的否定，我們必須記住在建構型之外，還有一指標型的烏托邦主義。我相信這種烏托邦主義，只要人類存在一天，只要人性中仍然有價值意識，仍然有精神創造的衝動，它就不會消失，它就會不時地出現。殷先生這一生作爲公共知識分子所留下的生命紀錄，就是一個例證。

　　現在讓我總結一下。在這篇演講裡，我簡略地討論了殷先生作爲公共知識分子的思想道路。我強調他有一個理想主義的基調。這個基調的源頭，可以追溯到1895年以後的中國現代知識分子興起時形成的理想主義傳統。這個傳統在發展的過程裡，至少由五四時期開始，逐漸出現了一個激化與左轉的趨勢，導致大批知識分子捲入

這個趨勢，走上悲劇性的革命道路。殷先生這一生的思想告訴我們
這一個理想主義的傳統還有另一面，它把高昂的理想主義以及隨之
而來的指標性烏托邦意識與西方自由主義的民主觀念結合在一起；
一方面自由主義的民主觀念可以爲理想主義與烏托邦意識消毒與防
疫，使他避免墮入建構型的烏托邦主義與極權民主的思想陷阱。另
一方面，這理想主義與烏托邦意識可以召喚他、驅使他，朝著自由
民主的大方向，不斷地追求，不懈地奮進去改善人的個體與群體生
命。我認爲，這就是殷先生作爲公共知識分子的思想道路的意義所
在。同時我認爲，這也是現代中國知識分子理想主義傳統有待進一
步探討與認識的一面。

張灝，歷任美國俄亥俄州立大學、香港科技大學教授，中央研究
院院士。主要研究範圍爲中國近代思想史與中國政治思想史，著有
Liang Ch'i-ch'ao and Intellectual Transition in China, 1890-1907
(1971), *Chinese Intellectual in Crisis: Search for Order and Meaning*
(1987)、《幽暗意識與民主傳統》(1989，聯經)、《時代的探索》
(2004，聯經)等中英文專著多種。

災難、文化與「主體性」：
莫拉克風災後的省思

蔣　斌

　　莫拉克風災過後，中央研究院民族學研究所舉辦了一場「氣候變遷、國土保育與台灣原住民族的社會文化願景：八八風災後的前瞻性跨學科討論會」。邀集了不同學科的研究同仁，從全球氣候變遷、原住民傳統環境知識與災後遷村議題、人類學的災難研究等幾個面向進行初步的探討。這個討論會的發言記錄，已經全文刊登在民族所的網頁上，供各界參閱。個人負責了該討論會的籌備工作，在此謹提出一些個人在討論會前後對於災後重建議題的省思，用意在邀請學界同仁提出更多的回應、異議與討論。

災難、究責與歸因

　　「災難人類學」[1]基本上是一個21世紀興起的課題，而且相當強調自己與以往(特別是「結構功能式」)人類學研究的區別，在於災難人類學特別觀照大規模影響人類生存的「非常」事件，而非社會

1　"Anthropology of Disasters," 參見Hoffman, Susanna M. and Anthony Oliver-Smith eds. *Catastrophe and Culture: the Anthropology of Disaster*. Oxford: James Currey. 2002.

文化體系中「常」的過程（Hoffman & Oliver-Smith 2002）。關於災難
人類學在台灣九二一震災中扮演的角色，以及這次風災之後能夠發
揮的作用，相信人類學界中對於相關議題更爲專注的同仁，會有深
入的討論。但是我個人觀察風災之後台灣社會的種種言論，倒是發
現在究責與歸因方面，有許多值得人類學者關注的現象。在這次重
大災難的背景下，這些現象透露出的，反而是台灣當前社會文化氛
圍中，一些反覆出現的模式與規律。

　　任何具備合理資訊與知識背景的觀察者，都會同意這次莫拉克
颱風之所以會造成如此重大的災害，明顯可以歸納出三個主要的成
因：（一）全球暖化、長程氣候變遷所帶來惡劣氣候的頻繁且加劇；
（二）長期以來政府對於國土保育欠缺長遠的規劃，加上以資本主義
爲基本理念的經營形態大舉戕害山林與海埔，龐大的政商利益糾
葛，使得既有一些立意良好的法規也無法落實；（三）各級政府機構
救災行動的紊亂。而這三者之中，以第三個成因「政府救災行動紊
亂且無效率」，受到災民最高分貝的責難，也受到媒體最大篇幅的
報導。毫無疑問，在災害發生後的短期間內，並且從災民切身之痛
的角度出發，這種以直接、具象、甚至「具備人形」[2]（例如政府首
長）的標的物爲歸因與究責的對象，具有一定的合理性。但在這同
時，第一與第二兩個因素，可能是災難更根本的成因，就被嚴重的
忽略了。個人認爲：人類學者應該有責任，對於這種面對災難時，
歸因究責的模式與思惟傾向、其成因與盲點，先有所掌握，才能在
更堅實的基礎上，討論或規劃後續協助災後重建的行動方案。

　　對於災難或不幸事件的歸因與究責，其實在人類學中有長久的

2　"anthropomorphic"

研究傳統。同仁們都熟知英國人類學者伊凡溥里查[3]依據中北非洲阿讚德人的民族誌研究所提出的著名例子：人站在穀倉下，穀倉倒塌把人壓死了，人們將罹難者的死因歸諸「巫術」。這並不表示族人的思惟是「非邏輯」或「前邏輯」的，也不表示族人無視於「人死於倒塌的穀倉」這明顯的事實。巫術的歸因，處理的其實是「為何穀倉在那個時間點，當那個人站在下面時倒塌？」的問題。在像「現代西方」那樣缺乏「巫術」作為文化前提，或者「巫術」思想不具有主流地位的社會中，人們往往將這個問題歸因到「機率」；但是在許多具備巫術觀念的社會中，就會建構出：「特定的人（或某一個『具備人形』的能動者），以巫術為手段，指使穀倉倒塌殺人」的歸因論證。

　　巫術的歸因，相較於機率的歸因，有一個最大的好處，就是可以產生立即而直接的究責行動方案，讓受難者不至於徬徨無措。法國結構主義人類學者李維史陀就曾經指出：巫術治病效力的來源包括兩個主要的部分，第一是為患者的病痛提供一個結構化的解釋框架，讓患者正在經歷的原本「無以名狀」的苦難，變成可以理解的宇宙結構的一部分；第二是讓患者感到，因為苦難是結構的一部分，因此也有一套制式的行動方案，可以由擁有神聖知識的巫醫帶領著患者，按部就班的進行治療儀式，即可望痊癒[4]。換句話說，依照李維史陀的這個觀點：「可理解、能行動」，就是巫醫效力的重要來源。

3　E. E. Evans-Pritchard, *Witchcraft, Oracles and Magic among the Azande*, Oxford: The Clarendon Press. 1937.

4　Claude Lévi-Strauss, *The Effectiveness of Symbols, in Structural Anthropology*, translated by Claire Jacobson and Brooke Grundfest Schoepf, New York: Basic Books. 1963.

　　熟悉巫術指控（witchcraft accusation）民族誌的人類學者同時會想到：巫術指控的方向與對象，永遠與社會關係的結構密切相關。最常見的的指控對象，包括姻親、敵人與邊緣人等等，往往都處於結構中婚姻交換、資源競爭、或界定群體邊界上的樞紐地位。因為巫術指控與社會結構息息相關，後續的歸因究責行動方案，也就完全是一個社會層面上的修補、延續、鞏固或斷裂的過程。由這個觀點切入，我們就不難發現，在風災過後的一個月之內，災民對於政府的指責，對於政府首長前往勘災時的「嗆聲」，乃至於輿論強力提出改組內閣的要求，都極端類似英國人類學者葛拉克曼[5]由中非洲的民族誌研究中提出的「反叛儀式」的現象。所謂反叛儀式（或儀式性反叛），指的是在許多社會中存在的一種制式化、週期性發生的，對於掌握權力者的羞辱儀式。將台灣自詡的「民主機制」類比於民族誌中的反叛儀式，乍看不免有點跳躍，但是真正值得我們注意的關鍵點是：按照葛拉克曼的觀點，「反叛」不同於革命，反叛只是在既有結構中要求人員的取代與更迭，並不產生權位結構的改造；能夠產生結構性的改變，才可以稱為革命。而行禮如儀的儀式性反叛，更有別於實質的反叛，只是具有「宣洩」（catharsis）的作用，透過反叛儀式，壓力、憤怒與不滿得到發洩之後，包括首腦與群眾在內的整個體系又回歸到正常運作當中。換言之，反叛儀式往往更鞏固了既有的社會結構。

　　我之所以在這個題為「災難、究責與歸因」的小節中，大肆引用20世紀前半結構功能與結構學派的理論（包括以結構功能學派為

5　反叛儀式（ritual of rebellion）的概念，以及反叛（rebellion）與革命（revolution）之間的區別，都見於Max Gluckman, *Order and Rebellion in Tribal Africa: Collected Essays with an Autobiographical Introduction*, New York: The Free Press of Glencoe. 1963.

基調的衝突理論），去解讀莫拉克風災後台灣社會過度著重向政府救災不力究責的現象，並不是我無視於其後至晚近人類學理論的發展。而是對於這個現象的觀察，讓我感到一種「偏廢」與「保守」的憂慮。因為這種以直接、具象或「具備人形」的標的物作為歸因究責的對象，充滿了廉價的「可理解、能行動」的吸引力。讓災民與整個台灣社會，誤認為透過對於掌權者的羞辱與撤換，就算是完成了對於災難的處理。這次颱風所造成災難的規模之大，包含了其他巨大而深遠的成因，如果我們過度關注於政府救災效率方面的歸因與究責，那麼實際上是呈現出整個台灣社會仍然停留在20世紀前半的「結構功能」時代。我擔心，這種醉心於類似巫術歸因與究責的全民運動，並不能有效的帶動結構的改變。一次又一次的反叛儀式，只會延續既有的社會結構與其中的權力及利益關係，只會保證未來災難的繼續發生，以及反叛儀式的週期性繼續上演。

風災的成因既然至少包括前述三大面向，而過度著重政府救災效率一端，進行巫術式的歸因與類似反叛儀式般的究責行動，恐怕只會阻礙我們真正需要的結構性的改變。因此，人類學者對於莫拉克風災相關議題的省思，有義務必須同時觀照氣候變遷與國土保育兩個更深遠的成因，並且在災後重建的問題上，不能迴避、懼怕整個台灣社會結構性變遷的前景，甚至要更積極的以結構變遷為目標。

「封山」vs.「祖居地」與「遷村」的糾葛

在這篇短文中，我想談的革命性的結構變遷，倒不是政治或政體的革命，而是對於台灣這塊土地多年來人們習以為常的空間、領域甚至宇宙觀認知架構上，新思惟的可能性與必要性。這次的風災中，南部與東南部有相當高比例的原住民部落受到嚴重土石流衝

擊，使得山坡地保育與原住民社會文化發展的相關議題，再度被端上台面。而在社會輿論與媒體論述當中，我也相當意外的發現一些陳年的成見與誤解，仍然瀰漫在相當多台灣民眾的認知當中。

　　誤解之一，可以說是「焚耕破壞熱帶雨林」論述的台灣山寨版。幾年前馬來西亞與印尼霾害嚴重，輿論大肆攻擊當地土著族群傳統的山田燒墾生計形態，認為焚耕嚴重破壞熱帶雨林，並且造成空氣污染。但是更嚴謹的環境論述立刻反擊道：跨國公司大規模的商業性砍伐森林，才是元兇。雨林居民生計性的焚耕，搭配輪耕的體系，根本不足以造成雨林的危機。莫拉克風災後，台灣也再度出現了類似的論述：「土石流的主因之一是山坡地的過度開發，原住民是山區的主要居民，也是開發這些山坡地的人，如果讓原住民全部遷出，就可以讓山林休養生息。」這個論述又可以被簡化為「封山」的口號。姑且不論這個口號背後是否有通盤的規劃，是否實際可行，類似的口號與構想本身，已經相當程度引起原住民社會的普遍憤慨與焦慮。實際上，任何對於台灣的山區社會經濟狀況稍有涉獵的人都知道，真正對山坡地的水土保持產生危害的，除了築路之外，乃是基於商業利益、具備相當資本規模的栽培（經濟作物）與經營（觀光產業）形態。這類產業，或許也有部分原住民籍的經營者參與，但更關鍵的元素是平地的資本與市場。換句話說，這些產業絕對是台灣整體經濟的一環，而不僅僅是原住民的生計。很明顯，為了山坡地保育的目標，我們需要積極強力規範的，是一種經營形態，而不是一群人。如果台灣社會整體，以及政府的施政方針，都認為將原住民聚落遷出山區，就是最明快的解決方案，那也就無非是另一種形態的巫術歸因與究責而已。

　　另一方面，我們也看到在同情、支持原住民的社運人士之中，存在著另一種成見，或者說是這些年來為了運動的目標，所傳誦的

一套「套話」式的論述，就是將原住民呈現爲安土重遷、深居簡出、世世代代與祖靈居地爲伍的人群。雖然早在1970年代，美國人類學者瓦格納 [6] 就曾指出：人類社會生活中，無疑擁有「文化面向的」事物，也就是說，在人類的社會生活中，許多有意義或有價值的事物是受文化層面所決定的，這是形容詞格式的「文化的」意義；但是作爲名詞而可數的「各個文化」概念，實際上是過去人類學的一項創造。也就是說，以往人類學者在研究的過程中，傾向於將其他人群社會生活中屬於文化面向的事物、要素，客體化成爲一個個獨特且分立的文化單位，從而將諸如「排灣文化」、「中原文化」、「西方文化」等等，都想像成界線分明、高度穩定且具有體系性質的單位。雖然人類學界對於文化概念的反思，已經有相當的歷史，但台灣近十多年來，族群運動的菁英們，卻往往爲了建立或強化族群認同的目的，在質疑批判人類學者之餘，同樣興高采烈的挪用著這種客體化的文化概念。於是在災後重建千頭萬緒的對話與決策過程中，我們看到一個三方盲點的大對峙：一方面是執政或決策者大體忽視文化層面的考量；另一方面是充滿善意的民間團體將膚淺且生硬的「文化要素」（例如祭場、地標等）納入安置聚落的規劃中；再者原住民族人本身，則在面對遷村的提議時，升高了「我們可能會喪失文化這個『東西』」的焦慮感。

在民族所風災討論會中，我個人以及出席的靜宜大學的林益仁先生，都觸及了「何謂祖居地」的問題。以山田燒墾爲傳統生計的原住民族群，千百年來不斷的遷徙。在某些部落的口傳歷史中，遷徙的範圍甚至不限於山區，還包括了不少明確的平地地名。而目前

6　Roy, Wagner, *The Invention of Culture*, Englewood Cliffs, New Jersey: Prentice Hall. 1975.

受災的部落位址，往往並不是歷史上可追溯的真正祖居地。實際上，長久以來，居住在現今部落的族人，就經常在平日與儀式的生活中，透過各式各樣的實踐，例如祈禱的方向、尋根的活動，和祖居地或祖源地保持著深厚心靈的連繫。那麼，受災部落族人念茲在茲的「回家」，一定是回到目前被損毀的這個部落位址嗎？可不可以是更早的祖居地呢？

　　林益仁先生還提出了另一個觀察：在為了山坡地保育而提出的遷村或封山意見裡，其實也隱含加深了台灣社會一個二元的成見：平地是安全的，山區是危險的。這是一個敏銳的觀察，但是，順著這個觀察，我們也發現，在原住民族人之間，也存在著一個與此相對應的二元觀念：山地是我們的、家園般寧謐的，平地是他們的、是燠熱且充滿壓力的。弔詭的是：這個長期以來台灣社會習以為常的平地／山地二元的領域認知，幾乎可以說是清代以來「番界」概念與實體的延續。雖然在日常生活中，原住民可以自由出入平地不在話下，平地居民也在一定的申請手續下，可以進出山區。但是，在全體國人對於我們所生存的這座島嶼的空間認知上，這個二分法已經被視為既定事實。除了認知層次之外，山地管制區以及山地保留地兩個制度，實質上在國有林與其他公私營事業單位的鯨吞蠶食山區土地之餘，仍然相當程度的維護了原住民族群的生計所需。但是，這種生計所賴的所有權與領域感，在山居原住民的心中，長期以來仍然籠罩著一層陰影。這層陰影來自龐大公私資本對於山區資源的覬覦，以及政府法令保障的不夠完備。近年來雖然有原住民基本法的立法，以及傳統領域調查的計劃成果，但是整體來說，原住民族群對於強勢社會經濟環境的不信任，並無法輕易解除。而這次風災以及後續的重建議案，嚴重衝擊的，就是這個長時間構築在脆弱的信任基礎上的二分架構，它既是社會經濟的，也是文化認知的。

　　另一方面，在部落遷址重建的協商過程中，我們也可以觀察到，外界也不應該把「原住民受災部落」誤認爲一個單一的整體。原住民部落，各自有本身複雜的歷史文化、社經狀況、地方派系條件。例如最近我們得知，屬於三地門鄉排灣族的大社，與屬於霧台鄉魯凱族的好茶兩個部落，已經率先在居民共識的情況下，接受了山麓地帶移居地的安排。這兩個部落，在過去將近20年間，因爲不同的原因，已經展開了長時間自主性的遷村討論。大社是一個居住在現址超過兩百年的老聚落，但過去20年間，因爲部落上方有山岩崩塌的危險，居民也希望遷村，只是因爲新址的選擇問題，尚未定案。好茶則是民國六十七年在政府政策規劃下，由舊好茶遷移而來。三十多年來，由於這個位址不符魯凱族人固有環境要求，同時生計所需土地換地的過程延宕，居民要求再次遷村，或者「重返舊好茶」的運動，正在鍥而不捨的進行當中。對這兩個部落來說，困境反而因爲這次風災而獲得暫時的解決。同樣在三地門鄉，過去百年間，也有多次自發性或政策性往山麓地帶移居的例子，成效也不全是負面的。因此個人認爲遷村與重建的決策，應該遵循這樣的原則：對於重建的決策與規劃單位而言，應該以獲得居民共識爲首要追求目標，而且不應該以遷往山麓或平地爲唯一的選項。如果在部落居民的傳統領域中可以尋得研判安全的基地，應該優先考慮。但是另一方面，如果原部落附近山區安全基地確實難尋，也希望原住民的朋友們以更寬廣的視野與心情面對新的局面。不論就學理或者就原住民本身的口傳歷史、固有環境智慧而言，遷移與文化的失落並沒有必然的關連。最近十多年來，我們事實上看到，許多原住民的文化精神與風格，也正活潑的離開山區，從各個方向進軍台灣的平地與都會。此外，正如同近年來我們透過不同媒介，極力宣揚的：南島民族擁有的本來就是一個無所畏懼、航向未知、征服大洋的文化傳

承。正因為如此，南島民族才有可能在數千年前，就由台灣(這個可能的原鄉)出發，逐步踏上所有東南亞以及太平洋的島嶼，成為世界上分布最廣的族群。

如果我們可以用想像力與創造力來領導法規政策與政經架構，而不是讓法規政策與政經架構限制創造力，我願意想像一個南部(甚至全台灣)山區新的空間架構：(一)國有土地大量的釋出，讓大批原本在部落附近或山麓地區，族人豔羨但不可得的國有林或台糖的土地，都能夠為族人所使用；(二)在族人的充分認知與同意下，撤離有土石坍方立即危險的部落位址；(三)遷至山麓的部落，在自我意識的建立與法規制度的配合下，形成全新意義下守護山區林野的「隘勇線」，面對平地，負責阻擋商業資本與不當政府建設案對山林的入侵，這是原住民領域向山麓與平地的推進，而非退縮；(四)最後是在完善法律的規範下，保障各部落對於「傳統領域」一種集體文化、儀式、精神上的產權，而將遷居後新址周圍的耕地，作為生計所需的資源。

這些想像或許過度理想，勢必需要克服重重的困難，才能實現。這讓我想起來義排灣族的一則洪水神話：

> 洪水過後，地上多石而無土，分散的族人中最後走的老大，就將洪水後掛在樹上的蚯蚓放在地上，使之排便，所排之便就變成山脈與平原。由此所生之地便全歸 Ruvaniau 家所有，這就是為什麼大頭目家有許多土地的由來。

這一則故事給我們的教誨，並不是蚯蚓可以產出山脈土地，它真正的精神是：洪水過後，正是重新開始的契機。正如同許多原住民洪水神話的情節所傳遞的訊息：洪水過後，重新獲得火種，重新

繁衍生息，重新發展文化，重新組織人群。台灣原住民的文化生活，絕對不是一般刻板印象所認為的千百年來停滯保守且一成不變。在這次的洪水過後，一切大膽創新的想像與策劃，由此開始，有何不可？

「南方部落重建聯盟」幾位年輕的成員代表，在民族所風災座談會上，有這樣的發言：

> 在大自然面前，任何「人」都沒有「主體性」。
> 在這次的研討會中，沒有學者能明確地跟我們說什麼時候可以回家去。
> 我想說，那是我從小長大的地方，我的家並不危險！
> 我們的心聲很簡單，就是我們要回家，請大家尊重原住民的主體。
> 我們今天作為原住民同時也是災民代表，到這裡來希望強調的是「回家」的主體性。請大家時時刻刻提出建言時，都要考慮到這個問題。畢竟，我們已經歷過太多的「被決定」。

這樣的論述，相當程度也呼應著近年來持續進行中的三鶯與溪洲部落反拆遷抗爭，其中主要的一個論點：「雖然縣政府認定這裡是行水區，但根據我們的經驗與判斷是安全的。沒有人會拿自己的身家性命開玩笑。」三鶯溪洲的案例背後，當然有著都市原住民的血淚，以及政府政策與執行上的疏失，但是「這個地點究竟安全不安全？」「他們為什麼一定要住在有危險的地方？」也確實是台灣大部分民眾心中的困惑。同樣的隔閡與猜疑，在這次風災後，再度浮現並且加深。

作為人類學者，我們當然高度理解並支持原住民社會文化「主

體性」的追求。我們長期面向主流社會鼓吹對於弱勢群體、另類文化的尊重與了解。不論這種正義感是來自一個稍嫌天真樸素的文化相對論信念，還是一種社會改造的浪漫熱忱，在絕大多數場合，選擇站在另類與弱勢的一邊，仍然是人類學者神聖且嚴肅的自我期許。但是，如果當前災難的成因當中，長程全球氣候變遷造成惡劣氣候的頻繁與加劇確是一個不爭的事實，那麼我們必須謙虛的承認：**面對大地的反撲，任何「人」都沒有辦法也不應該奢言「主體性」**。過度相信人類的主體性，不正是工業革命後300多年來，人類以「征服」與「開發」為價值，過度使用化石燃料，導致全球暖化加劇的基本信念嗎？雖然在追求環境正義的長遠目標上，我們主張應該透過國家或國際社會的力量或者機制，懲罰環境的加害者、扶助環境的受害者，但是針對眼前的困境，所謂「不願面對的真相」，可能真的是不分強者、弱者，加害者、受害者，都真的必須面對的真相。而在這個真相面前，我們都必須要收斂我們的「主體性」。

　　所以嚴格說來，很明顯的，「主體性」只能是一個社會文化領域的觀念，而不是地球科學領域的觀念。只有在這一層認識上，我們才可以進一步釐清問題的癥結，這個癥結就是「知識的政治與權力」。面對這個問題，人類學者的處境有點尷尬。我們的學術傳承，基本上習慣於平等對待所有不同的知識體系。在人類學者眼中，所謂「西方的科學」，也不過是發源於特定社會、特定歷史脈絡中的一套文化體系而已。何況在許多在地及微觀的脈絡中，西方科學知識確實並不見得比在地知識來得優越。那麼，我們是否可以秉持一貫的信念，在對於環境中危險因素的判斷上，也支持族人在地的知識傳統，拒斥源自西方的科學判斷，藉以彰顯受災部落的主體性呢？我想答案是否定的。在降雨量趨勢判斷、山坡地地層與岩盤穩定性鑑定等等問題上，在地知識可以補科學知識的不足，但是不足以取

代科學知識。不論科學知識的傳遞過程是否籠罩著種種壟斷與權力的操作，也不論是否如俗民方法論[7]者所強調的：精密科學從業者對現象最基本的觀察工作，所依賴的感官能力，其實與俗民日常生活中使用的能力，並沒有本質的不同；我想即便是人類學者，也不得不同意：一個能夠把人送上月球，再安全帶回來（雖然偶而也會出錯）的知識傳統，在對於物理世界的理解與預測上，應該得到更多的信賴。

　　因此，包括受災部落的族人以及台灣的一般民眾在內，都應該更清楚的認識到：災民單純的「家園」觀念，以及主體性的強調，並不是也不應該是對於科學知識與判斷的顢頇抗拒。人們抗拒的不是「科學知識」本身，而是知識的權力關係。在知識的政治或者知識的權力架構中，科學家的地位等同於社會中的祭司，肩負著解讀天象訊息的責任。在所有社會中，祭司都是社會體系中重要的一環，或許很崇高、或許刻意處於邊緣，但始終都會透過明確的儀式過程，將他們所解讀出來的訊息，轉化成為人們社會生活中內建的一環。我認為在這個觀照下，原住民受災部落人士口中的主體性，爭執的焦點就應該落實到：「我要相信你們社會提供的祭司，還是要相信我們自己社會的祭司？」或者進一步：「我是否應該抗拒一切祭司（把解讀天象的能力視為神聖而神秘的知識且加以壟斷的人），只相信我自己個人的判斷？」或者更根本的：「我們屬於一個社會還是不同的社會？」等問題的層面上。

　　既然釐清了爭執的焦點在於知識的權力關係而非科學知識本身，那麼以跨人群相互了解、跨領域傳譯溝通為己任的人類學社群，

7　"ethnomethodology"，首見於Harold Garfinkel, *Studies in Ethnomethodology*, Englewood Cliffs, N.T.: Prentice-Hall, 1967.

就應該對三個方面都展開大聲的呼籲：

（一）對於台灣社會大眾：我們呼籲要體認受災社群的堅持與對知識權威的質疑。他們並不是僵化的固守「傳統」或「迷信」，抗拒科學的判斷及預測；他們要求的是更開放、平等、對話的知識交流與決策形成的社會過程。

（二）對於掌握相關科學知識的學術與政府部門：我們要呼籲致力於建立並承認科普團隊的重要性與專業性，將科學的預測與善意的警告，透過社會對話的過程，與不同族群的民眾溝通。並且要在過程中傾聽、吸納在地的環境知識。

（三）對於受災部落的族人：我們要呼籲思考「主體性」的彰顯，並不在於抗拒大地的變遷，也不在於抗拒科學所提供更精準的知識。而是在於以傳統在地知識為基礎，以開放的心胸考核、取用來自其他傳統的知識與判斷。台灣原住民族群中，無處沒有大洪水災難過後，人群重新生息，典章文物制度推陳出新的傳說故事。在面對不可避免的環境變局時，發揮固有文化所提供的創造力，以「番刀出鞘」的氣魄，迎戰新的生活，這種精神本身就是台灣原住民主體性的展現。

蔣斌，中央研究院民族所副研究員，清華大學人類學所合聘副教授，長期從事台灣原住民以及島嶼東南亞區域南島民族社會文化的研究。

台灣的日本症候群

台灣的日本症候群：
解題

汪宏倫

　　台灣常被認爲是個「親日」、「哈日」甚至「媚日」的國度，但究竟生活在這塊土地上的人們對於日本抱持何種欲望與想像，恐怕一時片刻說不清楚。讀者若不健忘，應該還記得去年《海角七號》電影在台造成一股旋風，引發不少話題。當時最常被提出來討論的話題之一是台、日、中之間的三角關係，以及台灣如何面對日本的問題。時隔年餘，《海角》熱潮已經褪去，但如何梳理台灣與日本間剪不斷、理還亂的關係，仍是我們今天未竟的課題。

　　本專輯便是在前述背景之下規劃的。雖然目前的呈現似乎涵蓋不足，缺憾難免，但可喜的是，應允執筆的作者們莫不全力以赴且各擅勝場，分別從不同的角度與層次梳理台—日之間千絲萬縷的各種文化想像與情結糾葛。曾健民從「冷戰」與「內戰」的雙戰結構，剖析日本情結的政經面向；黃智慧從「戰後」與「後／殖民」的兩重關係抽絲剝繭，一層層剝開台灣對日觀的重層構造；李衣雲從歷史記憶與大眾文化生產消費的邏輯，解析哈日風潮背後的實像與虛像；林徐達從後殖民情境與全球化脈絡下的文化身分操作，探討日台雙方共同構築的懷舊想像；而林泉忠則從「東亞邊陲」的視角，將台灣與香港、沖繩並列，比較三者親日、哈日、戀日的日本情結。這些觀點迥異、立場分歧的論文，充分展現了台—日關係與情結的

多元相貌與複雜構造。

專輯的名稱，原來暫訂爲「台灣的日本情結」，但隨著文稿陸續收進，專輯名稱的構思也起了變化。這些觀點各異的文本間雖然不乏針鋒相對之處，但也有不少彼此呼應、值得相互參照的地方。綜合來看，我們不難發現以下幾個事實。首先，正如黃智慧所指出，台灣內部不同的群體由於歧異的歷史經驗，對於日本懷抱著十分不同、乃至相互衝突的觀感與記憶，我們似乎很難用一個統一的主體來統攝「台灣的」（Taiwan's）日本情結。李衣雲除了分析「哈日族」的多樣性與差異性，更點出外省籍年輕世代哈日的比例並不下於本省籍年輕世代。這使得我們發現，即使以政治意義下的「族群」來作爲日本情結的參照座標亦有其侷限性。其次，在談論台灣的日本情結時，一個跨國的參照架構是必要的。林徐達從全球化跨區域文化交流的觀點，指出台灣的日本懷舊想像其實也有來自日方的參與共構；而林泉忠的「他山之石」則是進一步提醒我們，日本情結並非台灣特有、也不僅僅存在於台灣，甚至「哈日」的發源地也不是日本的前殖民地台灣，而可追溯到大英帝國的殖民地香港。事實上，從東亞的「中心」到「邊陲」各地，日本情結伴隨著戰爭、殖民與去殖的過程，以不同風貌或形式展現著。其三，台灣面對日本，除了心理層面的「情結」之外，還有太多意識型態的糾葛，背後反映的是一段漫長而痛苦的尋求主體過程。這也是每一篇文章不約而同碰觸到的問題。曾健民寄望台灣人民拋棄日本情懷、超克日本情結，建立具有尊嚴的主體性；李衣雲試圖跳脫意識型態的泥淖，從消費、實像、虛像的關連來爲哈日現象的主體性與能動性辯護，林徐達似乎避談主體性問題，但終究還是要處理「後殖民的文化身分」；黃智慧則從族群、世代、階層剖析台灣的多層主體結構與內在張力。台─日糾葛，除了受到外部「冷戰／內戰」雙戰結構的制約，更有

內部族群分歧的「戰後」與「後殖民」等多重交錯的關係需要清理。
作為邊陲的台灣還來不及搞清楚如何面對不同的「中心」（無論「中心」何指），大眾文化與年輕世代已熱情擁抱全球化的跨國想像與消費欲望。誠如林泉忠的分析所透露的，「東亞邊陲」的去殖民／去邊陲化過程是一條充滿衝突、矛盾與弔詭的荊棘路，台灣如此，香港、沖繩亦然。

　　從這些文章所共同描繪出的圖像，我們除了見識了問題與現象的紛雜難解外，也隱隱然領悟到一件事：不存在一個以「台灣」為單一主體的「日本情結」，而這些環繞日本衍生的事物也不單單只是「情結」或「情意綜」，而更接近於「症候群」。「症候群」原來是指一組同時出現或先後發生的症狀，通常由同一病因所引起；此處借用並沒有價值判斷的貶抑意圖，而是側重其引申義，用來指涉由於日本所引發的種種心理、文化、社會與政治諸現象。而「台灣的日本症候群」，此處的「台灣的」也不作所有格、而當作形容詞解，畢竟日本情結也好、對日觀也好、哈日也好、親日也好、懷舊想像也罷，所有這一切眾生諸相，不管因何而生、緣何而起，也無論屬於誰的，終究還是與台灣有關。因此，「台灣的日本症候群」，Taiwanese "Japan Syndrome"是也。這個症候群並不依附或從屬於單一特定的主體；恰恰相反，這是在重層交錯的結構形塑與制約下，眾多群體在面對日本這個他者、嘗試建立其主體性的過程時所形成的叢聚集合。這個專輯，可說是解析此一症候群的嘗試，期盼能藉此引發更多後續討論，共同解析台灣乃至東亞各地的「日本症候群」。

　　是為解題。

汪宏倫，本刊編委，現任職中央研究院社會學研究所。

台灣「日本情結」的歷史諸相：
一個政治經濟學的視角

曾健民

一、台灣的特殊社會意識

　　本刊編者最早給我的暫訂題目是：「台灣人的日本情懷」，後來編者把「情懷」改成了「情結」，本文認爲使用「情結」較恰當；就中文文意，情懷與情結當然有很大的不同，「情懷」有思慕、懷念之意，特別是近年來，恆常站在主流意識的台灣媒體，只要有關台灣與日本的關係，都慣於使用「日本情懷」，這當然與台灣的主流政治有密切關係；至於「情結」則指比較複雜的感情，且它涵蓋了情懷，對於台灣重層曲折的對日感情來說，使用「日本情結」比較貼近客觀的事實。

　　所謂「台灣的日本情結」，簡單地說，就是台灣人民對於日本全盤的一種特殊感情和好惡；因爲它牽涉到中國、日本、以及台灣近百年的歷史關係，不但十分複雜，且隨時代的變遷有極爲不同的內容；它除了有對日本侵華和殖民台灣的歷史感情和想像之外，還包括了戰後台日政治經濟結構所反映的「日本第一」、「模範日本」的感情和價值觀，乃至近30年來在流行文化和消費風潮上的「哈日」現象。如果從更大的範圍來看，日本的侵華戰爭歷史所遺留的反日、

抗日感情也是情結中不可忽視的部分。

　　台灣有日本情結，卻沒有美國情結，也沒有如其他某某國的情結這樣的詞彙，可見得日本情結在台灣的獨特性。另一方面，世界上也很難找到一個地方有像台灣這麼濃厚又複雜的日本情結，即使與台灣同樣曾受過日本殖民統治的朝鮮也沒有，因此可以說台灣的日本情結是世界獨一無二的。這麼獨特的台灣日本情結，當然與台日間的百年歷史有密切的關係，然而，台灣的戰後政治經濟史才是真正形塑日本情結的基本力量。

　　基本上，「日本情結」屬於台灣社會感情或社會心理的範疇；然而，它又比一般的社會感情更為顯著、複雜，不但有歷史的延續性和不變性，甚至有價值判斷的屬性，因此從社會科學的角度來看，把它當做一個台灣的特殊社會意識應該更為恰當。更有甚者，近二十年來，由於政治上精神動員的關係，它幾乎已發展到近似意識型態的程度。

二、台灣日本情結的原型

　　眾所周知，台灣的日本情結，主要根源來自51年的日本殖民統治和日本侵華戰爭的歷史；且它非始於今日，而是從64年前日本戰敗、台灣光復復歸祖國起就出現了。迄今，在不一樣的歷史時期有不一樣的內容；除了內容上的差異之外，每一個時期的日本情結在台灣的社會意識中所占的強弱濃淡也有很大的不同，甚至於在對日立場上也南轅北轍。譬如，1970年代的鄉土浪潮與1980年代以後的本土浪潮中的日本情結或對日感情，就有很大的不同。舉個明顯的例子，前者如黃春明的名作《莎喲娜啦‧再見》與今日的熱門電影《海角七號》相較，兩者所呈現的日本情結幾乎完全相反。

　　從1945年日本戰敗投降台灣光復，到1947年發生二二八事件為止，去殖民化和祖國化是大時代的主題。從政權、財產、教育、語言到文化，陳儀政權和台灣民眾共同進行了徹底的民族化，並全數遣還了原在台殖民統治者的日本人。像這種徹底的殖民地民族化，在世界殖民史上也是少見的，怪不得省籍詩人、評論家王白淵在當時曾經說：「台灣之光復，在其本質上，是徹底的民族革命」，把台灣光復對台灣社會變革的意義視為「徹底的民族革命」。在這時期，台灣人民的民族立場是鮮烈的，因此，反日或對日本殖民文化和歷史的反省與批判是主要的潮流。不幸，二二八事件使台灣人民在思想和感情上的去殖民化受到了嚴重的挫折。由於對國民政府貪腐顢頇無能的絕望，有些知識分子選擇了革命的道路；有人投入紅色祖國的地下黨，有人逃亡上海、香港籌組「台灣民主自治同盟」，他們反蔣也反日更反美；還有極少數人開始走分離主義道路，主張台灣獨立，他們同是反蔣惟不反美且親日。一般民眾雖然在民族和國家認同上並未明顯動搖，但在語言、生活方式、習慣、思考方面又逐漸逆回到殖民統治時期，亦即社會生活上延續了殖民統治時期的樣式，出現了國家生活和社會生活的二重結構，這就是後來台灣日本情結的原型。

　　1949年蔣國府遷台，台灣從國共內戰的大後方成為前線，甚至成了蔣國府的反共復興基地。自此，台灣民眾在反共風暴的籠罩中，接受黨國式的反共和民族教育，但台灣的民間社會仍平行維持著日本殖民時期延續下來的語言和生活習慣。這時期的日本情結是不自覺的、自然產生的社會感情，並未有像今日一樣的美化或合理化日本殖民歷史的現象。

三、兩種成見

許多人把台灣本省人有日本情結完全歸咎於日本殖民統治的歷史，這不但把問題過度簡單化，甚至可說是一種成見。實際上，台灣本省人的日本情結雖然根源於殖民歷史，但是，使日本情結得以溫存、延續甚至強化的主要動力，則是在戰後，特別是1950年代以後台灣的政治經濟結構。在國共內戰和美國在東亞的冷戰格局下，台灣政治經濟結構的基本架構是：在軍事上，依賴美華協防條約再加上美日安保體制；在經濟上，則是依賴美日的日美台三角經貿構造；在美國反共主義的霸權秩序下，台灣與日本不但在政治、軍事防衛和安全保障上維持著緊密的依存關係，在經貿上更形成了依賴關係。這種戰後台日之間的緊密依存關係，似乎又有了戰前日本帝國主義經濟圈的影子，雖然是不恰當的比喻。

是這樣的戰後台灣的政經結構，溫存且強化了殖民歷史遺留下來的日本情結。由此可見，社會意識雖有其延續性，但總是受到新的社會存在所規範。

另外，也有許多人認為本省人才有親日情結，那也是一種成見。其實蔣政權的親日性格更為顯著；它不但嚴重影響中國現代史，也深刻決定著戰後的台灣歷史和社會意識。

在中國現代史中，特別在國共鬥爭乃至內戰的歷史中，蔣政權為了反共、剿共、勝共經常利用日本右翼，結合日本右翼勢力打內戰。這種情況，從戰前一直到戰後，從大陸延續到台灣；其合作的對象，從原侵華日軍到日本的保守官僚、政界、財經界，從岡村寧次到岸信介。

因為蔣政權與日本右翼勢力有一個共同的意識型態基礎，那就

是堅決反共。這種意識型態直達日本天皇。

　　1945年，日本宣布無條件投降那天，蔣便下命令給侵華日軍總司令岡村寧次：「日軍可以暫時保持現有武器和裝備，維持所在地的秩序和交通」，其目的之一便是利用日軍就地「防共」。這在岡村寧次的回憶錄中也坦承：「要與國民黨政府緊密結合成一體，對付中共」。而二者背後，還有美國對於戰後世界的戰略意圖，當時任美國總統的杜魯門在其回憶錄中就明言：「這種利用日本軍隊阻止共產黨人的辦法，是國防部和國務院的聯合決定而經我批准的」。由此可知，在日本戰敗的那刻起，三者的反共同盟已形成。

　　1949年1月底，在國共內戰中解放軍兵臨長江北岸，南京上海危急之時，蔣批准把岡村寧次和259名日本戰犯判無罪釋放，並緊急送回日本，引起包括大部分國民黨人和中國人民的憤怒。也就在該年下半年，當解放軍進攻勢如破竹，在國民政府崩潰前夕，蔣歷訪菲、韓，並派心腹訪日企圖籌組太平洋反共聯盟，並開始雇用被蔣釋放的原日本侵華高級軍官協助反共作戰。敗退台灣後，更大量雇用這些原侵華日軍組成軍事顧問團，在台進行反共作戰的訓練和擘畫，此乃大家熟知的「白團」。

四、雙戰結構與「日本第一」

　　1950年6月25日韓戰爆發，27日美國第七艦隊就進入台灣海峽，宣稱海峽中立化；實際上是用軍力強行介入中國內戰，以台灣海峽為界凍結中國內戰，從中國分離台灣，使台灣留在美國手中。自此兩岸隔離對峙，台灣被置於冷戰和內戰的「雙戰結構」中。接著美國用數目龐大的軍援和經援支持退居台灣的國府，並進一步改造台灣的經濟；軍事上，通過〈中美協防條約〉，一方面防止中共的進

攻，另一方面也防止蔣國府反攻大陸；在國際政治上，美國強力支持在台國府在聯合國代表中國的席位，因而確保了在國際外交上的地位。使在台國府成爲美國在東亞冷戰中的重要一環，與美日安保體制和美韓協防體制共同構成圍堵蘇聯、對抗中國大陸的壁壘。

在美國的東亞冷戰結構下，蔣介石和岸信介、佐藤榮作等原天皇派官僚出身的日本總理大臣，共同攜手築構了亞洲的反共防波堤。一直到1980年代，蔣國府在美援體制影響下，採取了政治獨裁、經濟發展的政策，走上黨國資本主義的發展路線；在資本主義化的過程中，台灣從資本、技術、工業原材料到關鍵零組件幾乎都仰賴日本，從日本輸入原料零組件和關鍵技術，進行加工再輸出到美國，形成了緊密的日台美三角經貿關係。

在雙戰結構下，蔣國府雖然在國民意識的教育中，強調「黨國民族主義」，灌輸抗日的歷史教育，惟台日間緊密的政經從屬關係的現實，使台灣社會原有的日本情結不但未竭，更得以溫存、延續、強化，甚至還進一步轉化爲「日本第一」、「模範日本」等具有現代意識的日本情結。

在1970年代前後，由於美蘇冷戰進入新階段，美國開始改變對中國大陸的政策。首先是尼克森訪問大陸並發表上海聯合公報，接著中國大陸取代了台灣國府在聯合國的席位，並撤出駐台美軍；日本也緊接著和中國大陸建交並與台灣國府斷交。這一連串蔣國府稱之爲「國際逆流」的巨大變化，使台灣的雙戰結構開始鬆動；另一方面，北美留學生的保釣運動風起雲湧，迅速從美國傳到台灣，在台灣校園和知識界掀起了民族主義的鄉土浪潮。這個持續近十年的鄉土浪潮中，台灣學生、知識界重新發掘台灣的日據歷史，特別是有關抗日的社會運動和人物，並大力批判了當時脫離台灣社會現實的文化和思想現象，同時對於台灣因政治經濟依賴日本而形成的親

日意識和媚日風氣，進行了反省和批判，這對當時台灣社會日見濃厚的「日本第一」的情結有一定的制衡作用。

惟1980年代以後，這股鄉土浪潮很快地被親日的「本土浪潮」所取代，台灣的日本情結遂往極端的方向發展。

五、〈台灣關係法〉與新「反共親美日」政權的登台

1979年底，美國與中國大陸建交，同時與蔣國府斷交並廢約。這使蔣國府賴以生存的雙戰體制中的冷戰體制受到極大的衝擊；再加上來自中國大陸和平統一的壓力以及島內黨外新興政治勢力的挑戰，內戰體制也岌岌可危。然而，這並不意味著與中國大陸建交同時與台灣國府斷交的美國，從此放棄在台灣的獨占利益。為了繼續確保在台灣的利益，延續其遏制中國大陸的東亞戰略，美國以制訂國內法〈台灣關係法〉的方式，通過武力威嚇大陸和軍售台灣的手段，繼續干涉台海兩岸關係。

失去國際正當性的蔣國府，在島內黨外新興政治勢力的挑戰下，國內正當性也面臨極大的危機。在1970年代萌芽的黨外運動，到了1980年代已蔚為一股不容忽視的新生政治力量。這批青年在二戰前後出生，是完全在政治獨裁、經濟發展的台灣資本主義化時代中，受黨國反共教育成長的一代，同時在冷戰體制下他們也普受美式自由民主的洗禮。他們在反共反大陸、親美親日上與蔣政權無二致，惟在美式自由民主觀念上，他們是反蔣反獨裁的。

在屬於美國國內法的〈台灣關係法〉的規範中，黨外轉化為民進黨並急速壯大，且騎在黨國體制機器上的李登輝政權登上了台灣舞台；自此，一個新的反共反中國大陸、親美親日的非蔣政治勢力統治了台灣，確定了台灣繼續留在美國手中。如果不忘記歷史的話，

我們不難發現：扶植一個親美台籍人士的政府，曾是美國在40年前
（1948、1949）對中國政策（對台政策）的重要戰略意圖，只是當時並
未實現，而是在40年後才實現。

六、從情結到情懷，然後意識型態

　　從李登輝政權到陳水扁政權的20年間，以「去中國化」爲主要
內實的「本土論」，取代了兩蔣時期的反共主義，成了台灣社會意
識的主流。其實，這種本土論在去中國化的另一面，是對台灣殖民
歷史的合理化或美化，它肯定日本殖民統治對台灣現代化的功績。
當然，本土論還包含有省籍意識在內，這不在論列。因此，以去中
國化和美化「日治」爲兩大內容的「本土論」，就構成了這時期台
灣人的日本情結的主要特徵。如果回到文前的情懷與情結之辯的
話，這時期似乎恰可以「日本情懷」概括之；然而，如果進一步辨
析，卻可以發現到，其實只有在李登輝當政的前期才可以「情懷」
稱之；此後，經過政權之手大力的精神動員下，情懷很快地往意識
型態的方向發展。

　　這種本土論，本來就是被蔣國府局限在海外活動的台獨政治團
體的意識型態；1980年後在美國的〈台灣關係法〉的新兩岸架構下，
隨著黨外的政治活動才出現在島內，之後成了民進黨的重要政治論
述，也是該黨的主要政治動力。然而使它成爲國家意識、真正發揮
大影響力的，應該始於李登輝政權。1994年李先上演了一幕與日本
作家司馬遼太郎的「對談」戲，對談中他除了諂媚地說了「我20歲
之前是日本人」的名言外，還讚美日本統治台灣帶來了現代化等。
1995年，李肯定獨派團體舉辦的「馬關條約100年」的「告別中國」
活動；1997年，李欽點杜正勝院士領軍促成了國中《認識台灣》教

科書，自此，這種本土論開始進入打造國家意識型態的教育領域，成爲國家意識；它長期且深刻地形塑著台灣年輕世代的思想和認同。今日25歲以下的青年人哪一個不是在它的教育規訓下成長的？說來或許太過牽強，但《海角七號》電影在年輕世代中引起一陣熱潮，有很大的成分，不就是今天台灣日本情懷的集中表現嗎？而其中沒有1997年之後李欽定歷史教科書的影響嗎？

　　李登輝的台灣意識型態演出，一直持續到他下台以後，且一次比一次更接近意識型態。2000年，日本極右翼漫畫家小林善紀的漫畫《台灣論》的出台過程，前前後後、枝枝節節中都有李登輝的手；2002年底，李有一篇給日本李登輝之友會成立大會的講稿，題目是〈台灣精神與日本精神〉，文中他再度強調說他「一出生就被當做日本國民」；說「台灣精神中有重要的日本精神」，而「日本精神的根源就是大和魂、武士道」，下面摘錄一段原文以揭露其思想真面目：

> 這些從中國來的統治者所沒有而台灣人有的，作為現代國民的這些氣質和素養（筆者按：該文前面曾提到的「勇氣、勤勉、奉公、清潔」等氣質），台灣人都自傲地稱為「日本精神」。由於台灣人從根本上具有這種作為「武士道」的「日本精神」，才使台灣在戰後得免於被中國的大陸文化所完全吞沒，甚至可以說才得以抵抗之；也由於有了這種「日本精神」，台灣戰後的現代社會才得以形成和確立。

　　從擁有比兩蔣更大的政治權力和威信的李登輝的這些言行來看，就可以清楚看到這時期台灣的日本情懷已超出情懷而近似意識型態了。接著，在陳水扁當政8年中，更把本土論從李登輝時期只限

於文化、教育和對日關係的階段，推進到社會政策的各個角落；再
加上民進黨的政治文宣，以及校園、學界、媒體的配合鼓吹，本土
論成了台灣島內的霸權論述，深刻地改變了台灣社會大眾的感情、
意識和認同。

七、本土論與日美安保體制

其實，現在已深入普及成台灣國民意識的本土論，如果從政治
角度來看，不論它在20年間的發展過程中或當下的現實生活中，客
觀上或主觀上，作爲島內普遍的政治鬥爭工具，一直發揮著巨大的
作用(大至政治選舉、小至各職業或人民團體)；同時，我們也不可
能不看到，它也作爲當政者統合台灣國民意識、鞏固本土政權的重
要手段，李登輝就曾說過：「台灣意識愈多愈好」(這個台灣意識
與本土意識或主體意識都是指同一個東西，本文以「本土論」
總稱之)。20年來本土意識一直是本土政權的最重要基礎，連今日
的馬政權也不得不賣力爭取它。另外，它還是在美國的〈台灣關係
法〉規範下，維持或強化兩岸分離和對峙的重要意識型態之一(其他
的有民主、人權、主權等)；甚至，從東亞全局來看，對於以遏制中
國爲中心的日美安保體制來說，台灣的本土論以及民眾堅固的本土
意識，當然是他們絕好的條件和助力；相對的，對李登輝或陳水扁
政權來說，強化台灣的本土論、挑起兩岸緊張，以爭取日美安保體
制涵蓋台海，以遏止中國大陸防衛台灣，一直是其與日本關係的核
心。

自從「蘇東波」巨變、蘇聯解體後，原本在冷戰時期是針對蘇
聯、遏阻共產主義的原日美安保體制，也大大減低了其存在的正當
性。在這樣的新局勢中，美國爲了繼續維持在東亞的利益，在1995

年發表了〈美國對東亞和太平洋地區的安全保障戰略〉，強調美國將繼續維持日美安保體制，繼續在東亞駐紮10萬大軍，並且在隔年舉行了日美首腦會議後發表了〈日美安全保障聯合宣言〉，「新日美安保體制」成立，世稱「九六安保」。接著在1997年日本修訂公布了〈日美防衛合作新指針〉；這個日本的新戰爭指南，除了把日美安保體制從自衛的角色擴大到區域防衛外（其中關鍵處，在所謂「周邊事態有事」時的軍事介入），更質變爲世界性日美軍事同盟。其實，在美國與日本重新建構新時期的「安保體制」的同時，李登輝政權也主動積極地配合著。這就是大家可能都淡忘的當時發生的一連串台海緊張局勢：1995年李實現了訪美，同年參與了獨派舉辦的「反中國」活動；1996年總統大選中，大陸在台海進行了爲期十數天的導彈試射；1997年李欽點杜正勝領軍，通過教科書把本土論變成打造台灣國民意識的工具。同時間，李還透過黨國大掌櫃劉泰英，計畫動用龐大資金投資駐日美軍大本營的琉球（日美安保體制的樞紐），設立自由貿易區，企圖利用大資金支持日美安保體制，使〈日美防衛合作新指針〉的「周邊事態有事」涵蓋台海。事實上李登輝的圖謀成功了，當時的日本官房長梶山靜六就明言「周邊事態」包括台海在內。

八、共同的「精神歸宿」或者「末流」？

其實，日本統治階級的右翼勢力一直處心積慮，積極布局介入台海問題未曾稍竭；一方面是由於他們與台灣當局在反中親美上有共同的意識型態，另一方面是爲了彼此權益的交換。日本右翼與台灣的所謂本土派之間的往來更是熱絡，從由日本各黨派親台議員組成的「日華關係議員懇談會」（據說有300人之眾）、日本自衛隊退休

高官，到如「台灣研究會」（若林正丈領軍）為代表的有關台灣歷史、文學、政社全般的研究社團（特別在有關台灣文學、台灣歷史的領域，日本右翼學者在壯大「本土論」上起了重要的作用）。日本右翼勢力熱衷於台灣，在日台上空絡繹不絕的最大要因，除了台灣本土論的反中親美情結之外，台灣濃厚的日本情懷，對其而言是最大的魅力，其不絕於途、交往之深、範圍之廣，非常人所知。就如李登輝說的：日本精神是台灣精神的重要支柱，且李又說這個「日本精神」就是「大和魂」。日本右翼在「台灣精神」中找到了他們溫暖的「精神故鄉」（日本精神），而這些在今天的日本社會早已被遺忘或漠視，正是他們想重建的；與此相呼應，台灣文學本土論的「大御所」葉石濤也曾說過：「日本是我心靈的故鄉」。由此可見，兩方都在「日本精神」中找到了共同的精神歸宿。這就是今天台灣日本情懷的範例。

這種風潮深刻影響了台灣年輕世代的歷史認識和認同，使他們把殖民歷史當作台灣現代化的根源，日本成了現代台灣的典範。再加上自1980年代起在台灣流行文化和消費生活的「哈日」風潮，從日本漫畫、日劇、日本偶像到流行語、新詞彙、乃至年輕世代的特殊表情神態到生態，都是日本的翻版，台灣流行文化成了日本的亞流文化。這又強化了年輕世代的本土論、日本情懷，甚至連審美和人生價值都原宿化。

實際上，對於台灣這種偏向的親日、崇日現象，除了少數的日本統治階層和右翼人士外，一般日本民眾都覺得不可思議。譬如台灣街頭經常可以看見頭戴日本兵帽的老人的景象，對一般日本人來說，就像看到從南洋叢林裡出現的舊日本兵一樣，除了驚訝之外，內心難免有可笑的感覺。

九、結語

　　一個沒有主體的主體意識、沒有自立自主性的本土論，一個沒有自己審美觀、喪失民族心靈歸宿的人們，再怎麼要成為別人或裝扮成別人，也還是亞流，何況這個亞流的源流在日本社會中不是早被遺忘、拋棄，就是被冷漠以待。舉例便知，日本右翼教科書團體（「制定新教科書之會」）所出版的扶桑社日本教科書（歷史、公民），2005年在全日本學校的被採用率只有0.4%（雖然現在全日本教科書有「扶桑化」的傾向）。由此觀之，台灣的日本情懷所思慕的對象，在現實的日本社會中只可稱之為末流。

　　在未來的新時代中，寄望台灣人民拋棄日本情懷，超克日本情結，站在中日友好的平台，與絕大多數善良的日本人民共同攜手排除外力戰爭，創造一個和平共存的亞洲，這才是台灣的出路，台灣人尊嚴的保證。這也是新時代賦予我們的嚴肅課題。

　　曾健民，開業牙醫，台灣社會科學研究會會長，著有《1945・破曉時刻的台灣》（2005）、《台灣一九四六・動盪的曙光》（2007）、《1949・國共內戰與台灣》（2009）等書。

台灣的日本觀解析(1987-)：
族群與歷史交錯下的複雜系統現象

黃智慧

一、前言

　　探討「日本觀」的研究並不多見，尤其是講求客觀性材料以及實證性研究法則的社會科學界，要處理一群人(含個人、社群、族群、國家)所衍生對待另一個異己對象(日本)的觀感或態度之議題時，有其難度。

　　儘管如此，近百年來與日本關係密切的幾個國家，例如美國、韓國、中國的學界都曾對此主題產生深入探究的興趣。其中歷史學者多以文獻史料爲素材，試圖理解菁英層的日本觀，以及因時代變遷產生的流變[1]；而社會科學界則較關心社會大眾的日本觀走向，多

1　鈴木俊，《中国の日本論》，東京：潮流社，1948。石原道博1998《米寿記念石原道博選集》，東京：国書刊行会。山口一郎，《近代中国の対日観》，東京：アジア経済研究所，1969。《近代中国対日観の研究》，東京：アジア経済研究所，1970。小島晋治、伊東昭雄等，《中国人の日本人観100年史》，東京：自由国民社，1974，本書在中國的架構下，約略提及台灣在日本統治時期的反殖民經驗。石曉軍，《中日兩國相互認識的變遷》，台北：臺灣商務印書館，1992。

以暢銷書物、新聞雜誌或實地訪談等為分析材料去接近群眾[2]。綜觀各國日本觀的研究內容，大都反映出因社會階層、世代、政黨派系，以及不同歷史時期所產生各類的差異；不過這些研究都同意，二國雙方互動的歷史經驗，對於各國日本觀的形成，具有決定性的影響力。換言之，若說美國人的日本觀即是美日關係史、韓國人的日本觀即是韓日關係史、中國人的日本觀即是中日關係史的衍生產物，也不為過。

　　從這一個角度來看，台灣作為日本近代第一個海外殖民地，並受統治達半世紀之久，觀察其日本觀的形成，應該有脈絡可循。然而到目前為止，卻尚未有任何一本台灣的日本觀之學術著作問世。到底台灣的日本觀呈現什麼樣態？研究該如何入手？材料在哪裡？方法是什麼？這是台灣學界極具挑戰性的問題。筆者從20年前起開始探索這一系列的問題[3]，體認到這個問題所呈顯的複雜向度，實已超越單一學科的理論範圍。本文目的在於提出一個較全貌性的思考架構，以回應這一系列問題。思考這個架構之前，需要什麼樣的知識背景才能理解台灣的日本觀？為何迄今台灣學界極度欠缺這方面的研究？這個問題本身就是一個特殊現象，也恰可反映出台灣的日本觀現象之形成背景，須先予檢討。

2　Johnson, Sheila K., 1975, *American Attitudes Toward Japan, 1941-1975*, Washington: American Enterprise Institute. 日語譯本年代從1975年增補到1985年。鄭大均，《日本のイメージ 韓國人の日本觀》，東京：文春新書，1998。Whiting, Allen S., *China Eyes Japan*, Berkeley: University of California Press, 1989.

3　1990年1月筆者在京都國際日本文化研究中心的「世界各國日本研究之知識社會學研究」共同研究會上發表「台灣的日本研究：何謂『日本情結』？」之報告。

二、台灣的日本觀研究之困境

　　日本對台灣的支配統治於1945年終止以後，實質上，台灣開始進入了「後殖民期」（post-colonial）的歷史階段。理論上，從殖民支配的政治體制解脫以後，接下來階段裡，被殖民者恢復在殖民期間被壓抑的主體性論述，知識分子整理殖民期的歷史與史料，重新從被殖民者的觀點，找回歷史的發言權，克服被殖民的傷痕等等；這一波所謂「去殖民化」或稱「抵殖民化」、「解殖民化」（decolonization）的過程，大抵為二次大戰後從歐美列強手中獨立出來的殖民地經歷的歷史進程。而這些地區所展開，屬於被殖民者的身分認同重整與歷史重建所衍生的社會文化現象，即成為晚近後殖民研究理論的討論焦點[4]。

　　然而60餘年過後，今日來看，台灣這塊土地上所發生的歷史進程並非如此。日本敗戰之後，台灣社會雖然也曾如火如荼進行「去日本化」的過程，卻不是由被殖民者主導進行。台灣的被殖民者，開始大量生產對日本殖民期的主體性論述的景象，實質上要到80年代末期戒嚴令解除前後才開始（後敘）。台灣學界的後殖民研究，也在這一段期間陸續出現。然而，這一波主要以文學作品為材料的研究，並非討論日本殖民後的現象，反而是在討論掙脫加諸在台灣的中華民國體制與其國族認同所帶來的壓迫現象[5]。為什麼會這樣？

4　Loomba, Ania, 1998, *Colonialism / Postcolonialism*, London; New York: Routledge. 摩爾・吉爾伯特，《後殖民理論》，台北：聯經出版公司，2004。

5　陳芳明，《後殖民台灣：文學史論及其周邊》，台北：麥田出版社，2002。邱貴芬，《後殖民及其外》，台北：麥田出版社，2003。盧

　　台灣作為日本的舊殖民地，是無可否認的歷史事實。然而日本統治結束以後，島上的人群組合結構卻發生重大變化。日本統治末期，島上總人口數不到600萬人。太平洋戰爭的結果，30多萬人口的日本內地人離開這塊居住了近50年的土地。不久，在中國大陸發生的國共內戰的結果，110多萬軍民從中國大陸流入台灣，並且定居至今[6]。今日在台灣生活的人群，即是台灣本地人群與這些軍民及後裔的重新組合。這些20世紀中期來到的軍民從未具有被日本殖民的經驗，自然也不適於成為討論台灣的後殖民現象與理論的對象。換言之，台灣雖是一個日本的舊殖民地，台灣的日本觀現象中包含了後殖民現象；但是人群的屬性不同，後殖民的理論與研究範圍，無法完整涵蓋並解釋台灣的日本觀現象。

　　若從二者之間所互動發生過的歷史，來界定人群彼此的關係，那麼來到台灣的中國大陸軍民，在國共內戰發生(1946)之前，才剛打完長達8年的中日戰爭(1937-1945)；他們與日本的關係，應稱之為「戰後」的關係。而剛剛打完太平洋戰爭(1941-1945)，因為戰敗而脫離殖民統治的台灣本地人民，與日本的關係則可稱之為「後殖民」的關係。這二種類型的關係並存於台灣社會內部逾半世紀，互動之下會激盪出什麼樣的日本觀？這是學界很少關注的社會文化現象，也是由歐美舊殖民地所發展出的後殖民理論尚未探究的範圍。

　　近年來，台灣被外界視為「親日」的國家[7]；卻又充滿許多矛盾

(續)━━━━━━━━━━

　　　建榮，《台灣後殖民國族認同1950-2000》，台北：麥田出版社，
　　　2003。

6　李棟明，〈居台外省籍人口之組成與分布〉，《台北文獻》11-12，
　　　1970。

7　尤其是1990年代以後在日本出版的書籍，常介紹台灣的親日形象。
　　　例如：岡田英弘，《台湾の命運：最も親日的な隣国》，東京：弓

而不可解的現象。尤其是來到台灣訪問的日本人，戰前世代在台灣年紀相仿的同輩身上，彷彿找回失散多年的好友，初次見面就能推心置腹，迅速引起內心共鳴；而年輕世代原本抱著曾經殖民的罪惡感來到台灣，卻沒有想到台灣人民親切相待，還對某些殖民地時期的作為肯定有加，更加深內心的迷惘。

其實，在台灣歷經中華民國教育長大的世代，內心迷惘更甚。為何學校歷史課本裡描寫的日本人天性殘暴，屠殺中國人民、鎮壓台灣人民，可是家中父老卻深愛日本文化，與友輩之間喜用日語交談？或者，當榻榻米、木造建築之日式家屋空間成為長大後身體記憶的原點時，卻聽聞父母說起抗日戰爭中日本惡行，如何處理內心的撞擊與矛盾？再者，明明政府過去都說台灣人民被日本奴役了50年，最近社會上卻沒有人在慶祝「光復節」了？

1990年代之後，大街小巷與日本相關的廣告商品、建築風貌、生活百貨比比皆是；可是媒體論壇上，遇到日本的議題，卻能輕易激起極端相反而對立的情緒。例如，時代剛進入21世紀，就發生日本社會頗為暢銷的漫畫《台灣論》在台灣所引發的言論風暴[8]；2006年才發生日本民間善意發動捐款，幫助烏來鄉高砂義勇隊慰靈紀念碑遷移，卻被台北縣政府強制拆除而訴諸法庭訴訟的事件[9]。這些事件發生時都引發輿論爭議，各種論點紛飛，如同失控脫序一般，混

(續)―――――――

　　　立社，1996。薄木秀夫，《「反日」と「親日」のはざま：韓国・
　　　台灣からみた日本》，東京：東洋経済新報社，1997。

8　前衛出版社編，《台灣論風暴》，台北：前衛出版社，2001。李壽
　　　林，《三腳仔：台灣論與皇民化批判》，台北：海峽學術出版社，
　　　2002。

9　黃智慧，〈族群不平等，如何彌平？〉，《自由時報》A12版，2009
　　　年3月31日。

亂而糾結一起，反映出看似充滿矛盾與衝突對立的日本觀。如果這就是與日本的「戰後」關係及「後殖民」關係——兩種不同人群的歷史經驗並存於同一社會的結果；那麼，學界該如何描述這種狀態，並進一步釐清其間錯綜複雜的互動關係？

除了後殖民理論無法涵蓋台灣的日本觀現象之外，下列各項知識累積嚴重不足，也造成當代台灣的日本觀研究難以進行：

日本研究的壓制

1947年甫經戰亂，台灣的大學教育裡，隨即成立了以英語為主的外國語文學系；相對於此，日本語文相關科系卻在終戰18年後才得以開始設立。私立中國文化學院於1963年首開先河，在東方語文學系下設置了日文組；其後政策性地每隔3年，淡江文理學院設置東方語文學系(1966年)、輔仁大學東方語文學系(1969年)、東吳大學外文系東方語文組(1972年)底下，分別設立相關日語研究組織。這些在私立學校設立的科系，名稱都無法以日本研究為系名，必須稱東方語文學系，底下設組。當東吳大學設立之後，遭逢日本與中華民國斷絕外交關係，私立大學的日本研究系所的設置即告停止。當時全國近40所大學之中，只有4所私立大學設系，等到再度相隔17年之後，1989年才在國立大學(政治大學)設立東方語文學系日語組；距離最初國公立大學設立外語學系，已經42年。

該年國公立大學突破了禁忌後，台灣高等教育界設置日語科系立即進入一個飛躍期。1989年之後，公私立大學相繼設立了14所相關日本研究科系，技職專門學校約有50所學校也紛紛設立日語科系。為何會在這個時期，時序在1987年戒嚴令解除之後，日語文學系設置才得以解凍，並如雨後春筍冒生？解嚴和日本研究的關係是什麼？雖然社會上對日語人材的需求甚殷，數十年來歷經政府壓

制，已造成台灣社會理解日語或研究日本的人才出現明顯的斷層現象[10]。

　　與此強烈對照的是，20世紀前半期台灣島上的日語(國語)教育是統治政策的重點。雖然到達統治末期，被殖民者成爲「國語常用家庭」的比例並不高(僅占總人口1%強)，在家庭內使用族群母語才是常態；但是整體兒童就學率已提昇到70%，中高等技職教育完備，到日本內地就讀大學者更不在少數。以當時的水準，台灣應該是全世界最具有發展日本研究潛力的地方。但是，國府來台接收才屆一年，就全面性禁止日語在報章雜誌及社會上的出版、流通與使用。雖然本地的知識分子群起抗議，但是並未奏效。不久即發生二二八事件(1947)，大量捕殺的知識分子都是受過日本殖民體制下高等教育的人。自此以後，社會上是否該保留日語文的使用之類的討論即未曾再出現。讓台籍知識分子噤若寒蟬的效應，也使得到1987年解嚴爲止，台灣社會上所出版有關日本或論述日本文化爲主題的書籍，其作者清一色皆爲外省人，內容皆以在中國大陸對日抗戰之歷史經驗出發，或以戰勝者的立場指責日本，或是回憶抗日戰爭之艱苦歲月以及與日本之間不共戴天的仇恨等，延續了中日戰爭狀態下的對日觀[11]。

　　這一類型的論述，塡占了台灣的書籍言論市場長達近40年。筆者曾經將此現象稱爲「代行」，亦即，以一個外來族群的日本經驗或對日本的論述，取代了台灣本地被殖民者對日本的反芻與論述，

10　參見蔡茂豐，《台灣における日本語教育の史的研究(1895-2002)》，台北：大新書局，2003，頁2-16。

11　筆者收集到共12本書，只有一本情況較特殊，參見黃智慧，〈台湾における「日本文化論」に見られる対日観〉，《アジア・アフリカ言語文化研究》71，2006，頁156-158。

這種現象罕見於其他日本舊殖民地。

歷史學研究的偏頗

　　1945年終戰之後，台灣從殖民地身分獲得解放，對於前來接收這一塊敗戰地的中華民國政府曾經有過短暫的熱切期待，以為接收人員會尊重當地人自主性的歷史重建工作。然而，這個幻想旋即破滅。在往後國民黨政權長期的統治體制(1945-1987)底下，不符合當局所需，例如：國共戰爭時期的現代史，或是中華人民共和國成立後的各項發展，都和日治時期及戰後初期的台灣現代史一樣，難以進行。即使有極為少數關於台灣史的著作，也係由中國來台的歷史學者撰寫[12]，真正親身歷經50年日本統治的被殖民者所從事的台灣史研究，卻如一片空白。在歷史學研究以及歷史教育場域中，極度偏向中國史的情形，至少持續了戰後40年。關於台灣史的碩士論文要到1966年才出現，博士論文要到1982年才產生，在此期間，有關台灣史碩博士論文數量只占全部的10%。而日本統治時代的研究，不僅數量稀少而且主題偏向抗日運動的研究[13]。

　　此外，依據統計，戰後30年之內(1945-1974)，台灣本地人的自傳類的數量，較之於來台外省人或中國人的自傳數量是1：10。傳記數量的族群比例在1945-1964年之間是1：20[14]。但是以實際人口數量而言，本地人占人口80%以上，可見其比例之懸殊。個人史的研

12　郭廷以，《臺灣史事概說》，台北：正中書局，1954。

13　劉翠溶，〈台灣史研究の現狀と課題〉，台湾史研究部会（編）《台湾の近代と日本》，頁67-78，名古屋：中京大學社會科學研究所，2003。彭明輝，《台灣史學的中國纏結》，台北：麥田出版社，2002。

14　王明珂，〈誰的歷史：自傳、傳記與口述歷史的社會記憶本質〉，《思與言》34-3，1996，頁161-165。

究狀況已是如此，遑論基礎史料整理，或是關於台灣的事件史、時代史之研究。事實上，歷經戰後50年，第一個台灣歷史學會組織才告成立（1995年）。

　　如果在台灣無法研究台灣史，那麼在日本是否就有較多研究成果？歷史學者檜山幸夫曾檢討，戰後日本歷史學界長久以來由於戰敗的打擊，全面性否定在殖民地的作為；或者很容易就將台灣史研究置於中國史框架下的邊緣，台灣史研究並未受到日本史學界的重視[15]。由於台灣的殖民地性質，許多基礎史料分散在日本與台灣兩地，也造成研究上的困難。台灣方面要到1980年代後期言論解禁，台灣史史料也才開始整理與開放；日本學界要到1980年代後期之後，才有較多研究成果出現。此時距離統治結束已接近半世紀，史料佚失，重要當事者多已逝世。

　　基於這些因素，戰後長久以來關於日治時期的台灣史，不論是台灣或日本學界皆處於一個研究極為困難的處境底下，後人要如何能夠理解日本治台時代所發生的事？在沒有史實研究為基礎的情況底下，戰後台灣學校教育中的歷史課程，要依據什麼來編寫教材？失去學校歷史教育的主導權，不僅影響到下一個世代對日本的觀感與認知，相關的社會科學研究，缺乏對歷史史實的基本認知，其立論亦是薄弱的。雖然解嚴之後，台灣史研究逐漸茁壯，到了2000年，其數量已達到可與中國史並比。但是近年來台灣社會爆發日本觀對立的議題時，其爭點往往落在史實的理解上。正因為台灣史研究的根基脆弱，史實無法清晰呈現，加上偏頗的歷史教育助長，才易有爭議存在。

15　檜山幸夫，〈日本における台湾史研究の現状と課題〉，台湾史研究部会（編），2003，頁17-24。

族群認知的重整

　　自古以來，台灣即為語言學上所稱「南島語族」的人群所居住
的島嶼。由於島嶼有高山有大海，地形地貌變化豐富，許多小部族
依不同的地形分散全島，經營出保有獨特文化體系的生活空間。近
400年來，島上的族群結構曾歷經三次重大的變化。第一次是在17-18
世紀間，從大陸東南閩粵地區湧入大量的農漁業墾殖人口[16]。這些
墾殖勢力逐漸將範圍擴張至西部及東北部平原地區，而與廣大山區
及東部沿海地帶的南島語族分庭抗禮。由於墾殖者以男性居多，許
多人與平地的南島語族女性通婚定居，發展出以閩粵文化為基礎，
再加入土著文化的混合文化來。

　　這一波移民依其祖籍地以及使用語言與習俗文化不同，又可分
為二大族群，分稱為「和佬人」與「客家人」。經過200年後，和佬
人與客家人在台灣落地生根，發展出各具特色的聚落生活與文化型
態，雖然經常彼此械鬥或反抗清國，大體上仍接受清國派遣官兵的
統治。然而，千百年來已居住在島嶼上的眾多南島語族仍保持自給
自足的部族社會，清國勢力無法越過雷池一步，族群間彼此緊張對
峙的關係持續到19世紀末年，形成台灣族群關係的底層結構。

　　第二次重大的族群結構變化，肇因於甲午戰爭後清國簽訂馬關
條約，將台灣割讓給日本，日本人開始移居台灣這塊新領地。移入
的日本人，雖然來自日本各地，其生活習俗、語言有地方差異，進
入台灣後，其語言文化與當地族群差異更大，日本「內地人」遂在

16　在17世紀中，曾有很少數的荷蘭人、西班牙人在台灣建立殖民據
　　點，但是未成為全島性人口擴張。隨鄭氏來台的人民，也於東寧王
　　國被滅後，大部分被遣回大陸。18世紀前半由清政府招墾來台者，
　　才是今日居民之主要來源。

台灣成為一個新的族群類別。來台內地人於1905年統計人數約5萬人，由於第二代第三代人口增長，到了統治末期人數到達30多萬人，占全台灣人口的6%，而和佬人占75%，客家人口占13%，其他各南島語族加起來占3%，為僅多於原住民族的少數民族[17]。1945年日本戰敗之後，在台出生長大第二代、第三代已不在少數，並認同台灣為他們的「故鄉」[18]。但是當時的政治局勢決定全部遣返，家族數代累積的所有財物資產都由中華民國政府接收。1946年春開始大規模遣返，1949年年中完全離去。

　　就在這個時期，台灣島上發生第三波，也是最急遽的人口變動。國共戰爭的結果，中國大陸發生大逃難潮，約有110萬軍民流入台灣。這一波人群雖然來自於中華民國各地，各有其不同的方言與習俗文化，來到台灣後才形成一個新的族群，被稱之為「外省人」。這一波人群與本地的多數族群之間，個別上並沒有膚色、眼睛、毛髮等外貌上明顯的種族差異，卻在語言、職業(階層)、居住空間、宗教生活、文化習俗(音樂、飲食、婚喪喜慶等)上，皆與台灣本地族群有顯著的差異。尤其是在歷史經驗以及族群身分認同上，更可以分別其間差異。

　　在族群自我認同上，中華民國在建國前後為了推翻滿清統治，所形構出的國族主義論述，把領土內人民都歸於「炎黃子孫」之起源神話，建國成功後又以所謂「五族共和」(漢滿蒙回藏)形構出「中

17　臺灣總督官房臨時戶口調查部編著，《民國四年第二次臨時臺灣戶口調查概覽表》，台北：捷幼出版社，1992。朝日新聞社編，《南方の拠点・台湾》，東京：朝日新聞社，1944。

18　顏杏如，〈流轉的故鄉之影：殖民地經驗下在台日人的故鄉意識、建構與轉折〉，收錄於若林正丈等編，《跨域青年學者台灣史研究論集》，台北：稻鄉出版社，2008，頁173-217。

華民族」之單一國族建構概念[19]。這是外省人在中國大陸時代所已
經接受的國族國家的概念。戰後台灣，這套國族論述透過學校教育
體系裡的歷史、地理、公民教育的方式加諸台灣其他族群的子弟身
上，尤其對族群起源差異甚大的南島語族，也要求全體改成漢式姓
名，服膺全民都是「炎黃子孫」的建構神話。在社會上，透過大力
推行「中華文化復興運動」（1966），成立「中華文化復興委員會」
全國性組織（1967），以總統爲會長，透過各種活動尊崇「中華文化」
之優越性。

　　這種單一國族論述一直到1987年解嚴前後，始見明顯鬆動。先
是1984年「原住民權利促進會」成立，1988年展開還我土地運動，
同年，客家社會文化運動也於焉展開，並興起各項基本權利的恢復
運動；1989年憲法學者許世楷提出新憲法草案，主張「文化多元主
義」入憲，以四大文化集團的概念，取代中華民國憲法中所依據的
三民主義，及其在中國大陸時期形成由漢滿蒙回藏組成所謂中華民
族的國族概念。

　　1991年開始的幾次憲法增修改革中，「山胞」終獲更改爲「原
住民」（2004），該名稱變化意義重大，代表中華民國政府承認南島
語族在台灣的族群史上做爲原住民的定位。在此重新調整的歷史序
列當中，最晚一波才到來的外省人族群，已然失去以「中華民族」
爲國族論述的正當性。而這個四大族群的概念，隨著各族母語及文
化復振運動，逐漸被落實於中央政府組織及政策上，爲台灣社會廣
泛接受。歷經20世紀後半長達40年之久的中華文化復興委員會的官
方組織，正式改名爲「國家文化總會」，象徵性地意味台灣社會不

19　沈松僑，〈我以我血薦軒轅：黃帝神話與晚清的國族建構〉，《台
　　灣社會研究季刊》28，1997。

再獨尊「中華」，而是「中華文化」與其他族群共組一個多元文化
的多族群社會。隨著族群文化復振現象興起，相關學術研究也繼而
產生。從1991年起，客家研究在各校已設立3個學院13個系所，原住
民族或族群關係之相關學科系所也已新設14個研究中心與系所[20]，
而中國語文的相關系所，則未見相對增加。

　　上述這些「中華民族」文化與其他族群文化的地位消長現象，
如同前項日本研究與台灣史研究興起時期，都不約而同地發生在
1987年解嚴之後，加上族群認知的重整，這三項知識的呈現都是與
台灣被殖民者的主體性息息相關的知識課題。解嚴之後，台灣的和
佬、客家、原住民族三大族群的身分認同重整與台灣歷史重建的工
作，和先前所述世界上其他舊殖民地解放後的去殖民化的歷史過程
並無二致。不同的是，要去殖民化的對象，卻是二次戰後由另一個
族群所帶來的歷史認知以及身分認同。

　　從這樣的觀點來重新檢視解嚴後所反映出的日本觀，立即顯現
台灣異於其他殖民地的特殊性質。亦即，在日本統治期間出生長大
的世代，他們與日本的關係，是在中間一段時期經歷中華民國統治
後的後殖民狀態。這種歷經二層外來統治底下所產生的日本觀反
應，無論是抵抗的方式，身分認同的轉變等，都比單只有一層的後
殖民狀態要多元而多變，也是學界尚未能關照到的人類社會文化經
驗。而他們的子孫世代，或在中華民族國族論述教育下出生長大，
或是在1990年代解嚴之後，亦即這套論述崩解後出生長大；不同世
代間的日本觀之差異與演變，將益加添增整體現象的複雜變數。

三、後殖民情境之二層結構與非線性的族群關係

20　王雅萍，〈13所大學的原住民中心〉，《原教界》20:20-29，2008。

　　如前所述，解嚴是一個重要的時間點，關於日本、台灣史與族群關係這三項認知開始變化與調整，而連動地，許多日本時期被殖民者的口述材料也隨之出現。解嚴前後，戰後最大規模族群衝突之二二八事件的口述紀錄或史料陸續突破禁忌出版[21]；同時，還有一批以日語書寫關於個人生命史的文類開始出現。這些文類的作者或口述者都屬於日治時期的被殖民者的這一方。被壓抑40年之後才迸發出的被殖民者的聲音，如同一股怒濤，源源不斷出版問世。其內容以個人的生命經驗為主，從家族歷史、學校教育經驗、戰爭經驗以及在二二八事件後，及戒嚴令下所受到的壓抑與不滿等等，他們所寫的內容，幾乎都會提到日治時代與中華民國來台以後的生命經驗的互相比較。雖然撰寫者來自不同的職業或社會階層、性別，他們的生命經驗呈現很高的相似性，代表這是同一種屬性的人群，具有共同的歷史經驗。他們並非文壇作家，也非學者或研究者，但是即使在看似平凡無奇的個人生命經驗中，也已經道出了對日本的觀感，亦即，雖然主題並非日本，可是日本卻和他們的人生歷程結合在一起，形成一種可以被分析的日本觀之材料。

　　這些材料呈現的文類形式是很特殊的，大都是敘述個人生命經驗的自傳、回憶錄、日語詩歌集、日記、證言集等，而且以日語書寫而成。大多數是自費出版，只有少數由書局正式出版，出版地則是日本、台灣二地兼有，而出版潮到目前還在持續當中。

　　筆者曾經使用這些約在1990年代之後才出現的被殖民者類型的文本，加上人類學式的田野工作訪查，進行過三個主題之個別研究。

---

21 阮美妹，《幽暗角落的泣聲：尋訪二二八散落的遺族》，台北：前衛出版社，1992。本書首先突破禁忌，後來陸續出整理許多口述紀錄，留下珍貴的歷史見證。

首先是在高砂義勇隊的證言集中，不斷出現的「日本精神」或「大和魂」，我分析了20多個證言紀錄以及文本材料中「日本精神」的涵義[22]。其次，是有關二二八事件口述紀錄及史料(包含官方檔案、新聞雜誌、自傳等)的分析，目的在於釐清事件中日本所扮演的角色，指出二二八事件是被殖民者日本觀在戰後轉變的轉捩點[23]。

　　另外，筆者也曾在日語詩社進行田野工作，收集被殖民者所作的日語短詩作品。這些無法在台灣出版，只能私下在同仁間賞讀的數萬首日語詩作品，終於在1994年起，陸續在日本出版(被稱爲「台灣萬葉集」)，引起日本詩壇廣泛的迴響。解嚴後，諷刺時事與人事的川柳詩人也組成詩社(1990)，以更辛辣的川柳短詩的形式針砭時事，並回顧自身的經歷遭遇。許多在日本殖民統治時期受到中等教育以上者，都可以藉由加入詩社學習、用短詩的形式抒發內心情感；而日本對他們也是詩作的重要主題，從而成爲一種能代表一般大眾觀感(非菁英階層)的日本觀文本[24]。

　　如果僅只依靠個人(或族群)的回憶與觀感，有記憶的不準確及流動的問題；需要前述日本研究、台灣史研究及族群研究成果的互

22　Huang, Chih Huei, "The *Yamatodamashi* of the Takasago Volunteers of Taiwan: A Reading of the Postcolonial Situation." in Harumi Befu and Sylvie Guichard-Anguis eds., *Globalizing Japan: Ethnography of the Japanese Presence in Asia, Europe, and America*,. London: Routledge, 2001, pp. 222-250.

23　Huang, Chih Huei, "The Transformation of Taiwanese Attitudes toward Japan in the Post-colonial Period." in Narangoa Li and Robert Cribb eds., *Imperial Japan and National Identities in Asia, 1895-1945*, London: RoutledgeCurzon, 2003, pp. 296-314.

24　黃智慧，〈ポストコロニアル都市の悲情──台北の日本語文芸活動について〉，橋爪紳也編，《アジア都市文化学の可能性》，大阪：清文堂，2003，頁115-146。

相配合，才能對事件的前因後果加以確認。不約而同地，這四項知
識的累積量，都在戒嚴令解除之後，才以驚人的速度成長。這個解
禁，不僅是對被殖民者而言有其意義而已，戰後來台同樣也受到白
色恐怖之害的眾多外省人的史料，以及釣魚台事件的歷史研究與資
料整理都可以公開出版與討論，如同印證了許多日本時期的被殖民
者所感受到的第二層殖民主義桎梏的崩解一樣，殖民主的種種作為
都要被攤在陽光下檢驗。

　　但是，殖民主義所影響的並不是只有被殖民者而已，20世紀前
半來到台灣的日本內地人，以及他們離去之後立即進入台灣的外省
人，這二個族群彼此之間的關係及與台灣本地族群之間互動的結
果，形構出複雜的日本觀的樣貌。筆者除了上述被殖民者的3個研究
之外，還進行過另外3個跨族群之研究，包含討論日本內地人在台灣
百年來的傳教過程，以及對總共約125本「日本文化論」書籍所反映
的日本觀的分析，再來則是關於台灣的「戰後處理」之一環，即對
戰歿者的追悼方式與日本的關連之分析[25]。

　　1987年解嚴之後，台灣進入了一個二層殖民主義結束後的後殖
民時代，透過前述六個研究之綜合觀察結果，筆者認為，台灣的日
本觀現象含有族群、世代與社會階層等多層次的問題性質，最上位
層次的位置應放在族群關係上。從族群的角度出發，才能釐清各自
與日本之間的歷史經驗之巨大差異，而這些層層套疊的歷史經驗又

---

25 黃智慧，〈天理教の台灣における傳道と受容〉，《民族學研究》
　　54（3）：292-309，東京：日本民族學會，1989。〈台湾における『日
　　本文化論』に見られる対日観〉，2006a。〈『戰後』台湾におけ
　　る慰靈と追悼の課題——日本との関連について〉，国際宗教研究
　　所編，《現代宗教特集：慰靈と追悼》，東京：東京堂出版，2006b，
　　頁51-75。

在族群關係之間互相交錯，形成一種非線性、非對稱且不斷地反覆
與互動的複雜關係。

二二八事件前後的變化：轉變／比較／抵抗

　　從這20年來出現的被殖民者的回憶錄、自傳類文本裡，可以看
到一個明顯共通的現象，就是在日本統治時期裡，爲了對抗來自於
異族(日本)的歧視與壓迫，知識分子原本對於在大陸的中華民國抱
持著希望，然而卻在1947年初二二八事件這個時間點前後產生了極
大轉變。這種轉變不僅是發生在事件的受害人及其遺族家屬身上，
而是大多數知識分子與民眾的共同傾向，尤其占絕對多數人口的第
一大族群和佬人特別明顯。

　　這類轉變的事例在文學作品中較多被討論，但實證材料或史料
也可以看到許多例證，在此舉晚近由國史館出版的楊基振日記史料
(1944年起長達40年以日語書寫的日記)以示其一端。楊基振
(1911-1990)生於台灣中部小鎮，幼小時期在學校受教育的過程中，
對於日本的歧視甚爲不滿。後來在日本早稻田大學留學期間，也時
常與來自於台灣的留學生思考要如何改變台灣人的地位。大學以優
異成績畢業後，他去滿州國擔任技術職員，希望能更接近心目中的
祖國。沒有料到終戰後：「我在1946年5月回到台灣時，看到的台灣
和我以前住的台灣完全不一樣了。陳儀擁有的絕對權力，和以前日
本人在對台灣的殖民地統治的權力並無二樣，甚至他的權力更加野
蠻、無智、黑暗、不正，台灣民眾都生活在內心不滿當中。」此時
他說：「過去拼命追求的祖國夢才開始反省。」[26]

26　黃英哲、許時嘉編譯，《楊基振日記史料選集》，台北：國史館，
　　2007，頁693。

　　從這一段對自我內心表白的文字裡，吐露出高度期待之後的深刻失望感，對過去日本殖民時代的評價，也有了比較的對象。這種比較的心理，二二八事件後逃亡到海外的知識分子王育德(1924-1985)在1960年代即已提出：「1000萬台灣人中大多數都是活過二個時代的人，不論對任何事，總是要把二個時代比較一下。正如同我們搬家一樣，總是會去比較新家和舊家的不同，這是人之常情。不過，如果比較之後，得到日本時代還比較好的結論，那可真是事態嚴重了。……。其實，台灣人自身也萬萬沒有想到過，今日會遭到不得不去比較兩者的命運。」[27]

　　二二八事件之後，少數人為避免國府捕殺而從此流亡海外，從體制外要對抗由中國大陸新來的壓迫者。上述王育德、史明也是其中二例，後者原本對日本殖民統治不滿，希望到「祖國」尋求力量以對抗日本，後來經歷了對「祖國」的期望轉落為絕望的心理轉變，他認為國民黨的統治是繼日本之後，又一個手段更加蠻橫多重榨取壓迫台灣人的外來殖民政權，故日後在東京從事台灣獨立運動，一直到90年代之後才回到台灣[28]。另一條路線則是如同謝雪紅等台灣共產黨人士，二二八抗爭失敗後，逃亡中國大陸，希望藉由中國的力量，解放被國民黨政權占領的台灣。然而，這些都屬於非常少數人能夠做的選擇，大多數留在台灣島內的一般知識分子，例如前述楊基振，曾在1950年代試圖經由地方選舉，也試圖與來到台灣的外省人之中反蔣獨裁統治的自由主義派合作，卻功敗垂成，在強大的黨國體制下，1960年外省人自由主義者如雷震、殷海光也遭到鎮壓，楊基振最後選擇遠走美國，晚年追求獨立自主的新國家，甚至考慮

27　王育德，《台湾──苦悶する歷史》，東京：弘文堂，1970，頁103-104。
28　史明，《台湾人四百年史》，東京：新泉社，1994。

與中共合作，以掙脫中華民國加諸的不合理體制。

　　而更大多數無法移居海外，也無法從事政治路線者，能採取的抵抗方法有什麼？二二八事件發生前，國府採行非常高壓的「去日本化」語言文化政策，不僅完全禁用日語，還把之前日本學校教育貶低爲「奴化教育」，這種政策的結果，剝奪知識分子的日常溝通工具，也把過去台灣人努力所蓄從基礎到高等的教育文化資本污名化，等於貶低知識分子爲奴隸，已有許多研究指出這是二二八事件中族群衝突之深層因素[29]。在二二八事件前後的反抗行動失敗之後，日語以及歌謠、電影等仍舊被禁，而且連帶著由台灣本地族群所創作的歌謠電影等也被壓抑。從此之後，日語雖然從公共領域消失（原住民族區域除外），但是卻轉入了家庭、社團以及朋友相聚或個人內心書寫的私領域之內。到了解嚴年代，被壓抑的日語書寫就如同前述自傳、詩歌、日記、小說等這一類的文本，像怒濤一般宣洩出來。

　　從這些文本裡面，筆者觀察到一種抵抗的現象，亦即原本在日本統治時期不肯學習日語的被殖民者這一方，反而在戰後禁止日語的社會環境底下，開始使用並認真鑽研起日語來。這樣心理在川柳詩集中有明快的表達，例如：「從未如此認真學習日語／終戰後」（高瘦叟），又如：「一輩子拒絕北京話／我的誓言」（李琢玉），來表達他個人的抵抗，只說日語及和佬話母語，形成了被（日本）殖民者劃分我群身分認同的邊界[30]。

　　在精神層面上，許多人認爲在日本統治時代晚期，特別是因爲

29　黃英哲，《台湾文化再構築1945-1947の光と影──魯迅思想受容
　　の行方》，創土社，1999。何義麟，《二・二八事件──「台湾人」
　　形成のエスノポリティクス》，東京：東京大學出版會，2003。
30　黃智慧，2003，頁129-131。

戰爭而進入國民精神總動員運動的時期所習得的「日本精神」或稱
「大和魂」，要比戰後國府所全面遵奉宣導的三民主義更讓他們信
服，「日本精神」在人生中遇到逆境時能幫助他們克服逆境，也是
他們最希望傳達給子孫的精神價值[31]。在蔡焜燦所寫的回憶錄中曾
作如此的描述：「日本精神是指勤勉、正直、信守約定等種種德行
之表現」，其相對語則是「中國式」[32]。可見「日本精神」對於這
些在戰後一直堅持使用日語生活的所謂「日本語世代」的重要性
（1990年代之後，這些可以完整使用日語生活、思考的世代，也被稱
為「日本語人」或「日本語族」）。但是，他們是否就是日本人？或
者願意成為日本人，這是一個在台灣戰後的族群關係上被深刻誤解
的問題。

他們的自我表述中說的是「在22歲以前我是日本人」[33]，或者
說「祖國是台灣，母國是日本」[34]，或說「我是個吃壽司唱演歌『似
是而非』的日本人」[35]，這些自我表述都非常巧妙精確，問題是在
於解讀者，無法理解這種非全稱的表述法。這種在日本殖民統治期
間已經形成的新的混融文化，非全然日本，也非舊有台灣，或說既
是台灣，也是日本，是全世界各地殖民主義盛行地區都可以看到的
複數身分認同的現象。然而，由於在戰後歷史過程中，再次被另一
個政權所箝制的緣故，因而產生前述轉變／比較／抵抗作用，形成

---

31 平野久美子著，潘扶雄譯，《多桑的櫻花》，台北：繆思出版，頁
   235。

32 蔡焜燦，《台灣人と日本精神》，東京：日本教文社，2001，頁243、
   240。

33 司馬遼太郎，《台灣紀行》，東京：朝日新聞報，1994。

34 柯德三，《母国は日本、祖国は台灣——或る日本語族台灣人の告
   白》，東京：桜の花出版，2005。

35 王進益詩作，參考前註黃智慧，2003，頁141。

一種特殊的身分認同表述方式。

　　此外，由於他們最能表達自我的語言工具只有日語，也很容易就被誤解或惡意曲解。一方是來自外省人族群，如和歌詩作：「我只是做了一個日本式禮貌作法，卻被說成『日本鬼子』」(王進益)，「一聽到我口中哼著日語歌，立即罵我是『奴隸根性』」(王進益)。另一方則來自戰後日本人，有人把他們吟頌日本詩歌俳句的行為視為「食日本人的糞便而活」，甚至於他們的子孫世代，受到戰後政權教育政策的影響，缺乏對日語及歷史的理解，也產生誤解。[36]若以筆者的觀察，經過轉變／比較之後，他們面對過去的日本，已經得到一種相當平衡精妙的詮釋。例如：川柳詩作「讓我們盡泯恩仇／算盤歸零」(李琢玉)，面對戰後已經離去的日本，他們的視點也已經克服了「被殖民」的委屈悲情，他們會用一種諷刺的方式來批評戰後日本政府，例如：川柳詩作「世界上讓人覺得虐待起來最有成就感的國家／就是日本」，以及「一段是遭背叛／前一段是被拋棄／台灣史」(李琢玉)[37]，或是在日本輿論界出書對戰後日本的進路方向提出針砭，以一種前輩的高度「指導」日本後輩[38]。這種在前後二層殖民結構的歷史脈絡與族群關係底下經過幾番折射所發展出來的日本觀，其內涵需要一種新的解釋方式才能被理解。

中國民族主義的吸引力：原鄉／半山／左翼

　　20世紀初年以來中國大陸國力衰敗，其知識分子為了推翻滿清政權並對抗接踵而至的日本侵略，打造一個強而有力對抗異族的中

36　王進益詩作，參考前註黃智慧，2003，頁133、126。

37　今川亂魚編，《醉牛李琢玉川柳句集》，大阪：新葉社，2006。

38　黃智慧，2006中第三類文本，尤其是李登輝對日本的影響。

國民族主義，有其特殊的歷史脈絡，原本和台灣無關。在同一段時期，從台灣的處境來看，台灣的知識分子為了對抗日本帝國的殖民主義或同化主義，中國民族主義卻是其中一個可以借重的力量，也是一個認同歸依的選項。尤其是在清領時代原本就比和佬人更有「原鄉」意識的客家人，其引力作用更大。

在日治時期台灣人民的對抗，大抵可分為三個時期，面對統治者以武官總督進行「特別統治主義」政策，第一期(1895-1915)台灣人民的反應為武裝抵抗時期，相對於文官總督「內地延長主義」政策，第二期(1915-1937)台灣人民則以政治、社會、文化運動為手段加以抵抗。最後，相對於國民精神總動員運動底下「皇民化政策」時期，第三期(1937-1945)卻呈現出無抵抗的時期[39]。

其中，人口數不到和佬族群二分之一的客家人，遭逢日本人對抗卻相當突出。第一期武裝抵抗時期裡，從最早一波乙未戰爭直到北埔事件，對於土地進犯者客家系農村的抵抗要多過和佬系都市士紳居民的抵抗，加上前述固有文化的「原鄉」民族主義意識支撐，該時期客家庄民以武力抗日，不少仍奉清帝國為正朔。在第二期裡，客家菁英開始與和佬人合作，積極參加社會運動以爭取農民權益。以大湖事件、「農民組合運動」尤為明顯面[40]。從日治初期起，和佬人與客家人及平埔族合在一起被稱為「本島人」。此時其三者也合作把「台灣人」意識推向一個高點，開始一起合作以文化運動、社會運動或是加入左翼共產黨組織對抗日本。其中也有以客家人獨自在島外發動的革命團體「東寧學會」，甚至在大陸廣東組黨，推

---

39 若林正丈，〈台灣植民地支配〉，山根幸夫、藤井昇三他(編)《近代日中關係史研究入門》，東京：研文出版社，1996，頁277-311。

40 蕭新煌‧黃世明，《台灣客家族群史 政治篇》，南投：台灣省文獻委員會，2001，頁188-193。

動抗日政治運動。而客家人固有家訓「耕讀傳家」的另一條路線，亦即進入體制爭取受教育的路線也開始發揮，許多人進入師範學校或就讀醫科，努力爭取受高等教育的機會。第二期的抵抗已經多樣化，主要仍在日本帝國的架構底下，本島人之各族群合作為「台灣人」族群向日本爭取權益為最優先。在此殖民統治相對安定的時期，被殖民者的抵抗方式也呈現多種多樣。

客家文學家吳濁流曾分析過，經過武裝抗日失敗後，民眾想法分為三派。其一是以思想代替武力抵抗。其二則對政治絕望，專心追求個人幸福。其三則是妥協派。妥協派中又分積極派，接近新政權，作為御用紳士，謀求個別利益。而消極派則只是反對政策，並不特別作為，人數最多的一般大眾都是屬於這一派[41]。然而，到了日治第三期，在戰時動員體制底下，面對另外一個新的外敵——盟軍(美英)轟炸台灣很可能從台灣上陸，無論哪一個族群都必須和日本內地人合作，一起面對敵軍。不過這第三期時期最短，而台灣真正感受戰爭威脅也要到後期太平洋戰爭之4年，面對強力日化之精神總動員之要求，客家青年的想法與和佬族群較為相近，表層上看不到對抗殖民體制的政治運動，由於都在日治時期出生長大受其教育，有真誠服膺者，也有內心抵抗者，這些反應只能從後殖民時代的自我表述或是文學作品當中才得以窺知。

但是這種族群關係，到了戰後，又有另一個新的族群——外省人出現時，其間關係有了變動。如同前述，與「原鄉」概念結合的中國民族主義，對於客家族群的引力頗大。另外則有一方引力是從日治時期開始，與和佬人共同面對日本同化所經歷的歷史過程，形成「本島人」、「台灣人」的共同族群意識。日治時代的這些意識

---

41 吳濁流，《台灣連翹》，台北：前衛出版社，1994。

皆為面對新的族群「日本內地人」時，相對而產生的。

　　然而戰後，面對新來的外省人族群，延續「本島人」稱呼開始有「本省人」稱謂出現。在戰後時期的歷史學研究中解釋和外省人之間的衝突，多以「省籍矛盾」是最主要的因素，這樣的觀點完全忽略了和佬人與客家人之間的差異。

　　數百年來在台灣島嶼的生存競爭上，面對人口數倍眾多的和佬族群，沒有被同化的客家族群有其牢不可破的族群文化界線以及少數族群之生存策略。就族群比例來看，晚近興起的客家政治社會史研究已經指出，客家人在二二八事件中也有受害，相對上比和佬人少。這是因為二二八事件的發生地點大部分在都會城市內，較少波及農村，而當年居住在都市內的族群主要為和佬人；甚至於外省人在城裡被追打時，還曾躲入客家庄避難。反而在二二八事件之後，在白色恐怖與清鄉等彈壓之中，居於農村並同情左翼的客家人受害的比例反而較高[42]。

　　從文化的角度來看，如：語言、祭祖、科舉教育等，客家人較之於和佬人更強調其祖源地或是原鄉的意識，在這些部分是較為接近外省人，對於國族的想像也比較明顯可以看到中國民族主義的引力作用。例如：同在日本學界，也對兩蔣戒嚴時代嚴詞批判的戴國輝(1931-2001)，在書中以中國民族立場批判前述王育德、史明等台獨運動者：「台灣獨立派元老們……他們所主張的台灣民族論──台灣人已經形成與中國人不同的民族，及以它為基礎的民族自決論，是虛構的，已經自行崩潰。」[43]，且在最後道出內心期望：「願

42　蕭新煌・黃世明，2001，頁398-399。
43　戴國輝，魏廷朝譯，《台灣總體相──人間・歷史・心性》，台北：
　　遠流出版，1989，頁179。

台灣海峽的『擬似國界』早日開放，共同成為尼克森所期盼那種類型的『中國人』的一分子。所有的中國人，『左也罷，右也罷』，『大陸也罷，島嶼也罷』，都是同胞呀。」[44]。同一書中，戴國煇提及他所經歷的二二八事件(當時16歲)，他同情外省人「同胞」，認為追打外省人的和佬人又回到日本人的模樣，才是暴民的一方[45]。

　　但是並非客家人都在二二八事件中同情外省人，從吳濁流的自傳性文學作品中，可以看到他對二二八事件的觀察，在事件後，放棄了對中國國族主義的幻想，傾向追求台灣文化的自主性。出生於1900年的吳濁流，在其自傳性作品中說明了他自幼從祖父(出生長大於清代)耳提面命教誨受「原鄉」意識薰陶，雖然出生後從小學讀到高等師範受到非常完整的日本學校教育，內心卻時時不忘抵抗日本的同化。二二八事件前後也是他對「祖國」徹底失望的開始，並且以其新聞記者的敏銳觀察力，寫下在事件中所謂「半山仔」(半個「唐山仔」)所扮演的角色，指責「半山」協助國府捕殺本地知識分子(他交代死後10年才出版，已經設想到「告發」之後的危險處境)。所謂「半山」也是在日治時期對日本統治不滿的台灣人知識分子，希望獲得「祖國」協助，也是一種抵抗日本的路線，並隨著國民黨渡海來台，成為統治階級的一分子。晚近政治學者在對國民黨來台初期的研究中，皆指出「半山」在國民黨體制中所擔任的要職及其扮演的角色[46]。其中「半山」勢力的族群屬性和佬人及客家人都有，客家人的比例並不低。

44　同上，頁228。

45　同上，頁107-108。

46　松田康博，《台湾における一党独裁体制の成立》，東京：慶應義塾大学出版会，2006。任育德，《向下紮根：中國國民黨與台灣地方政治的發展(1949-1960)》，台北：稻鄉出版社，2008。

　　清代台灣的「原鄉」意識，到了20世紀初年，由於「原鄉」發生革命鉅變，組成一個與清帝國完全不同屬性的中華民國，並以「中華民族」形構新的中國民族主義，台灣的「原鄉」意識也轉化成「祖國」意識而延續。然而日治時期所謂祖國並不是一個同質性的國度，其內部分崩離析，山頭林立。台灣的知識分子為了對抗日本，在社會主義左翼思潮底下，結合日本與國際共產主義，也是一條反抗路線的選擇。這一條路線在中華民國境內，另組成了中國共產黨，與中國國民黨形成二元對峙的鬥爭格局。所謂台灣人的「祖國」內部，既然分裂成為二個政治實體，台灣人的行動路線也跟著分裂為二條路線。

　　不幸的是，這二條路線皆因二個政治實體在中國大陸的慘烈鬥爭被捲入，並受到嚴重波及。「左翼」路線在二二八事件中慘遭國民黨殲滅，或者坐監，或逃亡投向共黨中國。而中國共產黨其後在1949年建國成功，將戰敗者國府蔣介石驅離中國大陸；因此對於左翼而言，其祖國意識在人民共和國身上得以實踐。對於前者「半山」而言，祖國意識則在來到台灣的中華民國身上得到了實踐。

　　從族群互動的觀點來看，為了對抗日本在台統治，無論是和佬人或客家都具有程度差異有別之早期的「原鄉」意識，以至於稍後「半山」或「左翼」懷抱的「祖國」之民族主義意識，都是從中國國族主義出發的抵抗方式，這些意識特別強烈的人，並未受二二八事件影響而轉變，仍然服膺中國民族主義的認同召喚。但前節已述，許多知識分子在二二八事件前後產生質疑或遭受一種被「祖國同胞」背叛的感覺，故而從中國國族主義覺醒。這二種心理歷程有很大的差異；隨後在國家建構的主張上，也有絕對的分歧；進而在日本觀的反應上，出現不同的態度。

　　尤其是客家族群，戰後夾在外省人與和佬人兩大優勢族群之

間，無時不刻必須考量弱勢族群之最佳生存策略。在文化意識上，其「原鄉」「祖國」情感與外省人較爲接近，另一方面清代閩客械鬥之疑慮猶存，十分戒懼台獨運動者中福佬沙文主義坐大。故在日本觀的反應上，傾向強調統治初期之武裝抗日行動，不若和佬人較重視中期與晚期的近代化治理及並肩作戰的經驗，或如和佬人在解嚴後出版的回憶錄中自承親日，或很自然地把日本視爲自己的母國、祖國之一[47]。

然而，誠如客家研究學者所指出：「台灣史到目前為止大體上有兩個版本，一個是以中原文化作為台灣文化根源的版本，一個則是號稱以台灣文化為主體實則以福佬人立場論述的版本。兩個版本都不約而同的忘記了台灣文化的主體者還有平埔人、原住民以及客家人」[48]，同理，要討論台灣的日本觀時，客家族群，挾在外省人與和佬人之間的微妙處境，也是一個重要的研究課題，但卻容易被混淆在「本省人」的概念底下。

部落與國家的相遇：原住民族／日本／中華民國

在考量台灣的族群關係時，各族群的比例狀態不僅非等比，而且往往呈現一種很誇張的反差。例如以人口來計算，原住民族(即前述南島語族)是最弱小的民族，但是若以文化、民族或語言的單位，或是以在台灣島嶼生活的歷史長度來看，情勢完全逆轉；原住民族所擁有的單位數(接近20個)，亦即其多樣性，以及在台灣島嶼生活的歷史久遠程度，都遠遠超過其他族群。而從居住面積來看，這群最小人口數的族群，所生活的傳統領域面積加起來卻最爲廣大，總

---

47 蔡焜燦，2001、柯德三，2005。
48 蕭新煌、黃世明，2001，頁632。

面積超過了全台灣土地面積的一半。再加上，原住民族各族間比例
也並非呈等比大小，小至數百人大至十數萬人的部族，其間語言、
文化、空間、社會組織等也有極大的差異。這些因素加總起來呈顯
的複雜度，益發增加外界在解讀其歷史或族群現象時的困難度。

　　對於這樣多元複雜、生命力強韌的無文字族群的歷史，最早進
行全面性理解的是19世紀末年進入台灣的日本政府，企圖改變其生
活形態，並納入其國家體制內。與台灣原住民族接觸之前，日本曾
有納入北海道阿伊努民族以及琉球民族的經驗，但二者皆為東北與
西南諸侯先行接觸數百年下來的結果；不若台灣原住民族在很短時
間內要達成納入近代國家體制的目標，可以想像其工程浩大及付出
代價之龐大。

　　台灣原住民族與日本帝國相遇的方式，與和佬人、客家人很不
一樣；在國際法上要如何將原住民族納入主權範圍，令日本大傷腦
筋。因為原住民族並無國家，也無法依國際法宣告戰爭，使其接受
統治。且原住民族當時還可分為「熟蕃」、「化蕃」、「生蕃」，
依其漢化程度，所適用的法律也不同。後來日方採取模糊曖昧的法
律解釋，把原住民族視為從清代起就已經不服從帝國治理的叛亂團
體，既然日本已經繼承清國取得領地，故若產生衝突事件，日本則
有加以「討伐」或者「膺懲」的必要性。但是日本也理解法律解釋
上缺乏正當性，所以策略上採漸進主義，以綏撫優先，不冒進使用
武力，一旦願意接受統治，則訂定所謂「歸順式」，作為公開宣告
納入帝國體系的儀式。

　　「歸順式」的締結對象並非全體原住民族，而是以部落或小區
域為單位個別訂定。從原住民族的傳統認知方式則稱為「和解」，
有的部族是在武力對抗失敗之後繳出槍械，有的則以談和方式獲取
利益與和平。從日方史料《理蕃志稿》(1895-1926)當中記錄了陸陸

續續締結70餘件的「歸順式」，以北部居多。因爲橫跨中北部爲泰雅族居住的深山地區，日本爲獲取樟腦資源，急於推進「隘勇線」，實質縮小固有領域，故遭遇激烈抵抗。在這一段時間（1896-1920）內，各地部落個別與日本發生的戰役或小規模衝突事件高達151件，大部分是北部泛泰雅族山區。但是也有不少地區是由部落領導人談和，未發生武力衝突，也沒有所謂「歸順式」儀式的紀錄[49]。其中討伐戰爭規模最大的還是太魯閣之役，驚動明治天皇與國會才准動用鉅額預算，1914年戰役結束，日本宣稱五年計畫理蕃成功，實際上付出龐大代價，而零星爆發的衝突與其後迅速和解歸順行爲還持續了10年才全面平穩。初期武力衝突以大料崁戰役、大豹社戰役、南庄事件、七腳川事件等較爲人知，雖然這些戰役並未發展或串連爲民族規模的全面性戰爭，卻是帝國成立以來首度在南方遭遇到與無文字民族的衝突與戰爭，也讓日本政府理解統治之艱難。經過多次政策、行政機構之變動與調整，日本將其領域稱爲「蕃地」，以警察爲執行者，進行有別於平地族群所謂「理蕃事業」之特別統治型態。

在日本統治時代裡，除了有很少數農林漁業移民在東部之外，原住民區域內所能接觸的日本內地人，事實上只有警察以及其眷屬。花東地區的日本移民事業從1910年代開始進行，總共有近20個移民村形成帶狀分布。其中以3個官營移民村稍具規模（人口最多爲吉野村約1500人），其餘民間購地經營的移民村都規模很小且人數不斷遞減[50]。可以說東部原住民族與日本內地人接觸層面較爲多樣，

---

49 例如：鄒族、卑南族等地區沒有看到事件或戰役記錄。151件爲筆者統計。戰役表出自台灣救濟團編著（谷ヶ城秀吉編）〔1993〕《佐久間左馬太》，東京：ゆまに書房，2008，頁796-805。

50 台東地區一共11村的甘蔗移民人口加起來在1920年代達到888多

日本移民也曾將農業或漁業的技術轉移給原住民族。然而在大部分
原住民族領域深山林野裡，駐在所的理蕃警察及其眷屬皆生活在被
部落族人包圍環視底下。

從人數來看，1930年代的理蕃警察人數達5千多人，與平地的警
察人數不相上下。由於二地人口數懸殊，統計數字上遂呈顯出蕃地
警察人數比例遠高過平地，呈現高度集中現象，有學者認為該統計
數字「顯示出日本是意圖採取規訓與懲罰的壓迫式管理體制，日本
警察所扮演的角色，是灌輸帝國當局的恐怖和威嚴」[51]。然而事實
上理蕃警察裡一半稱為「警手」，這是蕃地才有的低階職位，如同
助理輔助正規人員。1930年時「警手」之中，日本內地人是少數，
只占約五分之一，其餘本島人與原住民族各占一半，到了後期，各
部落的「青年團」已經負起輔助警察機構的角色[52]。考量其工作內
容，蕃地警察在軍事、治安之外，擔任所有行政體系與司法、教育、
社會教化、公共衛生、產業發展等工作，並調解不同部族之間獵場
糾紛衝突事件；女性家眷也擔起教導部落婦女禮儀作法、縫紉等責
任；這些龐大業務在平地都另有人員專司。且蕃地部落數多、人口
規模甚小、分散遠又幅地廣；考量上述諸多因素，即可理解當時理
蕃警察的需求量及其特殊處境，與平地的治理方式性格迥異。從另
一個統計數字來看，1904-1929年間被原住民族出草而死亡的警察、
官吏及其眷屬人數達2600多人，較一般普通人民1400多人要高出甚

(續)————

人，1930年代則只剩下171人。山口政治，《知られざる東台湾 湾
生が綴るもう一つの台湾史》，東京：展転社，2007，頁217-253。

51 荊子馨著，鄭力軒譯，《成為日本人》，台北：麥田出版社，2006，
頁188。

52 石丸雅邦，《台灣日本時代的理蕃警察》，國立政治大學政治學系
博士論文，2008。

多。理蕃當局也自承「平時即持續在緊張戰鬥狀態之危險地區內工作的警察勤務，是(日本)帝國其他地區沒有見過的職務」[53]。

統治初期的出草反抗事件在1920年代中期，以北勢八社為主的中央山脈北部泰雅族完全「歸順」之後逐漸平穩下來，當局轉而重視產業，開鑿道路，發展經濟，也強調教育感化[54]。1920年代理蕃官員對於原住民族也有了更深層的認識，當局開始以「純真無垢」、「可愛」，像「小孩」這種說法取代之前「鈍重凶暴」的描述[55]。中北部山區隘勇線上通電的鐵絲網也全部撤除。這項嚇阻出草的政策雖有一定效果，但是實際上誤觸電網死亡的人數中，警察人員占了三分之一[56]。正因為政策已經逐漸緩和，所以1930年賽德克族所發動的霧社事件，使理蕃當局深感震驚。在追究責任之下，石塚英藏總督以及總務長官、台中知事、警務局長等高官全部引咎下台，理蕃事業也重新做了一番徹底的反省和檢討。

1931年由新任總督太田政弘所發布的新理蕃政策中，特別強調今後警察人事要任用具「沈著厚重」性格的人物，不可任意變更勤務地點，務使養成以「人物中心主義」使其受到原住民族信賴，並學習當地語言，理解其特殊心理，重視文化習俗，不使用暴力手段等大幅改變之前的作法。這一份新的「理蕃政策大綱」被印刷成小

53　數字為筆者統計自谷ヶ城秀吉編，《佐久間左馬太》，東京：書房，
　　2008，頁519、808-810。

54　達利卡給著，游霸士‧撓給赫譯，《高砂王國》，台中：晨星出版，
　　2001。該書的日文原著與中文翻譯有頗大的差異。

55　山路勝彥，《台灣の植民地統治──〈無主の野蛮人〉という言説
　　の展開》，東京：日本図書センター，2004，頁100。

56　據筆者引《理蕃誌稿》資料統計，1916-1926年間，在誤觸電網致
　　死者共27人之中，警察就有10人。台灣總督府警察本署1918-1938
　　《理蕃誌稿》第一編至第五編，台北：台灣總督府警察本署。

冊便利於隨身攜帶，被理蕃警察稱爲「理蕃憲法」。而觀諸其後理
蕃警察的作爲，學者認爲霧社事件以後的理蕃政策，確實是在「理
蕃政策大綱」底下忠實地被執行[57]。最後一批歸順的北勢八社大頭
目後裔達利卡給的回憶錄中對理蕃警察的描述，也印證了此時期開
明而努力的理蕃警察的形象[58]。這種溫和的治理政策一直持續到
1939年才有所改變。

　　隨著日本與中國宣戰，日本國內發起「國民精神總動員運動」
（1937），並頒布「國家總動員法」（1938），台灣社會也配合國策，
回復武官總督，並宣告展開所謂「皇民化」運動，向內地看齊。然
而理蕃當局一直延到1939年3月，全島各地的理蕃官員齊聚一堂，才
討論出方向。當時理蕃警察因爲兵役法紛紛被調回內地，從戶籍所
在地出發前往戰場。會議決定原住民的治理今後不應依靠官方，應
朝向使其成爲「善良的自治公民」的方向，導入新的生活方式。其
中內容包含許多現代化觀念，如使用蚊帳、廁所、浴室的設置，也
包含服裝外表及「國民精神涵養」之加深、「皇民鍊成」等，亦即
較急速的日本化，以因應戰爭體制所需。

　　經歷了1920年代的政策緩和，以及1930年霧社事件發生之後的
政策與人事的調整，這段時期出生長大的世代，正好逢上1940年代
的戰爭動員，個個奮勇爭先，爲保衛家園報效國家。其赤誠之心，
讓理蕃當局也頗爲吃驚，對於在太平洋戰場上志願兵及高砂義勇隊

57　近藤正已，〈「理蕃の友」解題〉，台灣總督府警務局理蕃課編，
　　《理蕃の友別冊》，東京：綠蔭書房，1993，頁6-11。
58　達利卡給，2001，頁130-157。達利說：「假如有人故意歪曲事實，
　　硬說日本人在北勢八社毫無貢獻可言，這樣的話是絕對無法去讓人
　　信服的。」（頁151）

的表現，讚嘆不已[59]。在短短50年間，殖民主對於其治下文化迥異
的少數民族發自內心的欽佩，觀諸世界史亦不遑多見。在南洋戰場
上台灣原住民族曾挽救過許多日本軍人性命，這種生死與共的情感
經驗，在戰敗之後，仍深刻地影響這一代原住民青年的日本觀。

　　過去，原住民族沒有使用文字的需要，並未留下文字資料可資
解讀。尤其在1930年之前，史料以《理蕃誌稿》為主，並沒有原住
民族這一方留下的文字史料。但是中期之後，推行國語教育的結果，
使得原住民族產生可以高度運用日文的世代。他們都是進入日本國
家體制之後才出生的世代，從1930年代起，開使用日文在《理蕃之
友》(1932-1943)等刊物上投稿，從這些投稿之中可以看出他們如何
熱切努力爭取成為優秀國民，洗刷凶暴污名的渴望。戰後，少數菁
英分子仍以高度純熟的日文留下回憶錄、書信、日記等資料，加上
外界訪問他們的口述記錄、法庭證言、報導文學作品等，其實已經
留下大量的文字資料，其中，也包含了對日本觀感的資料。其中各
族群之間男性菁英的差異並不明顯，惟較缺乏非菁英層或是女性觀
點的材料[60]。

　　筆者曾經透過這類文本以及田野訪談，觀察到原住民族固有的
尚武精神與階級分明的嚴格紀律，要比平地人更能夠適應全民總動
員戰時的精神狀態。在和佬人或客家人方面，許多與高砂義勇隊同
一個世代的青年表現出來對「日本精神」的服膺並無二致[61]。但是

59　台灣總督府警務局理蕃課編，《理蕃の友》125-127號，東京：綠
　　蔭書房，1942。

60　柳本通彥，《台湾先住民　山の女たちの「聖戰」》，東京：現代
　　書館，2000。本書以報導文學方式寫出戰爭時期對女性的戰爭犯罪
　　行為之案例。

61　鄭春河，《台灣人元志願兵と大東亞戰爭》，東京：輾轉社，1998。

也有不少人經過心理的轉折，例如：和歌作品：「回想起當日本兵的時候我反日／今日作詩歌的我卻親日／真是不可思議」（黃得龍）[62]，恰可描述平地族群（和佬人）曲折的心理。而原住民族青年的曲折心理，卻表現在從軍之前的那一段，例如：霧社事件的發動者後裔Walis Piho回想：「在那個時代，我已經忘了霧社事件，也忘了父親的事，我一心想著要如何報效國家」[63]。最大的差異還在於，原住民族沒有平地人所謂「唐山原鄉」或是「祖國」意識，他們的故鄉只有台灣；首次服膺的國家只有日本，毫無猶豫也無可選擇。

戰後回到台灣的原住民族出身原日本兵，見到中華民國接收部隊已經在台灣，才發覺他們的「國家」已經變色，這種震驚程度也遠超過平地族群。國際法上對於以「歸順式」所納入的人民與土地，是否在舊金山合約宣告放棄，而不必告知對方，尚待進一步研究。不論如何，在國共戰爭的混亂時代裡，戰後新來到的統治族群，並未花費前述日本上百場大小戰役之鉅大代價與人員犧牲，即完全統治接收原住民族各部落。

對於新來的國家，日治末期已經理解「自治公民」構想的鄒族與泰雅族菁英分子，在二二八事件前後隨同平地菁英，也有過要求部落自治的構想，卻遭到來台國府嚴刑處決。所以他們都隱藏起自己在戰爭中曾經與日本士兵生死與共的情感，以及曾經身為優秀的日本國民的認同感，一直到1980年代後期遇到來到山裡的日本人（或使用日語者）才能傾訴。此外，在部落裡，新來的中文國語滲透較晚，不足以處理部落事務，日語一直到1990年代在有些地區或部落還是

---

62 黃智慧，2003，頁131。
63 林えいだい，《証言 台湾高砂義勇隊》，東京：草風館，1998。

公用語言，並產生一種新的混成語言（Creole）的現象[64]。許多原住民的下一世代雖然沒有受過日本教育，卻在家庭裡與部落公共聚會中學習到日語，這也是和和佬人與客家人不同的地方。

　　戰後台灣因為外省人的加入，與原住民族之間也發生新的族群關係變動。外省人族群所帶來的中華文化與中華民族優越論，並沒有考慮過原住民族之文化差異，在恢復姓名政策上，把所有的原住民族都強制改成了漢式姓名。此外，為了安置外省人退役官兵榮民，政府也把原住民族領域內的土地給予其做為農地開墾。1955年在原住民居住的山地鄉的外省人占其人口之1.1%，10年後即升為4.9%[65]。由於來台初期外省人族群中性別比例失衡，在1956年的人口統計之中，若包含軍人在內，男女比例高達4：1，在台定居後，必然與台灣各族群女性開始通婚。其中，1950年代國府曾禁止外省年輕低階士兵在台結婚，因此在解禁之後，年長的低階士兵與年少的原住民女性通婚現象頗為常見。

　　在外省族群所主導的戰後歷史教育中，原住民族初期與日本的武力抗爭，以及霧社事件成為歷史教育的模範教材，日治時代中期以後，原住民族與日本的關係則被刻意壓抑。霧社事件發動者莫那魯道被放入國家忠烈祠中祭拜，而晚期為其國家（日本）命喪戰場的戰士則被摒棄在外[66]。

中國民族主義的後座力：新仇舊恨／內憂外患／三個「戰後」的糾葛

64　土田滋，〈日本語ベースのクリオール〉，《台灣原住民研究》12：159-172，2008。

65　李棟明，1970，頁80-81。

66　黃智慧，2006。

　　相較於前述三節所論，經歷過日本殖民統治的福佬、客家、原住民族三大族群的對日觀樣貌，台灣的外省人有完全不同的遭遇經驗。

　　在20世紀前半期裡，先後發生二次世界大戰，各國在交戰時犧牲慘烈，仇恨不共戴天，但是戰爭甫結束，隨即進行「戰後處理」。戰勝者要求賠償損失，訂定戰爭賠償辦法，爾後雙方皆追悼戰歿者，撫卹遺族補償民間受害，並致力於修補或重新建立關係。

　　根據歷史學者估算，在八年中日戰爭中，中華民國軍隊傷亡人數達300多萬人（死亡人數100多萬人），平民的生命財產更難以估計，物價飆漲，國家的財政被此拖垮，近乎崩解[67]。然而當年代表中國領導對日抗戰的蔣介石卻放棄對日本求償，日本方面大喜望外。晚近研究指出，蔣介石主張對日本寬容，但放棄求償絕非本意。乃因失去大陸，擔心美日將承認中共，為形勢所迫不得不然[68]。求取賠償不成之後，國府爭取在「中日和約」（1952）寫下「**為對日本人民表示寬大與友好之意**」之文字，自此以後，在台灣的中華民國政府即用「以德報怨」來定位與日本之間的戰後關係[69]。雖然國府才失去大陸流亡來台，亟需金錢與物質協助，該作法並不符合落難在台的政權與人民之利益，況且對日苦戰八年所獲得的勝利乃中國人民自百餘年前鴉片戰爭以降，連續遭受外侮以來唯一的一場勝利；人民所累積的苦難至深，並無寬大友好之心理基礎。但是國府不得不定調以德報怨，並對內外宣揚，顯示對日本有恩。對此恩情，

67　黎東方，《細說抗戰》，台北：遠流出版社，1995，頁22-25。

68　黃自進，〈抗戰結束前後蔣介石的對日態度：「以德報怨」真相的探討〉，《中央研究院近代史研究所集刊》，2004，頁143-194。

69　永野慎一郎，近藤正臣編，《日本の戰後賠償》，東京：勁草書房，1999，頁160。

日本也以義理回報。除了派遣白團幫助對抗中共，也在二個中國之
亞洲局勢中支持蔣介石之國府政權對台灣進行實質統治，並由國府
接收在台日本殖民政府擁有的各種設備及資產。

　　不論其基礎如何，所謂恩義外交之友好關係維繫了20年之久，
到1970年代初年才起了重大變化。首先是美國決定將託管之琉球歸
還給日本時，要把海底油藏豐富的釣魚台列島也一併歸還，遂激發
在美國各地留學的台港學生的愛國情操，他們自發性地互相串連，
形成「保衛釣魚台」大規模街頭示威抗議遊行活動。這是一次中國
民族主義心理高揚的行動，各地學生在示威隊伍中高喊「打倒日本
軍國主義」、「中國人，站起來！」、「中華民族不屈服！」口號[70]，
其矛頭主要指向日本，「日本軍閥當年有侵略中國的歷史紀錄，儘
管數十年過去了，但記憶猶在。」[71]這項青年愛國行動也燃燒到國
內，掀起在戒嚴時代前所未有的學生運動熱潮，以及關於中國民族
主義的辯論。

　　其次則是1972年9月底，日本與中華人民共和國建交，而中斷與
中華民國之間正式外交關係的舉動，為「恩義」外交劃下句點。此
斷交舉動發生的時間正好接連在保釣運動（1970-1972）以及中華民
國退出聯合國代表權（1971年10月）不久之後，接二連三的打擊，國
府除了對日本此「忘恩負義」之舉嚴加譴責之外，民間亦發起集會
遊行，其中，大專院校教授學生組成的行動團體宣告文中：「這種
背信忘義，恩怨倒置，公開敵視中國人民的劣行，實令人憤怒，是
可忍孰不可忍，我們再也抑止不了集聚內心的新仇舊恨。八年抗戰

70　林國炯等編，《保釣運動三十週年文獻選輯》，台北：人間出版社，
　　2001，頁5、519。

71　1971年5月21日《聯合報》，2版。

的血史未乾，日本又見利忘義，重蹈其轍，不僅是我國家的奇恥大辱，也是公開對中華兒女的挑戰。」[72]，並呼籲「不買日貨、不與日商交易、不看日本電影、不聽日本歌、不吃日本菜」等行動加以報復。雖然這些舉動對日本並不構成反制的力量，但是「背信忘義」以及「新仇舊恨」所累積「奇恥大辱」的感受，卻深刻地烙印在這代保釣青年的心中。

　　所謂保釣運動世代的知識青年，正好是國府來台之前後出生，並在其中華民族之認同教育體制下長大的第一個世代。這個世代以人口比例而言，外省人雖享有較多教育文化資源之優勢，但仍非多數。然而，根據當年海外保釣運動的參與者回憶：「仇日是釣運的主要推動力量。……參加釣運的，主要是台灣外省籍學生和香港學生，台省籍人數的比例非常低。根據個人的接觸，我發現，台省籍的學生不參加保釣的理由雖然甚多，但是對日本沒有仇恨感卻是不參加的一個主要原因。如果他們參加釣運的話，參加的原因有二，一是反國民黨，二是嚮往社會主義。」[73]。雖然本省人是少數，「但這人數上的差別絕不表示來自香港和原籍台灣的留學生比較不夠積極或不重要。」[74]

　　在台灣的保釣青年也一樣，活躍的領導人物也是以外省籍居多。其中也可看到少數本省青年，矢志捍衛中國民族主義之熱切真情，並不亞於外省青年，「民族主義就是熱切的同胞愛，一體的歸屬感，我們要統一中國，還有什麼比這更有力的武器。」[75]不過，

72　1972年9月30日《聯合報》，3版。
73　水秉和，〈回顧「釣運」〉，林國炯等編，2001，頁716。
74　高原，〈海外保釣運動的回顧〉，林國炯等編，2001，頁705。
75　參見黃道琳與穆谷(孫慶餘)之論戰，〈釣運與台大「民族主義座談會」論戰〉，王曉波，《尚未完成的歷史：保釣二十五年》，台北：

在參與政治色彩的活動方面，本省人並不積極，保釣運動中的韓國華僑學生觀察到：「**本省籍同學則更是深深陷在二二八事件的悲情中，在白色恐怖下，『勿問政事』乃是台籍家長們對其子弟們耳提面命的處世不二法則。**」[76]

　　上述可見，在國府強力推行「中華文化復興運動」並灌輸「中華民族」之認同教育底下，年輕世代面對日本議題時，族群差異依舊存在。外省青年熱血沸騰，將保釣的愛國精神與民國初年的五四運動連結，而他們所承擔「**五千年歷史文化的使命，百三十年的國難擔當，二十多年孤臣孽子**」[77]般的心情，和本地族群在日治時代的歷史經驗有很大差異。

　　事實上，國府所立基的中國民族主義如同一把兩刃刀，拿捏不好，就很容易傷到自己。在台灣內部，面對不同族群對日本的歧見，民族主義有其統合並消除反對意見之作用。頂著八年抗戰勝利者的光環，中國人或中華民族之認同，要遠比被奴役50年之台灣人的認同，對年輕人更具有吸引力。而解救苦難大陸同胞的崇高使命，更讓純真熱情的年輕世代願意犧牲奉獻，同仇敵愾。同時，民族主義還凝聚了原本在外省人之間，因白色恐怖及組黨失敗所造成的裂痕。

　　然而在海外，高漲的反日民族主義情緒，卻對國府的地位帶來很大的傷害。一方面國府似乎顧慮較多，被學生視為軟弱，為了反抗日本，學生們認為只有中國統一，才能真正壯大並足以與日本對抗。故學生們決議接受人民共和國為唯一合法代表中國人民的政府，熱切期盼文革能為中國帶來希望，紛紛去訪中國大陸。察覺到

　　海峽學術出版社，1996，頁388。
76　許庚寅，〈七十年代出韓華留台學生保釣運動的回顧〉，林國炯等編，頁732。
77　茅漢，〈六一七學生示威紀實〉，林國炯等編，2001，頁519。

過於高漲之民族主義情緒所帶來之危害，國府也對國內保釣運動中，最積極的倡議民族主義師生們展開鎮壓[78]。

由上述歷史過程可見，來到台灣的國府政權在日本議題上，一方面要安撫控制內部對日本的歧見，一方面顧忌來自中共統一運動的牽引，在內憂外患中，處境頗為艱難。而自從失去了「恩義外交」這一張友好牌之後，對日本社會後續發生的歷史教科書爭議事件，首相之靖國神社參拜事件等，國府對日本的態度，與中共並無二致，但已失去了中國民族主義之代表性與其力道。

對於跟隨國民政府來到台灣的眾多人民而言，1970年代以後，國府所允諾之中國正統性在國際間節節敗退，益發加深其危機感。如同外省第二代從其切身的家族經驗觀察到：「台灣外省人的形成，是和中國近代史的發展緊密相關的，在意識型態方面，不管贊成或反對，他們局限於國民黨的史觀；在命運方面，緣於國共內戰的延續以及近年來面對台灣分離主義的壓力，他們形成某種不甚明確的生命共同體。這種長期來曾經開創時代、抵禦外侮、遭遇嚴重挫敗、大規模遷徙（一種國民黨與外省人的長征）、以及隨後經歷內憂外患，所塑造出台灣外省人同質性的強度與深度以及特殊的時代性，可能超過中國與台灣今天許多其他的族群。」[79]而這樣的生命經驗並非台灣其他族群所經歷。也因此外省人族群在面對日本時，其高度的挫折感與陷入的處境，比一般「被侵略者的日本觀」還要更深刻而複雜。

此外，在對日觀的議題上，外省人與日本的關係雖然屬於「戰

78　王曉波，頁364。

79　楊雨亭，《上校的兒子——外省人，你要去哪兒？》，台北：華岩出版，2008，頁97-98。

後關係」，但是如前所述，由於中日戰爭的「戰後處理」是在一種
急迫的國際局勢底下進行，留下許多未解決的問題。又因為斷交，
代表性被中共取代，而未能繼續處理。同一時期，中華民國還處於
二個「戰後關係」底下，所留下的問題也是該處理而未能處理。其
一是國共戰爭的戰後處理。國府雖對陣亡將士予以撫卹並厚葬於國
家忠烈祠，但最重要與中國共產黨之間承認戰爭結果，並互相終止
戰爭對立狀態之歷史進程，卻僅止於1991國民黨單方面年宣布終止
「臨時動員戡亂條例」。其二是太平洋戰爭的戰後處理。在中華民
國國號治理下的人民，亦即島內其他三大族群，做為日本國民之一
分子參與了這場戰役。不論對這場戰役的道德評價為何，殖民宗主
國與其人民之間應該要一起處理戰爭所遺留下來的諸多問題，包含
實質上欠餉遺族撫卹的問題，以及精神上弔慰死難人民之義務。許
多軍民的死亡，乃因其執行職務工作而亡或無辜受累，與其參戰動
機無關。無論是戰勝或戰敗，國家都有其義務憑弔死者撫慰生者。
然而不僅戰後日本政府，國府亦予以擱置而未能處理，只由民間向
斷交後的日本政府交涉。在近年所爆發的台聯政黨主席參拜靖國神
社事件，以及台北縣烏來鄉高砂義勇隊慰靈紀念碑強遭拆除的事
件，基本上都是太平洋戰爭底下「戰後處理」的一環，從這二個事
件所引起的爭議反應，可以看出台灣社會仍陷在三個「戰後」的糾
葛當中，難以公開進行戰後處理，以邁入戰後的下一個歷史進程。

四、歷史與族群交錯下的複雜關係

　　參照最前所述各國先行研究成果，再反思台灣的對日觀現象，
可得知台灣與美、中、韓各國的日本觀議題大異其趣。美、日的對
日觀為國與國之間的架構底下進行，其好壞取決雙方之歷史與當代

關係，呈線性的發展。台灣和韓國有類似的經驗，殖民統治期的族群關係或治理政策的好壞，反映在後殖民時代日本觀的展現上，韓國的發展方向大致沿此進行。韓國戰後分裂成南北韓二個國家，但韓戰結束，其內部並無新舊族群關係的問題。

反觀台灣，日本觀並不呈現如此規律而等比例的線性發展。當複數的族群面對多階段迥異的歷史時期；這些複數的元素之間，以曲折的方式互相交錯，也互相連動影響，衍生出一種多層次、非線性發展且系統開放，猶如複雜系統的現象。所謂複雜系統現象乃近20年來由資訊科學與自然學界所整理出一套理解自然人文世界的概念。本文限於篇幅，無法多作定義闡述。惟指出台灣呈現日本觀具有複雜系統現象之特質，族群與人群的組合如同具有多種自我相似之碎形結構（fractual），且各種問題之層次，層層交錯而累積，故不易釐清，並時而呈顯不可預測的、矛盾的混沌狀態。從複雜系統的概念來理解台灣的對日觀，應較能釐清混沌之中的層次感與其橫向連結關係。

如前所述，對日觀乃歷史累積之產物，然而台灣因複數族群並存於島內不同的空間區域內，在不同的歷史時期裡，彼此之間處於不同的關係，形成不同的歷史經驗。在此複雜系統當中，影響日本觀之最上位階層的要素應屬族群。這些族群包含原住民族、和佬人、客家人、日本內地人，外省人等五個群聚元素。族群作為最上階層的人群組合元素，其解釋力（區隔）包含歷史經驗累積、語言、居住空間、生業型態、宗教生活、藝文習俗等。這個系統開放而不穩定，乃因每個族群之內部，其實又由許多小單元人群（地域）所組合生成。複數族群之間的關係，在百年來劇烈變動的歷史當中，至少可分辨出二種截然不同的關係狀態：(a)殖民與被殖民的關係，(b)武力對抗或同盟的關係，二者之間交錯進行。不僅如此，前者內含兩

層殖民主義之後與被殖民者所構成的「後殖民」關係，後者又可區
分爲六場敵對戰役之後的「戰後」關係。

（a）殖民與被殖民的關係：第一層殖民統治期位於1895-1945
年，殖民主爲日本內地人，被殖民者爲和佬、客家、原住民族三個
族群。第二層殖民統治期位於1945-1987年，其間殖民主爲外省人，
被殖民者爲和佬、客家、原住民族三個族群。殖民主與被殖民者之
間的關係乃多種多樣，其中最常被討論的是被殖民者的抵抗方式。
在台灣這種多族群的社會裡，抵抗方式並非二項對立的型態，而常
呈現三角力學拉扯的曲折發展。在日本統治的時代中，被殖民者可
藉由中華民國的力量，對抗殖民主。在解嚴之前，被殖民者卻藉由
在日治時代所習得的精神力量，對抗中華民國的殖民統治。

此外，「後殖民」關係的發生，應該在日本統治結束之後，即
進入該時代，但是台灣的狀況卻隨即進入另外一層由中華民國統治
的殖民關係。所以，進入解嚴以後的時代裡，政府不再由外省人族
群所掌控，這個時代對於曾經受過日本殖民的世代而言，等於是經
歷二層殖民後的「後殖民」時代。

（b）武力對抗或同盟的關係：近百餘年來，台灣各族群曾經參與
的大規模、跨族群、全島性的戰事有6場，分別是日本治台初期乙未
戰爭及其他武力對抗事件(1895-1915)、治台初期日本與原住民族的
戰爭(1896-1920)、中日戰爭(1937-1945)、太平洋戰爭(1941-1945)、
二二八事件引發之武力對抗事件(1947)、國共內戰(1946-1949,
1949-)，其中前四場包含在日本統治時期，而後二場則是在中華民
國統治期。由於各自交戰對象並不相同，造成敵我關係彼此變動非
常劇烈，例如：日本內地人與一部份的和佬、客家、原住民族在治
台初期日本與原住民族的戰爭和中日戰爭屬於敵對狀態，但是在太
平洋戰爭卻處於從屬與同盟狀態。另外，在國共二者的中國內戰裡，

因為受到中華民國統治的關係，台灣因而捲入變成與中華人民共和
國政府成為敵對狀態。由於戰爭或武力對抗事件內包在殖民關係當
中，使得族群關係益加複雜，且不斷回應到原有的關係當中，使整
體再修正與調整。

　　本文限於篇幅，無法對於此複雜系統現象加以細部描述。從上
述的結構整理下，可以得知台灣的日本觀現象必須考量下述結構與
流變因素，才能掌握台灣日本觀的整體全貌：

多段而急遽的歷史變化

　　近百年來與台灣歷史息息相關的兩個國家，是中國和日本。可
是中國和日本各自在此百年當中，產生急遽的歷史階段變化。其中
大清帝國、中華民國與中華人民共和國屬於三個完全不同性質的政
體，而大日本帝國與戰後日本，也是二個完全不同性質的政體，更
何況日本統治時期，前後三期性格迥異。在這些不同性質的政體之
下，存在著差異頗大的對台政策。台灣社會的日本觀走向，就在這
些多段而急遽變化的歷史過程堆疊底下，構成今日多樣的形貌。

多層次的主體結構

　　要分辨台灣社會內部的日本觀差異，第一層次應該考慮族群的
因素，族群的歷史經驗有時歧異，有時又相同，彼此之間呈非線性
的抗拮與合作之互動關係。而這一層族群的因素更非僅只於5個族群
而已，其中原住民族又包含十數個族群，外省人則來自於中國大陸
各地方，內地人也來自日本各地，和佬、客家內部也各有其地域或
宗族衍派之差異，故階層底下又可分為多層，呈開放性的擴大。

　　第二階層則應考慮世代的因素，因為不同世代所接受的學校教
育、家庭教育、大眾傳媒的影響較為相近，而且不同族群通婚所帶

來的家庭內日本觀的衝突，在第二、第三世代裡頗為明顯。第三層
則應考慮社會分業與階層的因素，包含知識分子的反省、經濟、商
業利益、政黨派系等，又再回頭影響日本觀的反應，形成開放且互
動的複雜系統(此部分尚留待另文處理)。

　　解嚴之後，台灣社會各族群與日本的「戰後」關係與「後殖民」
關係並存。如前述，其中這二種關係又可細分成複數的多層關係，
彼此交錯，使得這二種關係的處理，益加棘手。台灣社會到底是親
日？還是反日？是抵抗？還是協力？由於全體呈現出非線性、開放
系統的族群互動關係，這些問題若用傳統行為科學的歸納方法加以
理解或分類，將治絲益棼，難以理解。本文試圖從族群與歷史這兩
個面向交錯下產生的複雜現象著手，檢視其中日本觀的層次與內
容，期能有助於理解屬於台灣特有的多元豐富而複雜的社會人文世
界內涵。

　　黃智慧，任職於台灣中央研究院民族學研究所，一位以田野為導
師的思想工作者。

解析「哈日現象」：
歷史‧記憶與大眾文化

李衣雲

　　1990年代，在台灣掀起了以日本大眾文化／消費文化為中心、長達近10年，涵蓋多種大眾文化領域的哈日現象。「哈日」這個名詞最早出現於1997年，一位筆名為「哈日杏子」的作者撰寫日本流行文化的《早安！日本》一系列書，將哈日症狀定義為「無時無刻都要讓自己沉浸在一個完全日本化的世界裡，否則就會很難受」。之後，「哈日」一詞開始隨著網路與大眾媒體擴散，成為廣為使用的名詞，然而，對「哈日」一詞的定義其實並不固定，被稱為哈日族的人對「哈日」的定義、與學界或媒體等外界對哈日的定義不盡相同，而所謂的哈日族的年齡、學歷、喜好、性別、涉入哈日的程度等等，亦有相當大的差異。

　　此外，日本研究者石井健一等人[1]的研究也發現，喜好日本大眾文化／商品的消費者，並不見得會對日本製的產品產生同樣的好感。再進一步來看，喜歡日本的東西，所謂「無時無刻都要讓自己沉浸在一個完全日本化的世界裡」這樣的情形，也不必然是一種全面性的現象。換言之，哈日現象所消費的，與其說是日本製的商品，不如說是具有著一種想像的「日本形象」的文化商品。因此，台灣

1　石井健一ら，《東アジアの日本大衆文化》，東京：蒼蒼社，2001。

的麻糬公司、泡麵公司、台灣歌手的MTV均能透過櫻花、日語、日本庭園等日本形象，來分享哈日現象的經濟利益。

哈日現象的出現，也引發了許多研究者的關心。其中之一，是認為哈日現象的出現，乃起因於台灣與日本間的不平等關係，憂心哈日現象會使本來即處在弱勢萌芽期的台灣本土文化，在日本大眾文化的衝擊下而更難發展。另一種想法，則是將哈日族視為全然的盲從，只是單從日劇去建立對日本的想像，卻沒有認知到日本對亞洲的歧視，從而將哈日族的哈日等同於媚日，並認為這種媚日只會更加深了日本對亞洲的歧視。例如有研究者即把哈日現象當作是一種延續殖民主義而與之共謀的被殖民行為，並認為哈日族並不像學者一樣具有與世界對話的「意願、能力與管道」，甚至「可能連英日文聽說讀寫能力都不是非常具備，即使具備，他們想像所及的也只是一味去追求日本亮麗明星的舉手投足，或是東京人表面的生活品味，然而，這些對年輕哈日族而言似乎已經足夠。哈日族對於台灣的傳統和現代不太可能產生認同，對於未與殖民主義共謀的日本傳統也沒有能力、沒有管道去認識。」

反哈日論述站在反殖民主義的立場，將台灣哈日的現象視為源於缺乏對傳統日本的知識，卻也暴露了哈日族在社會中所被賦予的負面意像。在這樣的哈日族的意像中，原本定義模糊、屬性多樣的哈日族被視為一個明確的整體，哈日族群中的差異性或多樣性則被完全忽視。同時，將哈日族與學者相較，並藉此抨擊哈日族缺乏世界對話的能力，將哈日族的日本認識歸屬於非理性的層級，無疑地是將知識菁英與大眾、感情與理性截然區分，並加以上下分級，同時再予以混淆式的比較。另一方面，若因對日本大眾文化的著迷，便斷定哈日族不可能對台灣產生認同，則是忽略了消費／大眾文化所具有的「擬中立性」的特質，也就是其與政治歷史分立的特質，

同時，也忽略了透過想像與媒體而得來的虛像，與透過身體實作而來的實像間的差異，會造成認同或認識深淺度的不同。更進一步而論，認為哈日族不可能認同台灣的論斷，更是忽視了1945年以來政治統制、文化限制與日本形象的變化、本土文化被打壓所造成的「台灣不在場」等問題，斷然將台灣複雜的認同問題簡化至「日本」與文化殖民主義的框架中，甚至亦忽略了這些學者們所指責的哈日族消費行為的缺失，事實上不僅限於哈日，而是可適用於現代消費文化的行為。從這些負面的抨擊，也因而顯露了「日本」在台灣所具有的作為敵視對象的一種形象。另一方面，日本文化在台灣所形成的超乎亞洲其他國家的哈日熱潮，亦引發了日本學者的關心。岩淵功一[2]即表示，東亞文化的文化親近性，並非絕對的條件，而是必須在特定的歷史、文化背景的脈絡下探討。此外，白幡洋三郎[3]與岩淵功一談論到日本商品之無臭化，以及商品中特定文化／人種的淡化處理，使得外國消費者能以本身的社會認知架構去解釋所使用的商品意義，此種現代商品的無國籍化與形象化，也有助於擴展日本文化。本文則擬由台灣的歷史脈絡，來簡論哈日現象在台灣的興起。

　　在論及台灣的哈日現象時，不能不去探討台灣由於經歷過日治時代與隨後的國民黨中國化之統治，使得日本形象在台灣具有的矛盾性與世代差。換言之，經歷中日戰爭的外省人與經歷日據時代的台灣人，對日本之形象即有差異，而戰後世代在接受國民黨反日集體記憶教育的同時，也接收了日治時代所留下的身體的實踐或慣域之再生產。是以，在論述日本大眾文化在台灣的發展或是哈日現象

2　岩渕功一，《トランスナショナル・ジャパン―アジアをつなぐポピュラー文化》，東京：岩波書店，2001。

3　白幡洋三郎，《カラオケ・アニメが世界をめぐる》，東京：PHP研究所，1996。

時，勢必碰觸到一個問題：若台灣作爲舊日本殖民地、並在長期中國化政策的統制下，其應具有的反日感，如何可能將日本視作一個崇拜對象？當將哈日視爲一種文化被殖民或媚日舉動時，更必須思及所謂的「外省人」並不能免於成爲哈日族。石井健一的調查研究即顯示，外省籍的年輕世代喜歡日本偶像的比例，略高於台灣籍年輕世代，對舊殖民主的奴化這種「媚日」的觀點，並無法解釋外省籍的哈日族的存在。同時，若哈日顯示的是台灣人媚日，將舊殖民主視作崇拜的對象，則1945年終戰後台灣人對中國的歡迎與對日本的放棄，將是一個無法解釋的困境。另一方面，長期以來，「日本」並不存在於台灣文化場域的檯面上，而是以地下化、不具有象徵資本或文化資本的形式存在，如此的「日本」，又是如何被接受並得以形成一種媚日的情結，甚至代表品味的形象？「反日」、「親日」與「媚日」之間糾結的歷史問題，被許多哈日研究者給忽視了。

其次，必須注意時間的問題。以「哈日風潮」爲主題的多數研究，往往以1990年代哈日現象爲主題，並將其發端歸因於1993年以來的日劇熱，而忽略了1990年代之前日本大眾文化在台灣的發展與積累效用，與哈日風潮間的關係。長時間的積累所形塑的社會認識架構，以及文化親近性與消費習慣的形成，對於某一文化敘述形式的接受，以及對其他敘述形式之文化的陌生乃至排他性，都是在文化研究中必須考慮的問題。

以漫畫爲例，日本的翻譯漫畫，並不是解嚴後才進入台灣市場，而是有長期的地下化發展的歷史。在日本文化被禁止的年代，出版界以變型改造的各種方式，去除日本漫畫中的日本味[4]，通過國立編

4　例如將其中的和服塗抹後改畫成西服，把男生的長髮修改成短髮，把和式塌塌米塗改成一般地板，把所有日本人名改爲中式姓名等。

譯館的審查，使其得以在台灣地下化流通，形塑了台灣讀者對日本漫畫的親近性，相對之下，台灣讀者對歐美漫畫的接受度則較低。解嚴、漫畫審查制廢止之後，日本漫畫重新回到市面上，藉由其累積出來的閱讀的親近性，於1990年代初在台灣創造出了漫畫市場的黃金時期，甚至於文化場域中創造出一個新的位置。而長期以來在台灣發展的日本大眾文化，並不只是漫畫，動畫、日劇、時尚誌、流行音樂等都亦始終以地下化的方式存在於台灣市場[5]。這些大眾文化於解嚴後逐漸浮上台面，透過迷文化(fan culture)的力量，將積累的能量釋放出來，成為哈日現象的一個基礎。

由於長期以來中國化政策與去日本化政策的實行，以及日本產業界的國內導向的封閉性，日本大眾文化在台灣的發展，始終是由台灣企業界主動地引進，然後由台灣的消費者以草根性的口耳相傳的方式，將其勢力擴大，而不是藉由日本企業界強力輸入。如果說漫畫或動畫是因為抹去了日本味，而使得許多人能在不知其為日製品的方式下消費之，習慣了其表現方式，促成了對之後其他的日本大眾文化的接受；又或是說，長期以來翻唱日本歌曲促成了對日本音樂的熟悉度，而認為日本大眾文化在台灣的發展，是由於「日本氣味」的不存在——那麼，長期以來在地下化流通的日劇、日本歌曲、日本偶像表演的錄影帶或錄音帶，明白地販賣著其日本味，卻仍然獲得了台灣閱聽人的接受。尤其是1990年代解禁後，日本大眾文化更透過日劇、MTV、時尚等塑造出一種高品味感。於是，最初的疑問又浮現了出來。為何台灣會對舊殖民者的日本保持著較大的好感，甚至在日本文化被禁止的地下化年代，亦主動去消費日本大

---

5 參看李衣雲，〈1990年代哈日風的基礎：日本大眾文化的積累作用〉，《台灣風物》第58卷第2期，2008，頁135-162。

眾文化呢？以下分別由歷史社會學與大眾文化理論這兩個觀點，簡
論這個現象的興起與衰退。

　　首先，關於台灣對日本所持有的好感，以及日本大眾文化在日
本文化禁止時代仍得以被主動引進，並廣受消費者的接受這個問
題，可追溯自戰後1945年的族群矛盾。

　　1945年之後省籍衝突的發生，除了許多研究所指出的當時社會
的腐化、衛生醫療體系的解體、通貨膨脹等結構性的因素之外，社
會認識架構與慣域的安定性，使得國民政府強力實施並要求的「中
國化」以及「去日本化」無法即刻達成，也是一個原因。主觀的意
願，誠然會促進實作乃至慣域的逐漸改變，但卻非朝夕可得。是以，
即使在1945年戰爭結束初期，台灣漢人由於對「祖國」的憧憬而有
旺盛的中國化欲望，並有短暫的中文國語熱潮，再加上漢民族文化
的共通部分，使得中國化似乎可能在相當短暫的時間內達成。但事
實上，日本殖民時代的經驗所形成的慣域等，並非在短期間即能改
變的。而在台灣被接收後的再殖民化式統治、歧視，以及被政府視
為戰敵日本的共犯，所形成的心理上的幻滅。這種種狀況，再加上
實質上的衝突與摩擦，更降低了台灣住民對「中國化」與「去日本
化」的意欲。如同舒茲[6]所說，一個由我群所形成的「內集團」所具
備的不證自明的社會認識架構，乃是建基在共通的生活經驗上。台
灣住民與外省人戰後首次接觸，在原本即無共通生活經驗與歷史背
景的狀況下，一旦雙方，尤其是被統治的本省人這一方主觀變化的
意欲降低甚至喪失後，「中國化」與「去日本化」更無法立即見效。

6　A. シュッツ(A. Schutz)，《アルフレッド・シュッツ著作集3——
　　社会理論の研究》，A. ブロダーセル編，渡部光(ほか)譯，東京：
　　マルジュ社，1991。

而同時，台灣住民在戰後將過去的殖民者日本視爲「惡」的這種想法，也因而逐漸轉變而成爲一種與外省人區辨的象徵。換言之，主觀的意欲轉而傾向於保存日本殖民時代的經驗，並透過再生產的方式，將這些經驗透過身體實作傳遞給下一代。

以上的論述可以解釋，即使在日本文化遭禁止與政治壓迫的時代，對於日本的實作、慣域乃至社會認識架構，爲甚麼仍能傳承下來。另一方面，即使在1950年代以後，政府以國家權力作爲背景，強力地透過教育體系建立符合其利益的集體記憶，在戰後世代體內種下具內在強制力的認同傾向，並企圖抹消對日本殖民時代的記憶。然而，如同阿伯瓦濟[7]所述，相對的集體記憶依附在各個社會網絡與小社群上，雖然變形，但仍得以留存下來，並在社會開始開放後逐漸顯現。這些慣域、實作乃至對抗的集體記憶，促成了台灣對「日本」抱持好感的基礎。同時，雖然中國化政策強力實行，但在社會互動的過程，以及台灣所殘留的「日本」的物質與非物質的痕跡，均使得外省人亦或多或少對日本文化有所接觸、進而對其感到習慣，也就是說，並不是只有本省人單方面因爲國家權力而中國化。

然而，身體記憶或再生產，與官方史觀的建立與形塑，在台灣具有某種程度的落差。在台灣留下的記憶的痕跡——由有形的物質到無形的文化、語言等痕跡——都透露出這種斷裂。於是，一種歷史連續感的斷裂，亦即「現在」與「過去」的分斷，存在在台灣這塊土地上。在台灣，集體記憶的矛盾與鬥爭，亦促成了此種斷裂。此外，1945年日本退離台灣後，失去了實體的接觸，在台灣的「日本」形象已是一由台灣人的社會認知架構等所建立的虛像，亦即不

---

7 M・アルヴァックス(M. Halbwachs)，《集合的記憶》，小関藤一郎譯，東京：行路社，1989。

必然指涉實際的日本國。日本國(意指)與「日本」(意符)間的指涉
關係，因此是模糊的。這種模糊性與歷史連續感的斷裂，有助於不
同集體記憶的承載者，將「過去的日本」與「現在的日本」分隔開，
將日本國與消費／文化的日本形象分隔開，從而接受日本大眾文化
及其所形塑的形象。也因此，對虛像的「日本」的憧憬，並不能等
同於對實際生活的「台灣」的不認同。

　　身體化記憶、對「日本」印象的轉變等台灣獨特的狀況，以及
原本即具有文化親近性的日本大眾文化，在長期地下化發展後對消
費者形塑出的親近感或熟悉度等歷史背景與條件，成爲哈日現象產
生的基礎。可以說哈日現象並非一種突發性的風潮，亦非僅只由日
劇熱所形塑的，而是由長期歷史、政治與大眾文化商品的積累所產
生的。以下筆者將進一步由大眾文化的觀點，來探討1990年代哈日
風潮與其所形成的「日本」形象。

　　首先，在背景上，至1990年代，台灣本土的大眾文化創作相當
貧乏，然而，1970年代以來，台灣消費能力逐步提昇，對休閒乃至
大眾文化的需求亦逐漸強化。台灣本土的大眾文化市場無法滿足這
些需求，於是，向外國進口大眾文化成爲一個必然的結果。這也提
供了具有文化親近性的日本大眾文化一個發展的機會。

　　其次，大眾文化所具有的的特質，亦有助於大眾文化抵抗主流
文化的消費行爲。例如，大眾文化具有形塑認同的力量。這個認同
或許是對漫畫、動畫或戲劇中的一個角色，亦或是衍生到對演員、
導演、甚至所有相關事物，從而有「迷」的產生。這些迷透過其所
認同或著迷的大眾文化，擁有了各自的小社群能形成的連結象徵，
從而在彼此間形成一種凝聚力，甚至會更進一步試圖將一己的認同
對象推薦或擴大出去。同時，大眾文化的使用並非不需要學習，但
由於大眾文化往往是以一般消費者爲標的對象，因此這種學習並不

需要太長期、太精闢，且在某一種大眾文化的表現模式被習慣後，消費者會傾向於接受這類的表現模式，而對於不同的大眾文化表現模式感到陌生與抗拒，這也促成對該種大眾文化的忠誠度與習慣性。

此外，大眾文化具有日常性隔絕的嘉年華式的力量，亦有助於凝聚「迷」的力量。而透過大眾文化所引發的熱情、認同等，更會促使迷們傾向於不去理性地計算金錢，而產生大量的消費行為。最明顯的例子，即在於同人誌的創作與購買。

上述大眾文化的特質以及迷的草根性力量，是日本大眾文化在地下化年代能逐漸擴張的重要力量來源。在1990年代之前，政府對日本文化的禁止令，使得動漫畫、日劇日片、日本偶像、日本音樂、個性商品等，都必須以水貨或盜版的方式在地下流通，而不能堂堂正正地出現在大型書店、百貨公司等較正式的場域中。然而，日本大眾文化透過迷的力量，抵抗主流文化的歧視或是政府的打壓，在私領域中擴展大眾文化的同好，使得日本大眾文化在日本文化被禁止的年代，仍能默默擴張其勢力，建立起解嚴後的哈日風潮的基礎。

另一方面，大眾文化所引發的消費與認同、情感的欲望，會逐漸擴大。日本學者今村仁司、丸山圭三郎等人都提到，一旦欲望產生後，即會不斷地擴大。例如消費者消費了日劇後，其欲望被開啓，消費者將不滿足於只是觀賞，而會將消費對象擴張到其週邊的相關商品，如原聲帶、原作小說或漫畫，甚至是演員本身。從而由演員，再擴張到演員所演的其他日劇、或是所出的CD等，從而形成一個消費的循環。而這個循環的建立，最主要的關鍵，即在於相關商品的有無。日本大眾文化產業在這部分，有相當完整而豐富的商品，可滿足消費者的需求。於是，在哈日風潮的1990年代，日劇、漫畫、偶像、流行音樂、動畫、個性商品、時尚誌等的消費者群乃是重疊的。這種多樣性與擴張性，是除了時間的長期性之外，哈日風潮與

其後的韓流、台灣偶像劇熱潮、或是當年的港劇熱等最大的不同的所在。也是哈日風潮得以建立強大經濟力並維持長久的原因之一。

　　日台間歷史的因素、大眾文化商品的多樣性等，為「日本」在台灣的形象墊立了豐富的連想基礎。套用羅蘭巴特的話來說，關於「日本」的後設知識已累積了相當的厚度，而足以撐起第二層次的「神話體系」的概念。換言之，豐富的連想後設知識，有助於「日本」形象獨立於單一的大眾文化項目而存在，例如一部漫畫、一部日劇，將這些大眾文化商品所形塑的各自形象，匯流並歸結到其共通點，也就是其產地日本上，而形塑出「日本」本身的形象。

　　前述及在歷史、政治層面，「日本」在台灣的形象有正亦有負，而日本大眾文化形塑出的，則是一個與此彷彿無關的形象。這當然與大眾文化的「擬中立性」的特質有相當的關聯。換言之，大眾文化作為一種文化，不可避免地內含著某種意識型態或是創作者的意圖，然而，為了訴求多數的消費者，這種意圖乃是委婉的、包裝過的。附帶一提，日本大眾文化的創作者、產業界也很坦白地承認，他們所設定的消費對象乃是日本本國的人民。事實上，由於殖民地時代負面的影響，使得日本大眾文化業界對向海外發展始終採取保守的態度。那麼這第三種的日本形象，是如何形成的呢？

　　長期以來，日本家電製品、大眾文化等商品，即在台灣建立了一定的消費信賴度，或者說是使用價值。這種信賴度為1990年代以大眾文化為中心所建立的「日本」形象，墊立了相當的基礎。羅蘭巴特[8]、克徠墨[9]乃至日本研究者石井淳藏[10]在研究日本與他國的商

8　R・バルト，《表徴の帝国》，宗左近譯，東京：ちくま学芸文庫，1997。

9　J・クラマー（J. Clammer），《都市と消費の社会学》，橋本和孝（ほか）譯，東京：ミネルヴァ書房，2001。

品象徵表現時，都指出日本商品的汰換率相當高，「物」本身的使用價值已成為基礎條件，日本產業界重視的是商品符號意義的設計、賦與與替換。而這種符號更新速度的加速化，更刺激了前述消費欲望的膨大化。日本大眾文化作為一種日本商品，在符號或意義的生產上亦無例外。換言之，日本大眾文化不僅重視商品的功能，例如故事的開展，或是時尚服裝的材質與實用性，亦重視影像的呈現、品牌的設計與表現等。以日劇為例，日劇運用攝影技巧、時尚、搭配情景的音樂以及俊男美女等畫面的呈現，營造出一種高品味的氛圍，使得日劇乃至看日劇的行為，成為一種具有品味的象徵。

這種建基在商品信賴度上的高品味的形象，逐步積累並轉移到產地「日本」後，即形塑出「日本」等同於高品味的符碼，或謂一種「日本」的品牌。這個品牌如前所述，逐漸獨立於單一的、具體的日本商品，而成為獨立的符碼後，縱使是非日本的產品，亦能透過象徵日本的事物，如和式庭園、和服、日語、櫻花等，分享到這個「日本」形象所具有的高品味的意義。例如台灣的歌手許如芸或坣娜的MTV、統一日式拉麵或元祖麻糬的廣告等。

但這也顯示出，這個「日本」形象，事實上已是一個由台灣消費者所想像出的「虛像」，縱使其中含有上一世代透過再生產而殘留下來的日本痕跡的影響，卻已非建基在日常生活經驗、實作或慣域上的、活生生並具多面性的實像。這個虛像附加了動漫畫的「有趣好看」的可信度，附加了日劇的「浪漫愛情」、「現實感人」、「精緻細膩」等高品味的元素，附加了日本偶像的「時尚動感」、「炫惑視覺聽覺」的刺激，而成為一個可以被消費的虛像的「日本」的品牌。當消費者在消費一件日本大眾文化商品時，同時也消費了

(續)——————————

10 石井淳藏，《ブランド 価値の創造》，東京：岩波新書，2000。

「日本」這個「虛像」所帶來的想像與滿足。是以,「日本」這個形象才可以是流動,能透過象徵著「日本」的符碼(如櫻花、飛石、紙門等)轉嫁到其他非日本商品上的獨立符碼,同時,在哈日風潮消退後,這個形象也依然能夠獨自存在,並繼續地被廣告主等所使用。

　　哈日現象所展現出來的日台情結,事實上是日本—台灣—中國三者間糾結的歷史問題的一個面向,再添加進了消費與大眾文化的要素。任何的社會文化都有複雜的脈絡,正如同「人」的特質。單只截取一個時間點,或只截取一個片段,即來論斷一社會文化現象,往往會流於簡化,甚至形成資料服膺於主觀判斷的狀況,而忽略了歷史因素的重要性。長期以來,「日本」在台灣作為舊殖民者、作為凝聚民心以抗俄反共之「外敵」的象徵、作為反抗「去日本化」以抹殺台灣集體記憶的反抗象徵,「日本形象」已有了許許多多不同的意識型態的承載,這或許也是哈日現象在被探討時,總難免牽扯進許多意識型態爭鬥的原因。但也因此,在討論哈日現象乃至日台情結時,我們必須更加謹慎、採取更宏觀的視野。若在探究哈日現象時,因意識型態的鬥爭,使得消費、實像與虛像的關連,乃至歷史糾葛等因素,在爭論的途中被政治意識型態給淹沒甚至抹殺,並給哈日現象或哈日族烙上「媚日」、「殖民者的遺毒」、「沒有思辯能力」等烙印,則是完全忽略了文化研究中,對於研究對象所應抱持的尊重,以及研究者與被研究對象間互為主體性的問題,更忽略了貼標籤的方式,不只是否定了研究對象的多樣性,更可能阻絕了研究本身的未來發展。

　　李衣雲,政大台灣史研究所助理教授,研究興趣在於大眾文化、消費文化,以及身體、記憶、歷史間的問題。著有《私と漫畫の同居物語》。目前研究朝向百貨公司的消費文化。

後殖民台灣的懷舊想像與
文化身分操作

林徐達

一、前言

　　當代台灣社會的「懷舊熱潮」似乎已蔓延至各行各業——區域性的老街復古風情、商業的「古早味」鐵路便當，或是公部門糖廠、舊車站「風華之旅」。這類「懷舊」活動不僅作爲區域觀光（消費）行銷，同時暗示了跨文化經驗、跨區域歷史發展、社會變遷、日殖至戰後國民政府的身分轉變、承襲日本文化遺產，以及政治、商業等彼此交織之背景特徵。然而，一項自殖民地解放後，所發展出的社會「懷舊」風潮意味著什麼？更精確地說，此一「懷舊氛圍」在殖民歷史和台日後殖民關係基礎上，如何共同分享一種（經常是情緒上的，而非經驗上的）「時代感」？一如阿帕度萊指出此種「當下的懷舊」：人們正在懷念一個他們從未失去的世界，這使得懷舊無須生活記憶，而需要感知與意象的生產[1]。本篇文章旨在探討「懷舊」如何涉及歷史文化資產景觀而成爲「想像社群」的情感根基，並且

1　見 Arjun Appadurai, *Modernity at Large: Cultural Dimensions of Globalization*（1996, University of Minnesota），以下亦同。

形塑了人們所以爲的「過去」，得此共同分享人們想像中的記憶情緒。

　　本篇文章藉由懷舊氛圍的操作與想像、後殖民觀光的文化混淆、以及雜揉身分的文化協商等主題之論述，彰顯台灣後殖民階段對日本的懷舊想像和操作：首先以「懷舊」作爲台、日雙方「觀光台灣」的主題，討論日本與台灣彼此對台灣殖民文化歷史的想像；其次藉助於後殖民觀光活動釐清台灣的殖民歷史身分如何在商業機制下被敘說、描述與期待，使台日的殖民歷史關係隨之被釋退、曲解或轉換，然而在文化衝突之後卻回返強調各自的文化獨特性，藉此區辨自我與他者的不同；接著通過李登輝的後殖民鄉愁案例，說明「懷舊」作爲一項文化的選擇和操縱，模糊了「固有傳統身分」與「歷史殖民文化」二者之界定，由是去地域化身分成爲文化協商之結果。

　　本文最後以「懷舊」議題回應全球化跨區域文化交流（特別是後殖民觀光）下有關「想像」的建構，並且針對台灣懷舊現象所涉及的殖民歷史過去，提供區域性地方文化之詮釋。就筆者作爲人類學家所關心之文化詮釋面向而言，台灣懷舊現象的獨特性不僅呈現西方所建構之全球化知識現象，也表達對日本殖民歷史文化的熟悉、想像與操作方式。這成就當代民族誌調查中一項新的研究旨趣——吾人不再哀怨、驚恐弱勢民族即將淹沒於全球化的洪流裡，而是關注這股擬似殖民主義力量如何被吸納至自身的文化和經濟生產模式之中。原先吾人擔心因全球文化經濟流動，「去地域化」導致文化多樣性被抹除；諸如大眾文化、全球文化、整體經濟等以世界或全球「作爲一個整體」的思考方式和概念，將會忽略不同族群特性、文化觀點以及特殊生活習俗和價值。然而通過自身過去殖民色彩，反倒區隔出有別於全球同質化想像的獨特地方文化歷史。如此一來，

「後殖民文化身分」正是面對全球文化時突顯地方獨特性的手段和
戰術。

二、九份「懷舊之旅」的操作與想像

自1990年代之後，一系列強調懷舊記憶和人文關懷的廣告於台
灣金瓜石、九份地區拍攝，接著在全國性電視台放映。九份拍攝的
懷舊商業影像不只成功地將一個頹敗、荒廢中的沒落小鎮，轉變爲
人氣聚集的觀光山城，更開啓了當代社會普遍的懷舊氛圍。這類「懷
舊影像」就當代台灣社會而言，不再單純指向對採金、挖掘金礦的
浪漫想像，同時吸納了過去的歷史殖民悲情。九份的浪漫化帶來兩
項特徵：一是轉換作爲台灣悲情歷史的代表；二是作爲人們想像中
對懷舊失落情緒之再現。於是，人們對於一個金礦挖掘小鎮的興衰
史之理解和想像，逐漸轉變成爲對自身輝煌歷史過往的挖掘。本節
視日本和台灣在千禧年之後各自展開的「懷舊之旅」爲一種空間的
移動，以探究當地的過往歷史，並且人們經由懷舊之旅這項體驗，
得以在那一份失落的情緒之中安置自己。結果是，這類對台旅遊行
銷企劃不只再現台灣的邊緣歷史，並且突顯出當代台灣與日本各自
形塑對方的文化理解，以及一個弔詭、想像的過去。

日本亞細亞航空公司的「台灣旅遊宣傳計劃」

自2000年起，日本亞細亞航空公司(JAA)爲促銷〈東京—台北〉
航線，授予日本廣告拍攝公司博報堂執行「台灣旅遊宣傳計劃」（至
2005年止）。該年度博報堂以「原來如此！日本與台灣近在咫尺」（な
ーるほど！近くて近いね、日本と台湾）作爲廣告詞，選擇日本的喜
劇明星志村健，搭配在日本和台灣皆具知名度的金城武作爲廣告的

代言人組合[2]。這項代言人的搭配——一位代表日本，而另一位則是日（父）台（母）混血——無疑發人省思：讓「日本與台灣近在咫尺」的原因，除了包括大衛哈維所以爲現代科技「時空壓縮」得以縮短地理上相對所花費時間之外，更重要的是台灣與日本在殖民歷史與文化上的關係。

　　博報堂第一年的旅遊宣傳企劃案顯得傳統保守，一如日本遊客對台灣的刻板印象一般：名勝古蹟（如故宮博物院）、美食佳餚（如在地小吃、中國料理和中國茶），以及強調健康訴求（如腳底按摩）。2000年度，前往台灣的日本遊客雖大幅成長（從前一年的83萬人次增至92.2萬人次），但只占日本出國旅遊總人次比例5.2%（前一年爲5.1%）。次年（2001年）日本拍攝團隊與台灣的廣告公司合作，以相同廣告詞，選擇九份的「懷舊」特色作爲此波旅遊宣傳企劃活動之訴求主題。日本亞細亞航空公司的機上刊物 *Asia Echo*（2001年4月）以九份作爲特集：「〔在九份〕人們所居住的街道，像忘了記憶歲月的痕跡一般，依然餘留著過去的風情。或許就是被這種風情吸引吧，也或許是重新發現到這閒靜的自然環境之美，一些年輕的畫家雕刻家陸續移住此地……就是因爲這種〔多雨多霧〕氣候，更能襯托出那種古老美好時代的氣氛」（筆者的翻譯）。2001年度前往台灣的日本遊客跳增至97.7萬人次，占日本出國旅遊總人次比例的6.0%。2002年，西北航空公司〈東京—台北線〉的機上刊物 *World Traveler*（2002年5/6月）以〈九份——充滿懷舊（ノスタルジック）氣氛的山上小鎮〉爲題：「有許多復古風情的店，像這家店的牆上貼

2　在這之前，JAA的「台灣旅遊宣傳計劃」在1998以及1999年度都由金城武單獨代言，其廣告詞分別爲「台湾新発売」（台灣新發售）和「本場に会おう、台湾で」（發現真正的台灣）。

著美空雲雀和古賀正男的CD封套。……塗著黑柏油的屋頂和白牆，彷彿貼著山坡而建的人家。以及在那之間隱約可見向上蜿蜒的石階。過去曾因黃金熱而喧騰一時的九份，如今卻因追求懷舊復古的人們而繁榮」。（筆者的翻譯）

　　然而，究竟台日雙方人民如何安置過去的殖民歷史？日本亞細亞航空公司何以判斷「懷舊」氛圍具備吸引日本遊客前來台灣觀光的魅力？或者，基於何種認識或想像，認為九份所再現之「復古風情」得以作為吸引日本觀光客之特色？這項旅遊訴求重點的移轉，帶來不同於過去之意義：一是在地文化特質的彰顯──台灣旅行不再全然為了體驗（刻板印象中）傳統中華文化，而是就「地方文化辨識」進行練習。二是強調地方文化之氛圍，而非純粹飲食娛樂之旅。更重要的是，這種隱涉台日歷史殖民關係之下，前者正是作為後者之基礎；即，文本描述中所強調「那種古老美好時代的氣氛」，既是九份所獨具之氛圍，亦是作為日本人的懷舊情感之底蘊。的確，「原來如此！日本與台灣近在咫尺」。

觀光局對日本觀光客的「台灣旅遊宣傳計劃」

　　2001年台灣交通部觀光局在新政府的「觀光客倍增計劃」下，以近一億元新台幣的經費，爭取日本旅客來台。承接該年度計劃的聯旭廣告公司邀請《悲情城市》的侯孝賢導演以及日本女星渡邊滿里奈作為該年度的代言人，拍攝一系列有關台灣主題的電視廣告片，其中選擇九份作為「人情味」主題的拍攝地點。該宣傳片中通過低沈的光影、靜止式鏡頭窺視和鮮明的主角人物反差，企圖塑造一位年輕日本女性探尋一個古樸、寧靜的過去社會。但再次地，侯孝賢鏡頭下所醞釀之「舊社會的人情味」又何以吸引來自現代工業國家的日本遊客？渡邊滿里奈在《滿里奈的台灣之旅》（2003）以

〈雨中的九份〉爲標題，述說其懷舊氛圍：

> 店裡的氣氛是那種把古老建築就這麼遺留下來的復古風。牆上掛著不曉得是不是以前在這工作過的，彷彿是日本藝妓一般的女性肖像畫。站在視野良好的二樓桌邊放眼望去，垂掛著雨滴的窗戶另一端，朦朧可見霧雨瀰漫的海面。儘管一面想著「若是晴朗的日子一定更令人神清氣爽吧！」但是飄雨的九份卻有著另一番朦朧之美。這麼說來，或許是被濕潤的地面給吸收的吧，儘管遊客如織，這兒卻聽不到一般觀光地常有的熙嚷聲。我趴擦趴擦地拍了一堆照片，點了壺熱茶，在微寒的店裡度過了一段安靜的時光。(頁97-98；筆者的翻譯)

2002年台灣觀光局第二年度對日宣傳計劃的諸多競標企劃案之一，電通廣告公司提出「來台灣『學』日本」活動，內容更是毫無保留地以「日本殖民地—台灣」作爲旅遊訴求。此項提案以「歷史經驗」說明「台灣與日本的歷史淵源深，又了解日本過去的文化。對新生代日本學生而言是個值得學習『以前的日本』的地方。」顯然地，該競標企劃案考量(當時)民進黨政府傾向著重本土歷史文化特性，因此不願提出(廣義)中華文化的觀光配套措施，而是強調過去的日本殖民經驗。但這項揭露殖民歷史關係的文案是否奏效？自2002年2月，受限於地形空間以及日本遊客集體觀光時間之限制，筆者使用問卷方式與日本觀光客接觸，進而以電子郵件接續訪問。其中幾位訪問者針對「九份爲什麼會有『懷舊』的氣氛？」一問題的回答如下。

受訪者一

街道看起來很類似。彷彿附著在山的斜面般的街道跟日本鄉下的村落景觀相類似。建築物本身跟日本也差不了多少。還有從九份瞭望基隆時的海岸線跟村落也覺得跟日本很像。或許就是這些地方令人覺得懷念也說不定。還有植物景觀跟南日本的九州以及沖繩一帶差不多，我覺得或許是因此而產生很類似的景觀。

受訪者二

九份總體來說，是個留有濃厚過去色彩的地方。具體而言雖然有現代建築，但是許多建築物依然是留著傳統的樣式。因為是建於山坡上的城鎮，所以坡道很多，而且狹窄的小路左右縱橫，在小路的兩旁商家緊密聚集著，我覺得因此造就出很獨特的景觀。遠遠看九份的話，也許跟其他的城鎮差不了多少，但是一進入街道中，就會產生一種懷念的氣氛。

受訪者三

我覺得或許紅色的燈籠以及木造或古老的水泥造建築，還有跟日本類似濕氣重產生的那種陰濕感覺，吸引著人的懷舊感。另外，九份名產「佐摩薯」（台灣叫地瓜）也是個很大的原因。我奶奶家即使現在都還是務農，目前也有種地瓜。奶奶做的地瓜包，總是會令我回想起小時候的事。

　　懷舊的氛圍給予日本遊客一個文化認同和景觀經驗上的連結：從美空雲雀、古賀正男、（彷若）藝妓肖像，到地理空間、氣候的追溯，甚至是受訪者「普魯斯特式」地提到九份所提供的（食物）氛圍，

「總是會令我回想起小時候的事」，以作爲在身體知覺上一項對童年「時光倒流」的記憶參考物。令人訝異地，此種氛圍非但不涉及有關殖民歷史真實的闡述，而是相反地帶往一個「異空間」的虛幻世界。在初期的問卷調查中，出現數位問卷填寫人將九份的懷舊失落感與宮崎駿的《神隱少女》作一種想像的連結。在電子郵件往返中，針對「九份的懷舊氣氛與宮崎駿的電影有何共通之處？」此問題，兩位受訪者回答如下。

受訪者四

我覺得「顏色的使用」是一個重點。綠色跟紅色，特別是紅色。這兩個顏色跟古老建築搭配在一起的時候，一種難以言喻的氣氛就出來了。除此之外，電影《神隱少女》中的虛幻世界出現在現實中一般的地方，那種彷彿時光倒流的氣氛使得日本人感到一種懷舊的感覺。

受訪者五

那種無可言喻的蒼鬱氣氛吧！在蒼鬱山中突然出現般的九份場景，跟重視表現自然的宮崎駿動畫相當類似。另外，不僅只是單純的描繪現代，而是把故事場景設定在稍微古老的異空間的宮崎駿動畫電影，可說是跟九份相類似。

日本遊客在網路上記錄有關「《神隱少女》之旅」的相似體驗：

在我們搭計程車上山（往九份）的路上，我的兩個朋友提到「聽說九份就是《神隱少女》的設定場景喔！」然後在通往九份的瑞金公路的山路上，出現一座大的恐怖的寺廟，簡直就像是湯

婆婆的「油屋」。而從九份那條熱鬧的斜坡道上轉個彎，《神隱少女》裡頭那條商店街赫然就出現在眼前。我那兩個朋友待在九份的時候，「啊！這裡不是那個……」「這裡也很像那個……」「這個坡道不就是……」諸如此類彷彿「神隱少女通」一般不停地嚷著。連那時只看過電影預告的我都不禁對九份住家窗戶和商店的那種彷彿廢墟般（真不好意思！）的氣氛感到非常似曾相識。

那種在彎彎曲曲的坡道上明明有看起來有些詭異的住家，卻一個人都沒有的那種感覺完全就是《神隱少女》的寫照。像我們這種「神隱少女之旅」，別說是住在九份的當地居民還沒注意到，我想連宮崎峻導演都沒預想到吧！[3]（筆者的翻譯）

這項訪談結果將一項歷史記憶推往「想像的體驗」方向建構，強調一種逐漸模糊「虛假／真實」的融合經驗。對於「新生代日本學生」而言，「以前的日本」成就了大眾市場機制下「想像的記憶」。這種「想像的懷舊」並非召喚人們所失去的事物，而是創造一份「從未擁有過之記憶」的懷念，一種無須共同生活經驗或集體歷史記憶的「安樂椅上的懷舊」（阿帕度萊之辭彙，1996）。然而這種懷舊想像對台日「後殖民觀光」而言卻顯得諷刺：當過去的台灣無可避免地帶著殖民悲哀心情企圖安撫台日的共同歷史時，這種著重在日本遺產與自曝過往「殖民者身分」的觀光計畫書——「來台灣『學』日本」——再現了有關當代台灣「殖民歷史過往」與「後殖民文化身分界定」二者之攪動。

3　摘自網站 http://channel.goo.ne.jp/travel/recommend/world_29.html（2002/10/24瀏覽；該網站今已摘除）。

三、後殖民觀光與文化混淆

1990年代的後半段，日本偶像劇在台灣的有線電視媒體挑起高收視率和佳評[4]。伴隨而來的是一股至今仍舊持續的日本文化認同熱潮——在出版書籍、旅遊雜誌、綜藝節目的仿效、品牌電器等等——成就當代台灣社會所謂的「哈日」風潮。值得注意的是，在跨區域媒體傳播的影響下，這股自1990年代末期的台灣哈日現象有了逆向發展。其中特別顯著的是2001年開播改編自日本少女漫畫《花より男子》的台灣真人版《流星花園》，以及《流星花園2》（2002），該劇自香港、中國和新加坡等地大受歡迎之後始輸往日本，開創了臺灣偶像連續劇輸往海外銷售的先例[5]；同時影響日本仿效開拍真人版《流星花園》（2005），以及《流星花園 2》（2007）。

由是，因台劇版《流星花園》而竄紅的F4團體，受邀成為台灣觀光大使，於2007年3月至東京召開記者會，將宣傳主軸定為*"Wish to see you in Taiwan"*——希望吸引日、韓的F4迷到台灣觀光，「估計F4代言將提升日韓來台觀光市場產值的7%，以目前一年600億的市

4　此部分見李明璁的研究成果報告書〈從日劇消費到旅行凝視：當代台灣年輕人的跨文化實踐與轉型中的認同型構〉，收錄於《財團法人交流協會日台交流中心》2001年度〈歷史研究者交流活動〉。該論文同時提及1992年日本消費產品的禁令解除，接著隔年頒布的〈有線電視實行條例〉通過，日劇得此被允許在媒體上播出放映。1996年，筆名為「哈日杏子」的台灣女性寫作者出版了第一本漫畫《早安！日本》，從此台灣社會至今仍在這股所謂的「哈日」風潮之中。

5　最早的真人版《花より男子》（電影)於1995年由東映及富士電視台製作，但票房不佳。

場估算，可望爲台灣招來42億元商機。觀光局希望藉由F4代言，吸引粉絲到F4的故鄉——台灣觀光」（行政院交通部觀光局電子報，2007）。觀光局電子報(2007年3月16日)的版面，刊登「**F4的故鄉——台灣**」圖像作爲網頁標頭配置，卻「忽略」台劇版《流星花園》原是改編自日本漫畫，其中「F4」團體是該漫畫中的角色。今日的台灣真人版「F4」團體在日本受歡迎的程度，不只再現逆輸入現象，更擾動了原有虛擬／現實的秩序。究竟，什麼是「本土」？什麼又是「正港」？什麼是「故鄉」，又什麼是「異地」呢？

　　這種關於「故鄉」與「異地」定義的模糊化，表現在近兩年來的「長宿(long stay)計劃」。「Long Stay」爲日本外來語ロングステイ之用語，2000年日本出版的《Long Stay白皮書》，被定義爲「既非短期觀光旅行，也非長期移居他國，而是在『根留日本』前提下，進行爲期1至數月不等的國外旅居休閒」（《商業周刊》第983期，2006：105）。《商業周刊》報導，「到2005年，日本的老人將達3300萬人，比率高達27%，對該國政府形成龐大的壓力。……爲了紓解住宅及醫療體系的壓力和減輕政府財政負擔，日本政府1990年代初期開始推廣銀髮族到海外遊牧享老……」（同上引，頁110）。2006年台灣交通部觀光局與行政院農業委員會致力於向日本銀髮族推動的長宿計劃，卻突顯台灣與日本兩方文化對待與想像上的不同。這項計劃開始於一份利益大餅的搶奪，強調「日台文化的相近，與殖民歷史的彼此關係」開場，卻像是一場鬧劇般，在堅稱「日台文化差異，民情風俗不同」之中草草結束。

　　觀光局樂觀估計，「如果一年能有兩萬人次來台進行Long Stay，以每人住3個月來算，則每年將至少爲地方帶來新台幣30億的商機」（《新台灣週刊》第528期，2006）。《商業週刊》第983期(2006/9/25-2006/10/1)專刊報導：「台灣距離日本近，氣候佳，又擁

有溫泉等天然資源，是日本銀髮族的最愛，**加上台灣與日本的文化相近性，以及歷史殖民因素，都對日人相當有吸引力**」（頁120；標楷體為筆者的強調）。為此，南投縣埔里鎮鎮長一行8人，於2005年10月前往日本交通公社對外發表「台灣長期滯在說明會」。接著日本電視台於次年(2006)底播出日本體驗團實際走訪埔里，並且介紹相關配套設施的紀錄性節目之後，「吸引將近10對日本退休夫妻到埔里體驗旅居生活」。

結果，第一對來台「long stay」的中村夫婦在埔里居住兩個星期之後，決定提前離開。中村激動地說，「台灣的廣告很吸引人，說是山明水秀且介紹環境品質極佳，但實際居住環境有很大差距，有『受騙』的感覺。他說，此次的體驗實在很失望，埔里路邊常可見到乾掉的狗屎，機車也多，空氣品質不好，對他的肺病有不好的影響。此外氣候潮濕與語言溝通等問題，都讓他們夫婦不適應」（《自由電子報》，2006/03/13）。一時之間，各方反駁和批評聲音湧現。旅行社業者指出，「台灣的深度旅行環境固然有不足之處，環境衛生也有待加強，但是**台灣畢竟不是日本**，日本居住或許比台灣乾淨些，但台灣優點是生活消費比日本便宜，中村夫婦既然要來台，就應先打聽台灣環境的優缺點」。埔里鎮長表示，「若環境衛生不佳會加強改善，但**台灣畢竟不是日本，文化與民情風俗都不一樣**」。鎮公所稍後發表新聞稿表示：「若是基於個人特質性挑剔或超越可提供服務範圍，鎮公所持保留態度」。

當然，其中不乏自我的反省。「從中村事件看台灣目前的污染與環境失衡，更能看出台灣人民對於環境的態度與觀念，似乎多是以自我為中心，不考慮他人甚至其他物種的共存；更處處可見冷漠對待身處環境的髒亂或污染，公德心更是低落」（《環境資訊中心》，2007/4/27）。然而，這類論述卻未顧及兩地不同的文化特質。在筆

者與(前往九份的)日籍遊客的電子郵件訪談中，問及有關「日台的文化差異」時，一位報導人表示，

> 跟日本比起來，我感覺在台灣積極且天不怕地不怕的人蠻多的(原日文為「積極的で物怖じしない」)。比方說在商店裡，很親切地帶我們到瞭望台的女服務生(即使工作應該很忙)，還有一旦把東西賣出去之後就對你沒興趣，不僅如此還馬上又跟下一位客人兜售的歐巴桑。這些都讓我感到跟日本的印象不同。

　　相似地，行政院在2006年3月的「中村事件」之後，於同年8月推動「清淨家園全民運動計畫」，「希望藉由中央政府機關帶頭做清潔工作，並帶動全國民眾投入清淨家園的風潮」(同上引)，然而這種處理當下危機的方式，表現於「積極向下一位客人兜售」行動之中，暴露出不只政策面的「短期操作」，而是在文化性格上，台灣人民缺乏對「未來」的具體規劃能力。

　　這種以日本遺產作為宣傳內容之文案——強調台灣與日本「彼此文化相近和殖民歷史關係」作為吸引日本遊客之重點——在歷史姿態上確實諷刺並具爭議性。然而此一手段卻突顯有別於全球化知識論述中，有關朝向西方「同質化」的結果，或是「全球在地化」下逐漸模糊「自身」與「他者」之差異，並且提出兩項特徵：一方面它將台灣從歷史殖民身分到面對當代跨國媒體輸入並建構想像式景觀的被動姿態，轉而主動強調自身過去殖民身分，並通過跨國媒體之方式，意圖建構一個關於台灣的想像式景觀(例如「F4的故鄉——台灣」)。二方面，台灣人所認知的殖民過去，即回憶中日本的殖民文化生活，已經成為懷舊的想像內容，即有關「混雜文化中的日本元素」，乃透過自身的需要，再去理解和想像我們所以為其

中的日本文化元素。這正是阿帕度萊以為，所謂的「過去」不再是
人們記憶中所指涉的處所，而是一個「共時性文化劇本的倉儲，一
種臨時演出陣容的策劃部門，由此應對各種不同劇本的需求」
（1996：30）。然而更重要的是，這項長宿計劃的規劃裡，政府與業
者透過台灣的殖民歷史和過去的雜揉文化先是被過度樂觀地「**去地
域化**」予以期待，但在「中村事件」衝突之後，卻「**再地域化**」而
回返強調自身的文化獨特性。它證實這種混雜的文化描述如何被**有
意識地編輯、扭曲，偽裝或是變形**——按阿帕度萊的說法，那個「過
去」如何被安排演出；即當代台灣文化的雜揉處境，或許是一項不
可避免或無法抵擋的結果，但是居處在地方文化的人們對於自身的
「文化根柢」，仍有能力清楚判斷。

四、雜揉身分的文化協商

在當代，全球化賦予台灣「雜揉」的修辭，以說明過往歷史和
現今姿態，並且逐漸有別於政治歷史下的傳統堅持。當代台灣人的
後殖民身分認同——包括（廣義）政治上的台獨／血緣上的終極一
統、「侵華」情緒的仇日／現代東亞戰略的親日／當代文化的「哈
日」、經濟的西進／政治的「愛台」、歷史殖民政治地位／後殖民
文化認同——無法達成一種「同質的集體社會身分」[6]，反倒突顯包
括殖民過去和省籍衝突等複雜歷史身分與處境。這種在殖民歷史、
台日雜揉文化、後殖民身分，以及近代台灣政治和經濟上的盤根錯

---

6   此詞出自Stuart Hall刊於*Culture, Globalization and the World-System:
    Contemporary Conditions for the Representation of Identity*之文章
    （1997, Anthony D. King編, University of Minnesota）。

節等，成爲界定台灣後殖民文化身分的複雜背景。然而過度強調「混雜」，結果便是對主體的混淆。全球化混雜現象一如後殖民懷舊——包括對「過去」的重新認知和周遭異文化的接納——不啻是辨識自身文化身分的一項考驗。這導致在有關台灣後殖民文化身分的自我界定上，懷舊不只呼應全球化之下有關「當下的懷舊」，成就一個不必然存在的過去之想像，而是成爲一項如同塞杜的「戰術」之運用，作爲一項精密「計算之活動」，得以「使用、操縱和轉換」其（政治）場域[7]。由是，懷舊成爲當代台灣政治場域下的操作戰術，而這種操作正是作爲一項文化協商之結果。

李登輝的後殖民鄉愁

2004年，83歲的卸任總統李登輝在下頁圖的劇照中，穿著日本武士服爲他於三年前（2001）所創立的黨派——台灣團結聯盟（台聯）——在選舉中拉票。在此一日本武士造型中，李登輝的「文化懷舊」成爲一項政治選擇與操作——既再現日本武士精神之形象，同時藉此又與中國的正統加以區隔。中華人民共和國嚴詞抨擊李登輝是「台灣皮，日本骨」，但諷刺的是，這種批判對曾經被日本統治過的老一輩台灣人來說，的確是一則事實而了無新意；對新一輩年輕人反倒呼應哈日風潮，恐怕更顯歡迎；而相對多數的中產階級則嫌膩於兩岸的政治對話模式。

2007年5月下旬李登輝前往日本東京接受首屆後藤新平獎，並且於頒獎會場上公開稱後藤氏爲「偉大的台灣開拓先鋒」，並表示「今日的台灣是建築在後藤新平的基礎之上」（《朝日新聞》，2007/06

---

7 見Michel de Certeau 著作 *The Practice of Everyday Life*（1984，University of California）。

李登輝穿著日本武士服之劇照（2004），其右為日本漫畫原型。

/01），在「1898-1906年擔任民政長官的8年間，屬行現代化工程，
發展農業、工業、財政、教育、衛生、警察及戶口制度，對促進當
時仍未開發的台灣有很大的貢獻」（《BBC中文網》，2007/06/01）。
一位曾經是台灣民主時期的領導者向過去殖民政府統治者表示敬
意，在主權政治的意義上扭曲了殖民／後殖民之間身分的界定與認
知。然而，李登輝的殖民認同轉向卻點出一項思考──究竟「身分」
如何界定？

　　對Stuart Hall而言，所謂的「尋根」之旅，並非只是發現自己
從何處來、家鄉獨特口音的語言、並且恢復失去的歷史。「我是英
國茶杯底下的糖」一席話，道破Hall的身分始終「在形塑的過程之
間」，永遠不會有完成之日。這是一種想像的政治再認同、再領域
化以及自我的再認同。從「22歲以前的岩里正男」到「1945年之後

的李登輝」其身分轉變的質疑，突顯身分／認同在歷史意義上有一定的固執和堅持。但是，即便是最爲「正統」的傳統和認同，如何能要求其一致性？如果作爲批評標準之「固有正統性」已經（並且持續）改變，那麼誰具有職權，決定是否接納或是排斥李登輝甚至外省第二代等台灣人之身分？然而文化的形塑不必然呼應當初的傳統；身分／認同在文化面向下顯得容易理解。李登輝現象不只涉及政治威權體制和黨國家父觀念的反省，而是他始終透過對日本在文化意義上——而非地理上——的鄉愁，得以劃清與中國的政治聯繫，於是他的詮釋刻意地脫離歷史的連續性質，由此省略殖民前後身分之殊異，賦予每一階段當下的片斷意義。[8]

身分的文化協商

　　值得注意的是，李登輝愈是離開殖民歷史，去地域性便愈是伸張；它帶來一項特質——關於傳統身分忠誠度的質疑和跨區域性的文化操作。吾人所認識的「李登輝面孔」愈來愈模糊的同時，卻再現了幾近魔幻寫實的社會情緒：李登輝的鄉愁懷舊並置了寫實與荒誕兩種成份，揭露吾人身處於一個模糊文類的世界——「傳統」的歷史身分與殖民文化遺產二者之間的模糊，指涉懷舊不再是單向對過去事物的緬懷式思緒，而是一種交流甚至糾結、彼此影響的文化現象；身分／認同成爲一項文化的協商結果。

　　但這項「去地域性」身分的文化協商結果，終究帶來政治上的衝擊。這一方面是因爲統／獨議題導致去中國化政治立場所引起的

8　相似地，李登輝在1996年總統就職前，就「台海飛彈危機」表示「中共再大，也沒有我老子大」，其敘說策略仍是透過文化上的親屬關係消化（digest）政治緊張局勢。

焦慮，另一方面則是由於殖民歷史下自身身分的不適切認同。一則曾經流傳於網路並被視爲「日本禪宗」故事再現上述考量，並且巧妙地迴避了可能的政治立場或歷史殖民身分：

> 一位旅行者走在森林裡，突然遇見一隻飢餓的老虎直盯著他。旅行者緊急逃開，而老虎則緊追在後，直到逃跑至山崖邊，正在考慮要不要跳下去的時候，卻發現有幾隻毒蛇盤據在山崖的底部。進退兩難之際，旅行者發現崖邊有條藤蔓，於是趕緊攀爬下去懸吊在半空中，然而正當自己慶幸躲過了餓虎和毒蛇的同時，才發現有兩隻老鼠正在啃嚙這條藤蔓。就在藤蔓正要斷掉的時候，這位旅行者發現崖邊的縫隙內長出鮮嫩滋潤的野莓，他摘了幾粒野莓放入嘴中說：「嗯！好甜！」

　　這封垃圾郵件的最後，告誡收信者「要把握當下的重要性，選好投資的時機，立刻進場，不要猶豫」。但是事實上，此一寓言並非來自日本禪宗，而是中國《大藏經》裡的〈譬喻經〉。這則佛經版寓言原有的寓意與先前日本禪宗版所強調的把握當下，正好徹底相反，它要求作爲一位君主必須謹言慎行，小心面對慾望的索求和人生的無常。

> 時有一人。遊於曠野為惡象所逐。怖走無依。見一空井。傍有樹根。即尋根下。潛身井中。有黑白二鼠。互齧樹根。於井四邊。有四毒蛇。欲螫其人。下有毒龍。心畏龍蛇。恐樹根斷。樹根蜂蜜。五滴墮口。樹搖蜂散。下螫斯人。野火復來。燒然此樹。……象喻無常。井喻生死。險岸樹根喻命。黑白二鼠以喻晝夜。齧樹根者。喻念念滅。其四毒蛇。喻於四大。蜜喻五

欲。蜂喻邪思。火喻老病。毒龍喻死。是故大王。當知生老病
死。甚可怖畏。常應思念。勿被五欲之所吞迫。

　　　　　　——《大正新脩大藏經》第四冊 No. 217《譬喻經》

　　在這則扭曲變形的寓言裡，吾人發現「迴避中國、朝向想像中
日本」的傾向，並且以日本禪宗之名避免政治上所可能帶來的不安
或反感；同時強調「當下」時機，企圖透過無關歷史的姿態，迴避
殖民媚日的指控——正如李登輝之武士服形象乃參考日本漫畫所做
之造型，藉此將歷史身分移轉為文化氣質。該寓言暗喻台灣在國際
上受孤立狀態和短期操作的文化性格；該寓言愈是扭曲原先的寓
意，便愈是接近當代台灣的生活經驗。最為諷刺的是，它被視為是
一封垃圾郵件在網路上廣為流傳，一針見血地指認台灣聲嘶力竭卻
不受歡迎的國際處境。作為一封商業的宣傳郵件，該日本禪宗寓言
賦予異國想像和形上學高度兩項特質，一方面脫離一般性日常生活
修辭，巧妙解決沈重的中國包袱，並提供對日本不具殖民歷史記憶
的文化哲學想像。另一方面，它卻反向證實此一指認台灣的雜揉身
分正是一種文化協商的結果，其中包括敏銳的文化感知、精確的政
治判斷，以及文化彼此之間不留痕跡的轉換和翻譯。

五、全球化下的「懷舊」想像

　　人們堅稱當代世界已經進入彷若「天涯若比鄰」的狀態：台北
西門町正在「涉谷化」、東京涉谷109大樓女孩們的身體呈現「跨洲
際化」：一頭「歐美金髮」混搭著極度黝黑的膚色；日本甜甜圈*Mister
Donut*在台北大排長龍準備販售的同時，美國甜甜圈*Krispy Kreme*在
東京掀起熱潮——跨區域性「美感」和「美食」的定義正不斷地蔓

延、發酵。這類全球化資訊流動使吾人原先認知的遙遠異地變得熟悉可見，並且清晰指認這些奇風異俗與我們文化不同之處，同時卻又隱諱地傳遞一項奠基在科技、進步、文明、現代化之上的普遍價值。人們一方面深信現代性現象正是一種全球趨勢，強調多元融合、跨區域整合、現代化科技、跨國企業；另一方面則將態度投向猶如嘉年華般的繽紛未來，自詡爲地球村居民，期許自國際邊緣性位置進入全球化經濟世界體系主要潮流，同時強化了作爲單一整體的世界體系的認識論。

　　以一則《中時晚報》慶賀台灣投手登上美國新聞版面的評論爲例，其中出現一段詭譎的報導(2005/5/5)：

> 美國發行量前3大的《紐約時報》及美國各媒體近來常常以
> 「Taiwan」來的王建民來報導這位洋基隊新星，台灣〔也因此〕
> 自動跟著上榜。……《慾望城市》女主角凱莉說：「最快樂的
> 事情就是輕輕鬆鬆看週日版的《紐約時報》。」可見《紐約時
> 報》的影響力。

　　這段話語中，台灣的國際曝光率靠王建民；王建民依賴《紐約時報》的報導；《紐約時報》的重要性則是透過《慾望城市》方能獲得閱讀者的信任。它表達出真正具影響力並非此百年報紙，而是一齣描繪「紐約都會女性文化與生活」的有線電視影集。然而該影集是否再現紐約都會女性內心的獨白和人際關係？《慾望城市》一方面透過媒體形塑吾人對於「紐約」(相較於芝加哥、洛杉磯，或其他西方城市)的想像；另一方面示範都會女性慾求。對於這位記者而言，位於另一個半球的《慾望城市》影集，比起平面媒體評論內容更具信賴度以及建立在「想像」基礎上的同感。逐漸地，當代人正

形塑一套新式刻板印象，用以推翻過去的認識和理解——紐約作為
一「慾望城市」決定了都會女性應有的價值觀：「最快樂的事情就
是輕輕鬆鬆看週日版的《紐約時報》」。然而，這種「將銀幕裡的
劇情人生推進為真實的生命體驗」帶來巨大的影響——人們過於輕
易認同並接納異文化生活，甚至成為一種信仰力量，卻相對忽略對
自身文化的深度省思。

　　這使得區分自身與他者特色的界定正在混淆之中；某種程度
上，正是這種「混淆」成為新特色，其中包括文化、區域、（移居）
族群、認同，甚至歷史、真實、傳統，和線性時間等界定。這帶來
一個現象是，20世紀晚期的生活特徵，不僅表達羅伯森「全球在地
化」（glocalization）之下，當地文化與全球性的不易區分性質[9]，而
是對過往懷舊的跨區域建構，同時幫助規劃那一個尚未來臨的「未
來」——或許這根本是一個永遠無法實現的未來。這是因為當全球
性媒體創造出一個沒有地方感的社群，同時電子媒介指導並迫使吾
人對於這個世界的想像內容時，「想像」成為個人與世界的協調方
式，並且使得人們確信自己活在一個「世界作為單一處所」的文化

9　羅伯森先後主張「生活世界的全球制度化與全球性的在地化」（1990:
　　19）以及有關「獨特性的普遍化與普遍性的獨特化」交互關係之詮
　　釋（1992: 102），並且以「全球在地化」概念提出辯駁，以為季登斯
　　就「全球性」與「現代性」之並置論述，傾向特定時空中同質化之
　　經驗，這帶來新世界、東亞和非洲部分地區有關「解構現代化」之
　　觀點；羅伯森強調這並非爭辯究竟是同質化還是異質化之問題，而
　　是此二種傾向已經共同成為20世紀晚期的生活特徵（1995: 27）。羅
　　伯森的文章分見各專書 *Global Culture: Nationalism, Globalization
　　and Modernity*（1990, Mike Featherstone ed.）, *Globalization: Social
　　Theory and Global Culture*（1992, Mike Featherstone ed.）, *Global
　　Modernities*（1995, Mike Featherstone, Scott Lash and Roland
　　Robertson ed.）；三本著作皆由倫敦Sage出版。

之中。這種涉及「全球性」概念，表達了全球資源分配、跨國經濟活動等建構西方價值構想之下的現代性特徵，其中暗示了整合的運作目標以及朝向西方同質化的結果。

在〈全球文化經濟的分離與差異〉（1996）一文中，阿帕度萊以一個菲律賓街頭的美國流行音樂化作爲例證，衰退的文化感知力恐怕是讓作者感慨「美國化」變得蒼白黯淡之緣故，不僅因爲出現更多菲律賓人唱得比美國人更加完美的流行音樂，而是事實上他們的生活與流行音樂所誕生的世界並不完全同步。（上文所引記者從《慾望城市》所體驗到的都會價值，也並非與紐約同步！）相似地，自1990年代末，台灣的二線歌手陸續在中國找到新的市場，來自台灣的童安格或是香港的譚永麟成了中國青少年的偶像。中國歌友在旋律和歌詞的意境中找到了一種「屬於中國的美感」（中國報導人的話語）。弔詭地，這類表達自我放逐、午夜夢迴、被動掩飾的愛情觀、悔恨惆悵交織的內心獨白等現代曲風，作爲（當時台灣）流行音樂的呈現，同時再現了對一個世代以前的古典想像。童安格在中國的走紅，一方面成就一種「疊加」的懷舊現象——中國是台灣過去中有關中國過去的想像——另一方面也重演了流行風潮。

當台灣社會的懷舊氛圍成爲一項商業經營時，無可避免地受到全球文化經濟同質化之影響，其中很大程度即是美國化，包括麥當勞與迪士尼或好萊塢電影的結盟，透過商業管理、消費模式和媒體傳播，造成某類復刻電影人物角色的（異文化）懷舊想像。這種懷舊想像使得「復刻版」商品猶如人們接納跨時空的異文化一般，從1960年代的 *Mission Impossible* 電視影集到1990年代電影全球播放、日本石英振動模式前後兩個世代的鏤空款機械式手錶、跨區域流行的鋼彈或是鉄腕アトム（原子小金剛）公仔、電玩、《*Thunderbirds: To the Rescue!*》（雷鳥特攻隊）躍昇大銀幕、1970年代朝日電視台《キャ

ンディ・キャンディ》(*Candy・Candy*；卡通《小甜甜》)作者30年
後決定重繪、童安格的(流行於中國)「經典復刻版」音樂CD，到1980
年代地方性電視節目《星星知我心》於2007年的劇情重演等，都通
過懷舊氛圍生產原初的意象，但又並不等同於全然的過去；這其中
的手段並非回溯至當初的真實過往，而是重演「過去」。懷舊表達
再現過去之企圖，它使得當下具備「現在」與(再現或是想像的)「過
去」兩種時間意義。

　　這種透過懷舊的文化協商機制，使地方文化得以吸納來自跨區
域經濟活動以及得此所帶來全球性文化之衝擊，此一結果成就了詮
釋人類學家格爾茲在《農業的內在變化》(1963)中所謂的「持續發
展的模式」。在該著作中，格爾茲提出一個地方性發展的獨特案例：
荷蘭殖民時期，東印度公司進駐印尼群島(多以爪哇島為核心)，引
進新的種植作物並改變爪哇島農夫的技術運用，因此影響整個印尼
的生態模式。然而，最終由於荷蘭殖民國土地租賃的政策，以及農
夫兼勞工在勞力分配的經營模式，使得爪哇島農民以一種「分享的
共貧」之方式，反倒將殖民的政策吸納至當地的經濟生產之中。相
似地，台灣「文化內在變化」模式是由全球化競爭、東亞政治局勢、
國內政治結構、殖民歷史，以及日本文化遺產及其價值體系等相似
的內在調適所搭配和支持。更重要地，在政府所主導的這一波「長
宿計劃」，台日的「文化親近與歷史關係」被安排在全球性競爭中，
賦予「內在變化性」的意義：「在一致性中具備變數，在單調中表
現其精湛性」(格爾茲挪用之語彙)。於是當代台灣正藉由懷舊的想
像回應全球同質化之趨勢、以文化敘說爭取跨區域經濟交流，並以
後殖民文化身分的流動協調政治的平衡和意圖。

　　全球化資訊、媒體、技術的快速流動以及以經濟為主導的跨國
企業活動，逐漸改變吾人關於他者與自身雜揉文化之認識，其去地

域化帶來人們對於當代世界的想像和難以界定的混淆身分。人們彼
此之間的關係、歷史身分和共同關心的議題不再具純粹之形式。每
個個體彷若退縮至幼年階段，在此一生活空間被教育、被指示和被
決定她(他)所接受的訊息是什麼，並且信以爲真地以爲這便是當代
世界，甚至是全部的世界。其結果卻形塑一項弔詭：資訊流通愈是
快速——而這正是吾人所賴以認識此一(想像)世界的方法和媒
介——我們反倒愈是失去「辨識」的能力(這成就了Marc Augé所謂
的「孤獨的個體性」——特別是當代人類學著重於「人如何生活於
文化脈絡之下」，以及強調「個人觀點如何再現其文化價值」時，
全球化想像與身分混淆確實給予人類學新的研究課題)。然而，原先
所擔憂台灣人於全球化中是否失去文化辨識之能力，結果正好相
反。藉由特殊殖民歷史和文化遺產兩項無可遁逃的經驗和事實，台
灣透過後殖民觀光論述，加深自我文化身分之認定，反倒將這股「去
地域化」力量吸納到自身過往的歷史文化脈絡之中。這種通過懷舊
想像和文化身分的操作，最終並非朝向一種穩定的模式，或轉換爲
另一種新模式之發展取徑，卻是在其內部繼續地複雜下去，以便於
在政治局勢與國族認同等內在因素和面對全球經濟文化同質化力量
二者之間，取得一個協商與有利於編輯之位置。

六、結論

　　本篇論文通過「懷舊之旅」、電視劇《流星花園》、「長宿計
劃」，和「李登輝現象」等涉及殖民遺產、後殖民觀光、(後)殖民
身分之議題，說明台灣社會懷舊情緒的想像建構和後殖民文化身分
之定位。當代後殖民研究——一如台灣與日本的歷史殖民關係——
揭露傳統定義下對於「故鄉」以及「異地」的界定已經過於天真；

吾人就此一議題之研究任務並非強調當代全球化之「混淆」特色，
而是必須在一個並置或混雜的文化脈絡中仔細分析和比較其性質。
本篇論文經由人類學之文化論述和研究旨趣，詮釋當代台灣懷舊現
象之歷史文化特性，將西方世界所建立「非西方世界如何看待自身
獨特性」之普遍性參考標準作一並置討論，企圖在「西方文化經濟
資本吸納下的世界體系」之論述外，提供有關地方文化脈絡下之詮
釋。總括本論文之內容包括對懷舊的想像、雜揉和操作，有三重點：

　　第一、從台灣真人版《流星花園》逆輸入日本造成轟動，到「台
灣F4」的偽裝式廣告文宣，成就一種混雜文化的再變形；這種跨文
化交流、協商和交互影響，挑戰過去對「純正」和「正統」之定義。
這種可能性揭露當初受殖民的人們在後殖民時期，如何受殖民文化
影響，同時卻又可以就自身原先的歷史文化遺產，形塑出一套新式
的文化再製之接納力。一則有關台灣後殖民文化的多樣性聚集，表
現在日本的「方形西瓜」之上。

台灣版「方形西瓜」（2001）

資料來源：〈彩購網〉<http://www.colorgo.com.tw/event/
watermelon/watermelon.php>（2004/9/27瀏覽）

　　2001年日本四國所培植出來的方形西瓜，原本單純爲了節省空間以方便冰箱的擺放。結果方形西瓜（或直譯爲四角西瓜）一上市，立刻造成日本社會轟動。電視台、雜誌以及網路熱烈討論[10]。2004年，台灣的瓜農成功地培育台灣品種的方形西瓜，但是行銷上並非強調西瓜原有的味道，而是以「獨特的風味」一詞來替代，並且台灣版方形西瓜——取名爲「西瓜太郎」——被給予更精緻的包裝（見上頁圖）。包裝上以日文（沒有任何一個傳統中文字）寫著「尊貴的四角西瓜」。方形西瓜從一個水果，超越它原有的意義，而完全轉換並且「提升」爲一個尊貴的日本化商品。然而方形西瓜的用途卻是在一個中國的傳統節日裡，取代過去沿襲的月餅，由此企圖 *“surprise”*親朋好友。圖中的廣告資訊並置三種語言，共同構築台灣的雜揉文化認知。這類混雜、不連續性過去記憶等歷史沈積物，包括了來自日本殖民時期記憶和有關「正統」中國的想像，同時接受了日本現代科技等商業感知的「全球性搓捻」（globalizing twist）。這帶來一項結果是，「活在當下」式的暫時性被過度強調和運用——諷刺地，這正是日本禪宗版之商業寓意——同時形塑一種對語言標籤符號的並置能力。

　　第二、當代台灣社會的懷舊現象不僅涉及地域性的混淆，同時亦是主體的混淆，爲此就全球化作爲跨區域（以及跨國的）研究提出知識論上之反思。這種「後殖民觀光」現象呈現複雜的不確定、交換、指稱和互惠關係：當李登輝讚頌後藤新平爲「台灣開發之父」時，誰是殖民者，誰是被殖民者？在這場「後殖民觀光」運動中，是誰擬似殖民先鋒，帶著旺盛的消費能力，惠實當地的經濟利益？

10　筆者於2001年在東京進行田野調查時發現，方形西瓜已被擺放在涉及谷服飾櫥窗內作展示，以便於說明店家的流行性。

又如長宿計劃中，誰是這場「新殖民運動」的獲利者？這種現象混淆了「誰是主體？」的判斷。當代台灣對於日本殖民文化的高度接納（如鐵路便當遺產）以及自以為熟悉但事實上仍屬於想像層次的理解（如觀光局對長宿計劃的樂觀期待），使吾人輕忽自身過去殖民歷史，又不當估算日本遊客對台灣的意象，結果造成一種文化雜揉景觀。在殖民／被殖民文化論述中，吾人無法立即辨識台灣與日本的文化特質是遠在天邊還是近在眼前？懷舊並不全然指涉某一段精確的歷史過去，而是一段漂浮不定的過去想像；其中，想像與真實在人們的回憶中交錯存在，它既作為一種理解手段亦是協調方式。

　　第三、去地域性或許是全球化的普遍現象，但反觀卻不純然是由於全球化之因素，地方性政治經濟因素仍主導了去地域化的操作；相似地，異文化的接納（甚至引入）不必然是全球化不可抵擋之潮流，而是有意識地納入自身社會的文化體系，作為有別於傳統刻板意義之方式，或是賦予改變政治結構之戰術。當競標企劃文案中強調此一「舊社會」與殖民歷史「淵源深厚」時，台灣的懷舊旅遊訴求——這項乍看令人感到尷尬、甚至荒謬的文案內容——並非盲目或是欠缺思考的選擇結果，而是一項有意識的編輯。如同李登輝的文化懷舊一般，它逐漸地切斷與中國的關係；懷舊想像不必然來自強勢全球化的被動影響，卻是地方自身有意識的主導。

林徐達，國立東華大學族群關係與文化學系助理教授，專攻詮釋人類學、當代人類學知識生產、和民族誌反思寫作。

哈日、親日、戀日？
「邊陲東亞」的「日本情結」

林泉忠

一、《海角七號》與東亞的「日本情結」

如果說2008年台灣最熱的政治話題係導致二次政黨輪替的總統大選，那麼，最熱的社會話題則非創造了戰後台灣電影奇蹟的《海角七號》莫屬。事實上，《海角七號》所引發的社會現象，如今已成爲台灣社會學研究不能輕易忽視的新課題。

有關《海角七號》在台灣社會引發的效應與相關的討論，可歸納爲兩大類。其一，《海角七號》扣人心弦的成功因素。此類的討論涉及故事的張力、角色的塑造、攝影技巧、音樂、日本元素等等。其二，有關如何解讀《海》片的「日本情結」。此方面的議論中，最重要的一個的焦點集中在該片是否「媚日」的爭議上，議題涵蓋包括後殖民主義、文化認同與台灣主體性等觸及台灣社會神經的核心問題。

《海》片引發的爭議始於台灣兩位知日派學者。台灣大學日本研究院院長許介麟在其刊登於2008年9月25日《聯合報》，題爲〈海角七號：殖民地次文化陰影〉的評論文章中，以專家的觸覺批評影片彌漫著「對過去殖民地台灣的戀戀『鄉愁』」，並嗟嘆「台灣終

究逃不了日本文化控制的魔手」。其後，中央研究院人社中心副研
究員陳宜中在10月9日刊載於《中國時報》的〈《海角七號》的台日
苦戀〉一文中，毫不掩飾地批判《海》片成功地拍出了台灣人民的
「被殖民慾望」。

　　許陳二文對台灣社會缺乏對殖民主義的反省乃至「媚日」現象
不以爲然的批判，是否涉及價值判斷的層面，本文不予置評。然而，
二文對台灣社會所存在的日本情結問題的關切，卻提供了社會學者
與比較社會學者作進一步探討的契機與空間。

　　所謂「日本情結」，背景有源自於戰前日本殖民統治的同化政
策與生活經驗，也有戰後日本經濟起飛與新文化產業興起的因素，
後者常以「哈日」現象冠之。就程度而言，有停留在對日本流行文
化、傳統文化鍾愛、迷戀的層面，也有進而擴大至傾向對日本人、
日本社會制度甚至對整個國家正面評價乃至憧憬的層面，成爲一種
近乎意識形態的認知與態度，甚至還提升至身分認同的層面，期待
成爲「日本人」。從此定義而言，圍繞在日本情結問題上的討論，
已不僅僅是台灣社會範圍內的問題。

　　事實上，從台灣到港澳、從新加坡到越南、從韓國到中國，無
論是東亞的「中心」還是「邊陲」，儘管各自所浮現的時間、程度
與性質不一，然而都在戰後(部分地區始於戰前)不約而同地出現、
存在「哈日」或日本情結此一社會現象。

　　與此同時，由於過去戰爭的陰影與戰後所遺留下的「歷史問題」
在東亞地區時隱時現，也使得東亞地區的日本情結多了一層其他地
區少有的愛恨交織的複雜性。因此，如何解讀、分析東亞社會日本
情結的本質，也成爲東亞區域研究不能迴避的重要課題。

　　「歷史問題」究竟如何影響東亞地區的日本情結？

　　雖然個人的喜好愛惡未必直接涉及歷史因素，然而作爲戰後東

亞地區社會現象的日本情結則或多或少避免不了歷史因素的影響。
筆者以爲東亞地區的日本情結因該地區與日本之間的「歷史問題」
之深淺，大致可分爲兩大類。

其一，戰前受過日本長期殖民統治的地區，包括台灣與韓國。
日本對沖繩（琉球）[1]的統治儘管非採用總督府模式，不過其統治形態
與其後的臺、韓地區相似，屬於此類。

其二，在二戰期間受到日本的軍事侵略或占領，這些地區包括
中國、香港、越南[2]。實際上接受了日本15年統治的中國東北地區（「滿
洲國」）則介乎兩者之間。

由於此二類國家或地區各自擁有不同的「日本經驗」，這些經
驗也對其民衆在戰後出現的日本情結產生不同的影響[3]。

首先，第一類的國家或地區民衆所擁有的日本經驗中，既有武
裝反抗與殘酷鎮壓的歷史記憶，也有後期社會相對和平、穩定，與
日本人也有較多互動的歷史經驗。這些經驗，成爲戰後形成與影響
日本情結的「歷史基因」。而此歷史基因的實際效應，則在相當大
的程度上取決於當時的親身經歷與記憶的選擇。

1　沖繩，在台灣普遍稱之爲「琉球」，在其王國時期（1429-1879）稱
　　「琉球（國）」，1879年遭日本吞併後，改稱「沖繩（縣）」，不過在
　　戰後美國統治期間（1945-1972），恢復使用「琉球」。如今，在涉
　　及歷史、文化等内容方面也常出現「琉球」，或與「沖繩」並用。
　　至今仍冠以「琉球」的主要機構包括琉球大學、琉球銀行、《琉球
　　新報》等。根據由筆者主持、與琉球大學合作於2007年所作的調查，
　　60.7%的當地受訪者較喜歡使用「沖繩」，比偏好「琉球」的21.5%
　　爲高。基於尊重當地民衆的主流用法，本文基本上使用「沖繩」。
2　大部分東南亞地區也屬於此類。
3　除此之外，也有少數在二戰期間未受到日軍直接占領的地區，包括
　　泰國與澳門。

　　此外，第二類國家或地區由於在戰前的日本經驗較短，而且當時基本上一直處於戰爭或被占領的狀態，因此造成經歷者對日本抱持較爲單一且負面的印象。

　　值得補充的是，無論是哪一種日本經驗，其對後來日本情結的影響，還與戰後該國家或地區的政府與日本的關係如何、涉及該段歷史的戰後教育如何進行，有著密不可分的關係。

　　個案的分析比較，有助於客觀理解台灣社會中日本情結現象所具有的特徵。基於此立場，本文選擇香港與沖繩作爲台灣的比較對象，其理由除了兩地在日本經驗上分別屬於上述兩類國家或地區外，還包括以下三點。

　　其一，與台灣一樣，沖繩和香港在歷史上也被東亞的「中心」視爲「邊陲」地區。其二，近代以來三地還不約而同地經歷過主權的變更與「外族」的統治。其三，三地分別面臨著「回歸祖國」後揮之不去、甚至愈演愈烈的認同問題[4]。

　　從這些相似的經驗中，不難引伸出三道值得深思的問題：一、究竟戰前的日本經驗與戰後的日本情結有何關係？二、「回歸祖國」後的「去殖民地化」困境，在其後日本情結的理性化過程中扮演何種角色？三、涉及戰前、戰後錯綜複雜的「中心—邊陲」關係的日本情結，對戰後「邊陲東亞」地區的「去邊陲化」究竟有何影響？

　　本文將基於以上所述之問題意識，嘗試以「哈日」、「親日」、「戀日」三個層面不同的概念來分析比較戰後香港、台灣、沖繩社會的日本情結特徵，並試圖透過「中心—邊陲」的視角，探討「去

4　三地的「回歸祖國」經驗包括1945年台灣的「光復」、1972年沖繩的「復歸」，以及1997年香港的「回歸」。有關「邊陲東亞」之論述，參見林泉忠，〈「辺境東アジア」：新たな地域概念の構築〉，《国際政治》第135號（日本国際政治学会，2004，頁133-152）。

殖民地化」與「去邊陲化」的問題。

二、香港：「哈日」鼻祖

　　作爲一個前英屬殖民地，英國文化滲透在香港社會的痕跡，至今仍隨處可見，有些還轉化成香港獨特的文化[5]。另一方面，英國並沒有在香港實施嚴格且具強制性的同化政策，因此以華人爲主的香港社會也基本上不存在視英國爲祖國的身分認同。甚至，香港也幾乎未曾出現過明顯崇拜英國文化的社會熱潮[6]。然而，香港社會的哈日現象在戰後各個發展階段卻是顯而易見，甚至在1990年代以來有愈演愈烈的趨勢。

　　眾所周知，台灣號稱「哈日大本營」，而「哈日」一詞也源自於台灣[7]。然而，追溯戰後以接受乃至崇拜日本流行文化爲基調的哈日現象在東亞地區興起的歷史，不難發現，其發源地不是日本的前殖民地台灣，而是大英帝國的殖民地香港。

　　2008年當台灣社會爲《海角七號》而瘋狂之際，許多人包括業者所關心的是：充滿台灣本土氣息的《海角七號》，是否也能引起海外觀眾的共鳴？

　　《海》片衝出台灣的首站是香港，在這個曾經被冠爲「東方好萊塢」而享譽海內外的電影王國，《海角七號》也「意外」地創下上映超過四周，首周更榮登票房冠軍的佳績。誠然，《海》片在香

5　譬如香港年輕人流行的英文名、飲食文化裡的「港式奶茶」、「鴛鴦」都有英國影響的痕跡。

6　究竟香港社會的「英國情結」如何，需另文分析。

7　「哈日」一詞首見於《早安！日本》（哈日杏子著，台北：尖端，1996）。

港的成功因素與台灣不盡相同。然而，兩個社會蔓延至今的哈日現象無疑是彼此共通的主因之一[8]。

　　東亞各國／地區在戰前或受到日本軍國主義的蹂躪，或受過日本殖民主義的壓迫，此歷史背景導致戰後各國紛紛實行「去日本化」以及限制乃至禁止輸入日本文化的政策。實行社會主義鎖國政策的中國大陸，到了1976年毛澤東時代結束後的改革開放年代，才選擇性地進口少數日本電影[9]。台灣在戰後初期就開始實施限制日本文化的政策[10]，直到1994年3月才全面開放日本文化產品的輸入[11]。在韓國，政府在對防堵「日本文化侵略」上做得更徹底，要到金大中主政後的1998年10月才逐步開放。而香港則是東亞區域內受過日本的占領，卻唯一沒有在戰後由政府主導推行排斥日本文化政策的地區。

　　儘管經歷過日本「三年零八個月」的軍事占領，在渡過了戰爭結束的動盪期後，香港於1940年代末，已開始恢復與日本的文化交流[12]。當時的文化交流集中在電影方面。從1949年至1959年的10年

8　參見林泉忠，〈「哈日」與「去殖」中的共鳴？——從香港看《海角七號》〉，《明報》，2008年12月17日。

9　配合1978年鄧小平訪日（10月22-29日），中國舉辦第一屆「日本電影週」（10月25-31日），放映了《望鄉》、《追捕》、《狐狸的故事》，是為中國大陸引進日本電影之始，其中《追捕》成爲中國改革開放初期影響中國最大的日本電影。

10　1994年3月7日台灣新聞局公布全面開放日片自由進口，取消實施30多年的日片進口配額制度，該政策之目的被視爲防堵日本的文化侵略。參見黃仁，《日本電影在台灣》（台北：秀威資訊科技股份有限公司，2008），頁283。

11　戰後的台灣雖然也有少數符合國策的日本電影獲得進口上映，而解嚴前的1980年代民間業者也已在售賣盜版的日本漫畫和音樂產品，然而真正解除限制，則要等到1994年。

12　戰前香港與日本在電影方面的交流不多。日本占領香港期間，曾試圖尋求本地影人參與合作，最終因香港影人的反抗而未實現任何具

間，在香港上映的電影已達196部[13]，其中黑澤明的作品深受香港觀
眾青睞，三船敏郎則是最受歡迎的日本電影明星。

　　香港電影業界與日本的交流，並非只停留在引進日本電影。踏
入1950年代後香港的製片業者已恢復到日本取景，早期到日本取
景、拍攝的電影包括《富士山之戀》(1954)、《櫻都艷跡》(1955)、
《斷鴻零雁記》(1955)、《蝴蝶夫人》(1955)。此外，早在戰前就
在大陸、香港、台灣等地享有盛名的日本影星李香蘭(山口淑子)[14]也
在1950年代就前來香港拍戲，由她主演的電影包括《金瓶梅》
(1955)、《白蛇傳》(1956，邵氏、東寶合作)、《神秘美人》(1957)、
《一夜風流》(1958)等。此外，1960年代初期，香港電懋與日本東
寶簽訂合作協議，由雙方演員共同演出，寶田明就是當時常來香港
拍戲的日本影星，由他和香港影星尤敏共同主演的作品包括《香港
之夜》(1961)、《香港之星》(1962)、《香港東京夏威夷》(1963)
等。日本男星加山雄三也參與《香港東京夏威夷》的演出，他與小
林旭、石原裕次郎、淺丘瑠璃子、丹波哲郎、團玲子等也是1960年
代為香港觀眾所熟悉的日本明星。以上這些香港與日本早期在電影
方面頻繁的交流景象，為當時其他東亞地區所罕見。

　　1950-60年代香港與日本在音樂方面的交流相對較少，主要活動

(續)

　　體合作計劃。參見邱淑婷，《香港‧日本映画交流史：アジア映画
　　ネットワークのルーツを探る》(東京大学出版会，2007)，頁32-47。
13　羅卡，〈邵氏與日本的合作交流〉，《第一屆邵氏電影國際學術研
　　討會：對邵氏在東南亞的跨界發展和向日本南韓吸納電影人才與交
　　流合作的一些觀察》(香港：香港浸會大學，2001)，頁8。
14　李香蘭在戰前享譽中國大陸與台灣，但是戰爭結束時曾一度遭中華
　　民國政府以漢奸罪被捕，後因證實其日本人身分而獲無罪釋放返
　　國。此背景加上其後兩岸政治環境的變遷，導致李香蘭在戰後除了
　　香港以外，不能繼續在兩岸等華人社會開展她的演藝事業。

包括歌影雙棲的李香蘭，爲1952年後在香港重張旗鼓的百代唱片公司灌錄了名曲《三年》等多張唱片[15]，而早在上海時期已與上海流行音樂結下不解之緣的日本著名作曲家服部良一，也早在1950年代就常來香港，參與了許多唱片的製作。到了1970年代，日本音樂正式進軍香港市場。澤田研二、山口百惠、櫻淳子、鄉廣美[16]、野口五郎、西城秀樹、五輪真弓、岩崎宏美等名字在當時的香港幾乎家喻戶曉。值得一提的是，鄧麗君於1975年開始由香港寶麗多發行的一系列由日文歌改編的「島國之情歌」[17]對日本流行音樂在香港的普及也產生重要影響。

　　談到日本流行文化在香港社會之滲透，自然不可不提日本卡通片與電視連續劇。香港也是戰後率先播放日本電視節目的地區。香港無線電視台在開台的1976年就率先播放了《超人》與《飛天五虎將》，早期廣受歡迎的日本卡通片有《小飛俠》、《Q太郎》、《森林大帝》，而人氣電視劇則包括《柔道小金剛》、《綠水英雌》、《青春火花》、《柔道龍虎榜》等等。

　　自從1990年代台灣對日本文化全面開放後，香港似乎將「哈日」中心的地位拱手讓給了台灣。不過，這並不意味著香港年輕人對日本流行文化的迷戀有所減弱。十幾年來日本音樂、漫畫、卡通、電視劇、電影、遊戲機幾乎與日本同步流行，而幾年前的電子寵物雞、

15　音樂方面，日本作曲家服部良一在戰前與上海音樂界已有頻繁的交流，到了香港後，在1950-60年代也繼續與百代唱片公司及作曲家姚敏等人有過多次合作。

16　日本歌手鄉ひろみ於1970年代在香港被譯成「鄉廣美」，但是到了1980年代則改稱城「鄉裕美」。

17　「島國之情歌」一共出了8集共98首由日本歌改編的歌曲，最後一集於1984年發行。

貼紙相(台灣稱「大頭貼」)也風行一時。

誠然，香港的哈日並不限於對日本流行文化的熱愛，還延伸到對日本社會生活的憧憬，這也反映在香港人對日貨的鍾愛上。1960年日本大丸百貨在香港開業，這也是戰後日本在亞洲開設的第一家日資百貨，比1987年開業的臺灣第一家日系百貨太平洋崇光百貨早了27年，全盛時期的1980年代曾有9家日本百貨駐足香港[18]。此外，自1990年代以來，日本壽司店開了一家又一家，也是香港人唯一願意排長龍等候的餐館。與此同時，無論是去賞櫻花、看紅葉，還是去「浸溫泉」(台灣稱「泡湯」)，香港人到日本旅遊者絡繹不絕。事實上，這也反映在從香港到日本的航線開了一條又一條，早在1960年代已開設了東京、大阪、福岡、名古屋四條航線，1970年代擴大到鹿兒島與沖繩，而到了2001年，還拓展到北海道(札幌)[19]，與過去各時期的台灣相比，無論是航線還是每週的班機數量都比台灣要多。至此，「哈日」在香港的影響已超越了流行文化的層面。

另一方面，圍繞在與日本的歷史記憶上，香港與台灣截然不同。香港老一代不僅不「戀日」，甚至還存在「仇日」情結。不過，老一代的那三年零八個月不堪回首的痛苦記憶，並未牢牢地束縛戰後香港人的日本觀。在資訊透明的香港社會，民眾既可以熱情支持保釣，也會對追上日本女孩的身邊朋友投以羨慕的目光。因此，香港觀眾對《海角七號》中阿嘉與友子的戀情會如此「受落」(「接受」

---

18 全盛時期共有11家日本百貨公司在香港開業，除了大丸外，還包括東急、伊勢丹、松阪屋、三越、崇光、西武、西田、八百伴等。參見川端基夫〈日本小売業の多国籍化プロセス：戦後における百貨店・スーパーの海外進出史〉，《龍谷大学経営学論集》45巻3号(2005，頁76-91)。

19 2008年，香港快運還開設了香港到廣島與岡山的航線。

之意)也就不難明白了。這是香港人日本情結的特質。

三、台灣：「親日」本家

誠然，香港戰後世代熱衷日本流行文化的「哈日」現象，並不能與台灣跨越三代、複雜多元的日本情結同日而語。

台灣社會的日本情節，可粗略地細分為兩個層面：年輕人的「哈日」與部分經歷過「日本時代」老一代本省人的「戀日」。各有空間的兩者構成了其他地區罕見、台灣社會獨有的「親日」現象。

嚴格而言，年輕一代的哈日與老一代的戀日，縱使在「嚮往」與「憧憬」日本文化的軸線上有著共同的方向，然而兩者卻存在本質上的差別。

年輕一代的日本情結，其核心部分仍然是對日本流行文化的熱愛，並因此延伸到對部分日本傳統文化的好奇與親近，甚至在情感上延伸到對日本社會整體的肯定與嚮往。可是，如此的日本情結與香港社會的哈日現象在本質上並沒有根本的區別，兩者充其量只有在程度與範圍上的細小差異。

然而，老一代的「戀日」情結，卻非靠後天培養起來的興趣使然，也非戰後日本經濟成就綜合性影響的結果，更多的是基於「日本時代」的生活經驗、皇民化教育、對日本制度的理解、與日本人的互動等經歷。值得強調的是，這種戀日情結隱含了嚮往成為「日本人」的期待。誠如李登輝所言，自己「22歲以前是日本人」一樣[20]，老一代的「戀日」情結中包含著「認同」的因素，這是哈日的年輕

20　最早出自司馬遼太郎，《街道をゆく四十：台湾紀行》（東京：朝
　　日新聞社，1994），頁104。

一代所不具有的。

　　誠然，「日本世代」中，並非只有戀日的一群。正如在那一代人之間，既有像李登輝一樣前往參拜靖國神社、或熱衷於說日文，並在同世代俳句聚會中得到慰藉的「親日派」，也有跟隨高金素梅到靖國神社要求索回祖先靈位，或未能在追討合理給付、要求道歉與賠償如願，而對日本憤憤不平的前台籍日本兵與原慰安婦的一群。必須指出的是，即使被視為「親日派」的一群之間，也因個人的遭遇與在日據時代受教育的程度，以及與日本人的關係而對日本的情感不盡相同。

　　顯然，在那群日本世代的台灣人中大部分存在戀日情結，卻是不爭的事實。此一現象也與同樣受到日本殖民統治的韓國人的態度南轅北轍，並在學界留下難以作出合理解釋的課題。

　　筆者以為，台灣與韓國老一代主流派迥異的日本觀，源自於兩個民族或族群不同的民族傳承意識、獨立國體的經驗、戰後的遭遇，以及記憶的重構等因素。眾所周知，台灣人的主體主要是來自閩粵的移民，其移民性格使大多數人不具在台灣傳承中國民族與國家命脈的意識，戰前的台灣也未曾有過清晰的獨立歷史，這與自稱擁有數千年獨立歷史的韓國人不能相提並論。除此之外，「日本世代」在戰後所經歷的二二八事件，使得在他們在對「祖國」失望與認同糾葛的過程中，對「日本時代」的戀戀鄉愁油然而生。

　　在分析老一代的親日情懷上，還有一點不能忽視的，是「記憶」的選擇乃至重構的問題。隨著1980年代後期台灣社會自由化的開始，老一代的親日情懷得以透過媒體有了較為清晰的呈現。不過，這群「日本世代」所經歷的並非日本殖民台灣完完整整的50年，而是日本統治的末期。這時期台灣社會相對穩定、社會秩序井然、民眾基本豐衣足食。因此，這一代台灣人的親日情懷並非沒有其客觀

的依據。只不過，這種「日本時代」的美好記憶是透過選擇與忘卻的過程而沉澱的結果。他們並沒有經歷過日據時期前20年日本殖民統治者對台灣武裝反日運動的殘酷鎮壓，加上在戰時體制下實施的「皇民化」教育的效果，使得他們在與戰後初期國民黨風聲鶴唳統治的「鮮明」對照中，透過選擇性的記憶，在一定程度上美化了已逝去的「日本時代」。

然而，這種經歷在哈日的年輕一代中並不具有。老幼不同世代的親日情結本來各有自己表達、舒展的空間，並不存在相互融匯、交集的強有力誘因。不過，與香港的哈日族群不同，台灣年輕一輩是在老一代的「戀日」環境中成長起來的，而時至今日，老一代的戀日與年輕人的哈日逐漸邁進互相融合的階段，這也是《海角七號》能在台灣獲得跨世代歡迎的緣由[21]。

換言之，台灣年輕人的哈日情結，不僅僅是一種「流行」現象，而是受老一代文化基因影響的結果。許多台灣老太太包括李登輝夫人至今仍在使用日治時期留下來的「家計簿」，而日本壽司今日仍可以在台灣的菜市場輕易買到，不少年輕人購房後也喜歡在家裡特設一間榻榻米日式房，可見台灣文化的底蘊裡確實存在揮之不去的日本影子。

這或許就是臺大日本研究院院長許介麟，在看完《海角七號》後，感嘆「台灣終究逃不了日本文化控制的魔手」的緣由。

四、沖繩：「戀日」原鄉

---

21 經過幾十年的磨合與新集體記憶的共同建構，新成長起來的外省第二、三代也接受了台灣社會的複雜的日本觀，這也是大部分外省人並不排斥《海角七號》的緣由。

在部分台灣老一代之間存在的戀日情結並非台灣社會獨有的現象，其實，在「戀日」的情結上，有另一個社會無論是其歷史的長度、深度，以及其普遍性、複雜性與台灣相比，都有過之而無不及，這就是與台灣毗鄰的沖繩。

沖繩，原稱琉球，在其長達450年的王國歷史（1429年至1879年）中，一直是明清二朝的藩屬國。1879年，琉球被明治日本吞併，納入大日本帝國的版圖，比甲午戰爭後歸日本的台灣早16年。雖然，當時日本仍未像後來在台灣設立模仿歐美列強殖民統治架構的總督府，而以改土歸流式地改稱「沖繩縣」，但是台灣總督府的統治，實際上仍然是仿照對沖繩統治的模式[22]。事實上，日本統治台灣後所實施的設立「國語傳習所」、在學校實施以禁止方言為目的的罰札制度（在學校如違禁說琉球語會在脖子上被掛上懲罰的牌子）[23]、禁止傳統「陋習」等同化政策、教育體制、規範社會秩序各種新制度等大多沿襲、吸收了沖繩的經驗，而1930年代後期至終戰期間為配合戰時體制而雷厲風行的皇民化運動，則同時在兩地實施[24]。

在沖繩，「同化」並非只是單方面從上而下的統治政策，也是民間從下而上尋求與減少受日本人歧視、爭取與日本人同等地位的策略選擇。日本殖民統治期間尤其是皇民化時期，台灣也出現過「做日本人」的社會風潮[25]，其源流可追溯至1914年台灣社會菁英積極

---

22 戰前日本在沖繩的統治模式被學界冠為「內地延伸主義」，該模式影響日本後來在台灣、朝鮮、滿洲等地的殖民統治。

23 沖繩縣立第一中學於1900年開始在學校禁止使用琉球方言，而罰札制度則約於1919年正式開始實施。

24 皇民化運動的內容除了推行日語政策外、還包括旨為效忠天皇與大日本帝國的「奉讀」教育敕語、對國旗日之丸的敬愛、齊唱國歌君之代、建立神社、更改姓氏運動等。

25 Leo, T. S. Ching, *Becoming Japanese: Colonial Taiwan and the Politics*

參與「台灣同化會」的舉措[26]。不過,琉球人積極努力「做日本人」的歷史更早。當1895年清朝在甲午戰爭中敗給日本後,琉球人放棄了抵抗日本統治的幻想,社會菁英開始醞釀「做日本人」的新思想。身為《琉球新報》編輯的著名「言論人」太田朝敷於1900年7月1日在女學校的開校式所發表的演講中,指出琉球人「做日本人」要徹底,「連打噴嚏的樣子」也要學日本人。該言論在《琉球新報》刊登後引起社會極大反響,並成為日後沖繩社會向日本同化的指導性思想[27]。

由於社會菁英長期的呼籲與積極配合,沖繩社會的日本化比台灣更有成效,使琉球人紛紛搖身一變成為「新日本人」,並參與日本對台灣及其他殖民地的統治。事實上,在台灣供職的警察與低級官員不少來自沖繩。值得一提的是,這種「身分錯置」也在《海角七號》重現。在影片中扮演本人的中孝介出身於原屬琉球的奄美大島、畢業於琉球大學,其所創作的音樂也充滿邊陲南島的文化特徵,然而《海》片中他卻弔詭地被塑造成「來自日本的歌手」。至此,沖繩人特殊的身分形象呼之欲出。

儘管沖繩社會向日本同化的進展比台灣來得徹底,但並不意味

(續)————————————————————————
    of Identity Formation (Berkeley: University of California Press, 2001).
26 陳培豐,《「同化」の同床異夢——日本統治下台湾の国語教育史再考》(東京:三元社,2001)。
27 太田朝敷的「打噴嚏同化論」首先披露在1900年7月3日和5日的《琉球新報》,其後並刊載於《琉球教育》第55期(1900年7月31日印刷、10月28日發行)。另,有關該言論的來龍去脈,參見照屋信治的分析,照屋信治,〈沖縄教育における「文明化」と「大和化」:太田朝敷の「新沖縄」構想を手がかりとしてと〉,《教育學研究》第76卷1號(日本教育学会,2009/3)。

著沖繩民眾在建構自己的「日本人」身分上一帆風順[28]。戰前66年日本社會對沖繩的歧視性統治[29]，以及1945年沖繩戰役導致1/4人口死亡的慘痛經歷，使戰後初期的「獨立論」異常高漲，整個沖繩社會彌漫著「離日」的氛圍[30]。然而，在進入1950年代後，沖繩社會卻在認同的坐標上來了一個180度的轉變，轉而掀起了一場波瀾壯闊的「復歸祖國日本」的社會運動[31]。

針對此一轉變，沖繩本土的學者多從美軍大舉建設基地、美軍對沖繩的「黑暗」統治、日本本土出現和平憲法等新情勢，對沖繩社會的「理性」選擇作出解釋。不過，筆者以為，這些因素充其量只能解釋當時的沖繩社會期待脫離美軍的統治，並不能解釋為何視「復歸日本」為唯一選項。筆者後來領悟到，在解釋此現象時，不能排除認同變遷的因素。事實上，經過了66年向日本的同化過程，「日本人」意識已在沖繩社會扎根，戰後初期的「離日」情緒只是因環境變化而出現的短暫反彈現象。透過此一視角，帶領復歸運動的沖繩左派菁英為何不選擇與社會主義中國結合也就迎刃而解了。

台灣在戰後脫離了日本的統治，使老一代的日本情結轉為一種剪不斷的「鄉愁」。然而，與台灣相異的是，沖繩民眾在美國統治

---

28 有關沖繩人自1879年以來在摸索自我身分認同上跌宕起伏的特殊經歷，參見林泉忠〈「祖國」的弔詭──「現代衝擊」下沖繩身分的「脫中入日」現象〉，《中國大陸研究》，第50卷第1期(2007/3)，頁7-67。

29 日本對沖繩的歧視性統治包括歷屆沖繩縣令皆由日本內地委派，不由沖繩本土菁英擔任。

30 參見林泉忠，《「辺境東アジア」のアイデンティティ・ポリティクス：沖縄・台湾・香港》第二章(東京：明石書店，2005)。

31 筆者在分析戰後沖繩社會的「復歸運動」是，指出該運動的本質是一場沖繩人自發的日本民族主義運動(林，前引書，2005，第三章)。

時期對日本同樣的戀戀鄉愁，在1972年實現「復歸日本」後全面釋放，並轉為面對如何與「日本」相處以及重新建構自己的認同方面。筆者於2007年與琉球大學合辦的調查，呈現了沖繩人民身分結構的基本輪廓[32]。該調查結果顯示，受訪者之中四成認為自己是沖繩人，1/4認為自己是日本人，另外有三成表示既是沖繩人，也是日本人。

表一　沖繩民眾身分認同的自我認定

選項	百分比
沖繩人	41.6%
日本人	25.5%
既是沖繩人也是日本人	29.7%
不知道	1.1%
其他	2.1%

本問題是：請問您覺得您自己沖繩人、日本人，還是兩者都是？

另外，在是否贊成「沖繩獨立」的問項上，約六成五的受訪者表示，即使可以選擇也不贊同沖繩脫離日本，彰顯了沖繩的主流民意不願離開「日本」這個國家框架。另一方面，也有兩成受訪者認為「沖繩應該獨立」，這一組數字與上述相對較強的本土意識，顯示了沖繩社會存在部分離心力的現象。

---

32 名為《沖繩住民的身分認同調查》以18歲以上的沖繩居民為對象，採用電話抽樣調查方式，成功收集了逾1201份有效樣本。參見林泉忠，〈沖繩住民のアイデンティティ調查(2005-2007)〉，《政策科學・國際關係論集》第9號(2009/3)，頁105-147。

表二　沖繩民眾對沖繩應否獨立的態度

選項	百分比
應該獨立	20.6%
不應該獨立	64.7%
由當地居民自己決定	0.8%
不知道	12.7%
其他	1.3%

本問題是：如果日本政府允許沖繩人民自由選擇沖繩的前途，
您認為沖繩應該獨立嗎？

　　不過，筆者在分析此一「離心力現象」時曾指出：沖繩民眾與
「日本」保持距離的姿態，主流部分並非真正對日本的離心，而是
作為討價還價的武器或籌碼，要求中央政府用心去理解沖繩人民的
思想，改善沖繩所遭受到的不平等待遇，其目的仍然是期待日本視
自己為與其他都道府縣無異的「日本人」。此一分析，也與同一調
查中，近八成的沖繩受訪者肯定130年前日本吞併琉球「是好事」，
以及過半的受訪者認為備受爭議的釣魚臺列嶼「是日本領土」的結
果所彰顯的國家認同方向一致[33]。

伍、日本情結與去殖／去邊陲化困境

　　以上透過程度、面向各異的「哈日」、「親日」、「戀日」三
個概念剖析了戰後香港、台灣、沖繩三個「邊陲東亞」地區所呈現
的「日本情結」的主要特徵。

　　然而，這三個社會的主流意識在對日態度上向「嚮往」日本的

33　參見林泉忠，前引論文(2009/3)。

方向傾斜的現象，也引發爭議，其中以對台灣社會親日情結的批評最爲激烈。這些來自社會內外的批判，涉及包括後殖民主義／去殖民地化與去邊陲化的層面，存在值得進一步廣泛討論的空間。

本文開頭提及兩位台灣學者撰文痛批《海角七號》中的日本情結，二文批判的目的並沒有在文中清楚呈現。不過，透過文中批評的視角、遣詞用語，以及作者的「知日派」背景，不難解讀是爲了促進台灣社會的反省能力，以在台灣社會建立擺脫殖民地陰影的自信。然而，戰後台灣社會缺乏對日本殖民主義反省的原因何在？這種「缺陷」對1980年代以來台灣政治的民主化與社會主體性意識的建立造成何種矛盾？二文並未多加著墨。

台灣過去的殖民地經驗，所突顯的是「中心」爭奪遊戲下的「邊陲性」。不過，1980年代後期開始的民主化與本土化過程中所呈現的卻是挑戰「中心」或向「自決」（self determination）傾斜的「去邊陲化」現象。然而，《海角七號》中自然流露的戀日情懷以及台灣社會現實中缺乏直面殖民主義霸權架構的親日情結，所揭示的一個客觀現實是：對日本殖民主義的反省，並沒有在實現了政治民主化的台灣社會正式展開。而這種在告別殖民主義過程中對舊殖民文化「欲走還留」的徘徊現象，也因此使以「去邊陲化」爲前提的台灣主體性的建立充滿內在的矛盾[34]。

造成這種矛盾的原因，涉及殖民地時代結束後的「回歸祖國」與「去殖民地化」的問題。而對「回歸」與「去殖」的討論，也涉及作爲新「中心」的「祖國」難以迴避的責任問題。這不僅僅是台灣、香港和沖繩等「邊陲東亞」地區在後殖民地時代也有相似之處。

---

34 參見林泉忠，〈「欲走還留的「去邊陲化」意象？：解讀《海角七號》中的「國境之南」語境」，《明報月刊》（2009年1月號）。

　　二戰結束後國際秩序的重新整編過程中，所呈現的一個現象是：戰前列強的前殖民地紛紛獨立。然而，無論台灣、沖繩還是香港，甚至澳門所經歷的卻是罕見的「回歸祖國」（台灣稱「光復」、沖繩稱「復歸」、港澳稱「回歸」）。而且，彼此之間至今仍不約而同地與「祖國」在國民整合與國家認同上存在著不同程度的問題。

　　同時，這些「邊陲東亞」地區也都陷入去殖民地化的困境。「去殖」的前提是殖民地時期的不平等權力架構在舊殖民者離開後必須瓦解。然而，日本人走後，台灣人迎來的是以外省人為主體的國民黨獨裁統治，而由於國民黨背負歷史「原罪」，即使台灣在民主化後仍缺乏反思日本殖民統治的時間與空間，也使揮之不去的日本鄉愁能夠在台灣社會安然存在，能夠在《海角七號》中大搖大擺呈現。

　　香港雖然沒有台灣人當年「狗去豬來」的二二八悲情，但是也有類似的心理衝擊，包括回歸後經濟下滑、「二十三條」以及50萬人上街的新集體記憶。特區政府至今的統治架構與「九七」前幾乎無異，因此回歸後政府也和當年國民黨一樣不敢提「去殖」，而是一味地強調要如何「愛國」，這種情形也同樣發生在回歸後的澳門。

　　顯然，「邊陲東亞」地區對殖民地時代的鄉愁，在某種程度上是對現實或隱性的新「中心」[35]一種反彈表現。許多香港觀眾對《海角七號》的共鳴，多少折射出對回歸後與日俱增、來自新「中心」壓力的不安。《海》片中台灣人到碼頭歡送載著日本人的船隻離開港口的最後一幕，讓許多香港人聯想起「九七」時人們聚集在海旁向大不列顛號送別的情景。換言之，無論是香港人對殖民地時期集體記憶的維繫，還是台灣人對殖民地鄉愁的重構，不約而同地所折射出的，是被國家與民族翻弄的「邊陲人」只能寄古諫今的無力感。

35　對許多台灣民眾言，中國大陸所扮演的是時隱時現的「中心」角色。

　　只是「中心」似乎只懂得期待回歸後的「邊陲人」對祖國的擁抱，卻無法理解「邊陲人」這種充滿矛盾的無奈，也未意識到「中心」自己的結構性責任。

　　事實上，對台灣社會親日觀批判最烈的正是來自「中心」，而「媚日」則成為「中心」主義觀點對台灣社會親日情結的解讀，這也反映在一些大陸知識菁英與網民對《海角七號》的鞭撻。

　　《海角七號》爭議延燒到對岸的一個重要契機，是台灣作家王豐一篇題為〈《海角七號》是株大毒草！〉的文章。於10月10日發表在大陸博客(部落格)重地《鳳凰博報》的這篇文章，以尖銳的筆觸批判《海》片「是用日本人的靈魂在思考問題」。此文一出，隨即在大陸網絡上引發針對《海》片「媚日」情結的討論，《國際先驅導報》還就此爭論採訪了王豐以及其他捲入該爭議的作家。

　　雖然大陸的媒體或影評並沒有一面倒地對《海》片持否定態度，不過受「大毒草」效應的影響，批《海》片的文章絡繹不絕。曾任多家雜誌主編的司馬平邦在其撰寫的〈看中影集團怎樣引進媚日台片《海角七號》？〉中，嚴厲地批影片「把侵略者當年滾回本土的場面處理的堂皇優美」，並獲得許多大陸網民的共鳴[36]。客觀而言，台灣確實是公認為日本境外最親日的社會，而中國卻是走向另一個極端的「反日大本營」。在迥異的民族主義語境下兩岸南轅北轍的日本觀，儼然成為兩岸在「統一」之外另一個最難交集的分歧點。

　　與香港和台灣不同，沖繩的「復歸祖國」是在長年累月的期盼中實現的。即便如此，「中心」與「邊陲」的矛盾，並沒有在1972年復歸日本後的沖繩社會消失。至今，前統治者美國並沒有真正退

36　在閱讀王豐批《海角七號》的文章後，大陸網友所留下的「憤青」
　　式評論中也不乏批台灣社會「媚日」觀點的內容，在此不贅引。

場，占日本整體2/3的美國駐軍仍與新統治者「共存」於沖繩社會，這也使復歸後沖繩的日本情結比香港與台灣來的更爲錯綜複雜。

被置於後殖民主義與「祖國」中心主義夾縫中的「邊陲東亞」，其社會中揮之不去、複雜多元的日本情結，似乎還扮演著解開後回歸時期社會內在矛盾和與「中心」糾葛、衝突深層原因的微妙角色。

林泉忠，美國哈佛大學費正清中國研究中心傅爾布萊特學者、日本國立琉球大學準教授。著有《「辺境東アジア」のアイデンティティ・ポリティクス：沖縄・台湾・香港》(2005)、《現代亞洲研究　第2卷：市民社会》(合著，2008)、《グローバル・ディアスポラ　第1卷：東アジア》(合著，2010)。研究範圍包括東亞區域認同問題比較、兩岸關係、中日關係、沖繩研究等。

思想訪談

為自由而限權 為福利而問責：
秦暉先生訪談錄

陳宜中

　　秦暉先生，1953年生於廣西壯族自治區的首府南寧市。1966年小學畢業，進入南寧四中，成為造反派組織「毛澤東主義紅衛兵」的成員。1969年初中畢業後，要求插隊，在雲南、貴州、廣西三省交會處、屬於百色地區的田林縣，一待9年多。1978年考上蘭州大學碩士研究生，專攻土地制度史和農民戰爭史，後擴及古代經濟史和中外比較經濟史。曾任陝西師範大學教授，現為清華大學歷史系教授，寫有《田園詩與狂想曲》、《天平集》、《市場的昨天與今天》、《耕耘者言》、《問題與主義》、《政府與企業以外的現代化》、《經濟轉軌與社會公正》（與夫人金雁合著）、《傳統十論》、《變革之道》等著作。1990年代以降，積極介入當代中國思想界的改革論爭，率先提出「大分家中的公正」問題，力陳專制分家和民主分家之不同。晚近從「為自由而限權，為福利而問責」的角度，左右開弓，為憲政民主的漸進實現尋求出路。

　　此一訪談於2008年6月28日在北京進行，由陳宜中提問。錄音由劉佳旻整理，再由陳宜中編輯、校對。最後，由秦暉先生修訂、確認。

一、斯托雷平式的改革道路

陳宜中(以下簡稱陳)：秦先生，能否請您先談談1989事件後的那幾年？那個時候，您怎麼看待中國的未來？

秦暉(以下簡稱秦)：1989年以前，我對現實應該說是比較樂觀的。不管是市場經濟也好，民主政治也好，這些都是我們認爲應該要走的路，而且1980年代的中國也朝這些方向在走。到了1989年以後，就出現了一個很嚴重的問題，因爲中國好像一下子不知道該怎麼走了。而且，當時有一種很流行、很悲觀的說法，就是說改革已經完蛋了，中國會回到過去。但是當時我就覺得，中國不太可能再回到過去。

我是研究歷史的，在1989年之前我主要搞古代史，寫過馬其頓道路和雅典道路，就是關於走出氏族社會的兩種選擇。氏族社會的族長治理是一種溫情脈脈的「長者政治」，「父權」建立在「父愛」之上。但是後來發生了危機。在雅典「長者政治」變成了「眾人政治」，大家的事不能家長說了算，應該大家決定。而在馬其頓「長者政治」變成了「強者政治」，家長開始以權謀私，奴役子弟了。前者出現了民主，而後者建立了王權，但溫情脈脈的「大家庭」都已成爲過去。兩者都建立了私有制：雅典是小農私有，而馬其頓則是托勒密式的皇家大莊園。在這個過程中王權與民主打得一塌糊塗，但很難說誰是「保守派」，因爲雙方不都在挖「大家庭」(氏族公社)的牆角嗎？

金雁(按：秦暉的夫人)那時作的是近代史，她覺得中世紀相對於資本主義而言也是溫情脈脈的，尤其是俄國。近代向市場經濟過渡主要就是要解決傳統農村公社的問題，但也有民主解決和專制解

決的不同。專制解決的典型，就是在鎮壓了1905年民主運動後出現的斯托雷平[1]改革。金雁那時也作過斯托雷平時代的研究。當然，在那個時候（1980年代）作這種研究，並不是爲了拿來對照現實。1917年俄國的劇變很早就成爲金雁和我共同關注的問題，而本來我們就認爲，那場劇變跟斯托雷平的改革有很深的關係。

　　陳：斯托雷平在1905年第一次俄國革命後所搞的經濟改革，跟1989年後的中國現實有什麼關係？

　　秦：1989事件一出現以後，我和金雁都有一種直觀的感覺，就是說，中國改革很可能不會中止。因爲，一個溫情脈脈的大家庭只要臉一撕破，就不可能再回到原來的樣子。1905年俄國民眾本來是舉著「慈父沙皇」的像上街的，沒想到沙皇以「流血星期日」來回應。1905年的杜馬本是沙皇抬舉「忠君的農民」來制衡搗亂的市民，用「親農民的選舉法」搞出來的「農民杜馬」，但沒想到它變成了「暴徒的杜馬」。以後的俄國就再也不是過去的俄國了。1989年中國民眾也是這樣。過去官民有矛盾，但「父母官」與「子民」（或曰「人民政府」與「人民」）總還是有層「父子」關係的面紗。共產黨沒想到老百姓反抗得那麼激烈，老百姓也沒想到共產黨會鎮壓得那麼血腥。一旦鬧到這種地步以後，就不太可能回到過去。

　　當時我們覺得，沒準1989事件還會促進改革，因爲有很多東西原來礙著面子是不好搞的，你真正把臉撕破了反而好搞，是吧？1989以前改革會碰到的「闖關失敗」的問題（就是百姓一抱怨，改革就要刹車），到1989以後就沒這種問題了：槍我都開了，還怕你抱怨？就

1　斯托雷平（1862-1911），俄羅斯帝國政治家，曾任內政大臣（1904-1905）和大臣會議主席（1906-1911）。斯托雷平的任期以鎮壓革命勢力和土地改革而著稱。

像維特伯爵評論斯托雷平改革：那是一種「員警式改革」。但是政治體制的改革倒退，經濟上又長驅直入，這樣一種改革會產生什麼後果，就很難說。

陳：您很早(1992-93年)就開始寫「大分家中的公正」問題了。

秦：其實從1990年就開始議論了。1989-91年，先是東歐，後是蘇聯都「劇變」了。中國將來會怎麼樣，就成了大家議論的話題。當時我們還沒寫文章，也看不出寫這些文章可以登在什麼地方。但是我們有一種直觀，就是要把中國的局勢，跟1905年之後俄國的局勢來做比較。

最早我們接受的關於斯托雷平改革的議論，很多是來自列寧的。他對斯托雷平改革的很多評價，非常之到位。比如說，他認為當時俄國的問題已經不是新舊制度的對立，而是「通往新制度的兩條道路」，就是所謂普魯士道路和美國式道路的對立。這個說法當然不是他先說的，馬斯洛夫說得比他還要早，而且普列漢諾夫也說過。但是列寧是說得最多的，而且我覺得他也是說得最透的。

陳：您認為1989年後中國走的是普魯士道路？

秦：或者說，是斯托雷平式的改革道路。前面所謂的普魯士道路或美國式道路，只是用來描述「專制分家」還是「民主分家」的兩種語言符號。

陳：斯托雷平式的改革道路，是指1992年鄧小平南巡以後？

秦：關於南巡以後的這一波改革，我們當時一個感覺就是：要對這改革持批判的態度，而不能沒有原則的進行肯定。但是另一種聲音也很快就出來了，那就是認為不分家更好，認為鄧小平最大的問題就是把大家庭給搞掉了，甚至還認為文革時代有多好。這種新左派的輿論，我們當然也是很不同意的。

像這樣的爭論，我覺得不折不扣的就是1905年以後俄國人討論

的翻版。當時有些俄國人說：斯托雷平雖然把1905年的憲政運動鎮壓下去了，但是他那套經濟改革還是符合歷史潮流的。既然斯托雷平搞市場經濟，就贊成他！他不搞民主，無所謂！不搞民主可以有兩種解釋：一種就是說俄國根本不需要民主；另一種是說即使需要民主，這條路走下去，遲早也會有民主的。不管怎樣，這些人都認爲斯托雷平的搞法是對的。

　　但是俄國民粹派卻認爲，斯托雷平根本就是倒行逆施，因爲他把俄國最好的農村公社傳統給顛覆掉了。如果以前有多好多好，那麼現在就給斯托雷平的改革搞得人心不古、世風日下了嘛。所以，民粹派的目標就是要回到過去，要復興農村公社。

　　當時，俄國的馬克思主義者是不看好農村公社的。在這一點上，俄國的馬克思主義者和現在中國左派唱的調子完全相反。俄國的左派，不管是孟什維克還是布爾什維克，從來沒有說斯托雷平改革以前的沙俄有多好多好。他們從來沒這麼講過。

　　陳：當時，俄國馬克思主義者怎麼看斯托雷平的改革？

　　秦：剛才提到的兩種主張，當時的馬克思主義者顯然都是不能夠接受的。馬克思主義者是歷史進步論者，按照馬克思主義的傳統說法，俄國在斯托雷平以前的農村公社，是屬於亞細亞生產方式的，是專制主義的基礎，和東方專制主義是連在一起的。馬克思主義者肯定不贊成這個東西。俄國不能回到過去，但俄國也搞不了社會主義。當時只有民粹派主張在俄國搞社會主義（據說過去的農村公社就是它的土壤），與這個說法決裂成爲俄國馬克思主義誕生的標誌，也是後來俄國馬克思主義與民粹主義的分野。當時連列寧也承認，俄國的前途只能是資本主義，社會主義要在資本主義發達後才有可能。

　　但是馬克思主義者也不能贊成用剝奪民眾的方式來走向資本主義。所以，當時有些馬克思主義者說：斯托雷平的改革我們仍然要

反對，因為它還不夠徹底，還保留了很多俄國的舊制度。可是列寧不同意這個說法。列寧說：斯托雷平比我們都徹底，因為我們原先提出來的那些主張，斯托雷平都實現了。在斯托雷平改革以前，是俄國社會民主黨提出農民要有退社的自由，農民要擺脫村社束縛，獨立地走向市場。列寧還特別指出：這是當年社會民主黨土地綱領的唯一內容。

陳：列寧當時的立場是什麼？

秦：列寧在當時的論戰中，是想要為反對斯托雷平尋找理由。民粹派要反對斯托雷平改革是很容易的，因為民粹派是反對市場經濟的，是主張捍衛農村公社的。那麼，馬克思主義者憑什麼反對斯托雷平？馬斯洛夫的理由就是，斯托雷平搞市場經濟是對的，但是不夠徹底。很顯然，這個說法說服不了人。所以列寧才說斯托雷平比我們都徹底，怎麼能說他不徹底呢？

事實上，這也正是我們這些持反對派立場的知識分子在1992年以後的困境。我們以前說中國應該搞市場經濟，但是現在鄧小平都搞了，而且搞得比我們想像的還要極端。我們從來沒有設想過國有資產可以隨便送人，工人想攬走就攬走，但是他都做了，那怎麼還能說他不激進？列寧當時要解決的就是這個問題。

列寧講，我們不主張恢復農村公社——這是我們和民粹派的不同點。但是我們也不能贊同只要瓦解了農村公社、實現私有制，怎麼搞都行——這是我們和斯托雷平不同的一點。我們也不認為斯托雷平不夠激進、還想保留農村公社——這是列寧跟馬斯洛夫的爭論點。

列寧說，斯托雷平代表了普魯士道路，而我們堅持的是美國式道路。美國式道路的前景是什麼？照列寧的說法，就是搞獨立農莊，也就是搞分家，就是民主的分家。他那個話講得很清楚，說獨立農

莊可以解決俄國中世紀的一切問題，搞了獨立農莊俄國就不會有饑荒。但是真正的問題在於：誰應該在這個過程中支付代價？實際上，就是誰把誰趕出去的問題。我認爲列寧講得很到位，他談的其實就是「民主分家」與「專制分家」這兩種選擇。

　　當然，在1917年以後，列寧就不再這麼講了。

二、當代中國的左派與右派

　　陳：您能不能以俄國作爲參照，更具體地說明一下1992年後中國的局勢？

　　秦：不管是權貴私有化還是民粹派，這兩種觀點我們都不能接受。但是在1992年以後，這兩種觀點卻變成了中國的主流。

　　用我的話講，「怎樣分家」的爭論，比起「要不要分家」的爭論更要鬧得你死我活。因爲第一，你原來在爭論要不要分家的時候，其實雙方都還是有溫情脈脈的一個面紗在那裡罩著。可是一旦要分家，就完全撕破臉了，而且雙方的利益取向都變得非常明確。第二，如果你把家產都獨霸了，然後把我們都踢出來，那我們能服氣嗎？雖然被踢出來了以後，我們不見得就比原來過得差，但是因爲分家不公，我們還是很不滿。這就是1992年後中國的寫照。

　　在俄國的斯托雷平時期，至少在1914年開戰以前，一般老百姓的生活也不比1905年以前差。這是很明顯的，也是當時反對斯托雷平的人都承認的，包括列寧也都不得不承認。但是大家的不滿就是比以前要強烈得多了。

　　陳：您提到，1992年以後中國有兩種主流觀點，一種是支持權貴私有化的右派觀點，另一種是民粹左派的觀點。用您的話來說，這個分歧是斯托雷平式的改革（一種「專制分家」）所導致的。但您

既不同意權貴私有化，也不贊同民粹左派，而主張中國走憲政民主的道路。能否請您進一步談談您對中國左派和右派的批評？

秦：這個問題就涉及到很多東西，涉及到怎麼看待福利國家的問題，怎麼評價新自由主義的問題，以及怎麼評價老自由主義的很多觀點的問題。

在憲政國家，左派反對自由放任（現在的說法是「新自由主義」），右派反對福利國家，這是很自然的。因為憲政民主國家的權力來自民眾授予，授予的唯一目的就是要你承擔責任提供服務。要你承擔更多責任保障福利，就得給你更多權力；怕你妨礙自由，就給你更少權力，就無法要求你承擔更多責任。但權責對應則是兩者共同的，權大責亦大，責小權亦小，這就有了二者擇一的問題。

但專制國家則不然，它的權力並非來自民眾授予，也無須對民眾承擔責任。這就會造成權力不受限制，責任也不可追問。權力太大則民眾自由少，責任太小則民眾福利少，兩者同時發生。這樣就不存在二者擇一的問題。面對權既不受限、責亦不可問的統治者，當然就應該限權與問責並行。

面對專制國家，一方面我嫌你盡的責任不夠，沒有為我提供更多的服務；另外一方面我又嫌你的權力太大，老是剝奪我的自由。所以，我要限制你的權力，要追問你的責任。專制國家的問題是權力太大而責任太小，但是到了憲政時代就沒有這個問題了。因為憲政時代自然而然的，權力和責任就是對應的了。左派說我要你承擔那麼多的責任，所以我不能不授與你更多的權力；右派說權力太大非常危險，所以我也不指望你承擔太多的責任。但是左派右派都共同不能容忍的，就是你只有權力而沒有責任。實行憲政以後，這種權力和責任不對應的問題就沒有了。

陳：從這個角度來看，當代中國的左派右派都有些盲點，是吧？

　　秦：我在美國曾經有過一次演講，回答過一個人的問題。他說他不明白中國現在是左派得勢還是右派得勢？如果是左派得勢，爲什麼對勞工這麼糟糕？如果說是右派得勢，爲什麼很多中國人現在大批新自由主義？我說道理很簡單，因爲你們西方國家的左派右派，在我們中國都不可能得勢。因爲你們的左派老要追問政府的責任，你們的右派老要限制政府的權力，但是這種左派或右派都是中國政府不喜歡的。**我們中國政府喜歡左派爲它擴大權力，喜歡右派爲它推卸責任**。所以我覺得在中國，你得不得勢，不在於你是左派還是右派，而在於你乖不乖。你作爲左派，要爲它擴大權力，但是不要追問它的責任；你作爲右派，要爲它推卸責任，但是不要限制它的權力。當然啦，最好、最乖的立場，就是既反新自由主義，又反福利國家。你反新自由主義，那我可以把自由弄得小小的；你反福利國家，那我可以把福利也弄得小小的。如此一來，人民既沒有自由也沒有福利，政府卻可以權力最大而責任最小，這是它最喜歡的。

　　所以我最近有篇文章，標題就是「爲自由而限權，爲福利而問責」。既主張福利國家，向國家問責；又要主張自由主義，也就是限制國家的權力。其實我覺得，憲政民主就是在「限權」和「問責」這兩個過程中實現的。一方面你不斷地強調爲自由而限權，去限制國家的權力；另一方面你不斷地強調爲福利而問責，你不斷地要求它、強迫它承擔責任。這樣的話，它權力太大而責任太小的狀況，就會逐漸得到改善。到最後，當它的權力和責任對應的時候，我們離憲政就很接近了。

三、「福利國家」與「官僚資本」

陳：您主張福利國家但反對俾斯麥主義，對嗎？

秦：我反對俾斯麥的專制主義，但是我當然贊成當時社會民主黨的社會福利要求。社會民主黨向國家要求福利，這我從來是贊成的。但是俾斯麥以搞福利國家為理由來限制自由，我當然是反對的。

什麼叫福利國家？魏瑪共和時期出現的德語Wohlfahrstaat和二戰期間英國威廉湯樸（1881-1944）啓用的Welfare state這個詞，都是指民主國家。專制國家當然也可以搞福利，但那是皇恩浩蕩，賜給了你得感恩謝主，不賜給你也不能索要。只有民主國家，公共福利才能成為國民要求於「公僕」的一種責任，有了理所當然，百姓無需感謝；沒有就要問責，當政者難辭其咎。瑞典「從搖籃到墳墓」都是政府責任，有誰為此山呼萬歲？瑞典右派不喜歡福利，但他們執政時也不能不搞，為什麼？老百姓要你搞，不搞就請下臺！哪像毛澤東時代的中國，農民沒餓死就得感謝「大救星」，餓死了你也不准抱怨！這是第一。

第二，民主國家有高福利如瑞典，低福利如美國，但高福利、低福利都是照顧弱勢者、照顧窮人的，都是增加平等的。低福利無非是照顧得不夠，或者只照顧最弱勢的，不管次弱的。但專制國家的福利通常是強勢者的特權。用黃宗羲的話說就是「利不欲其遺於下，福必欲其斂於上」，我稱之為「負福利」，它是增加不平等的，比「零福利」還不如。我國過去工資差別不是很大，但福利「待遇」等級森嚴、天地懸隔。不平等主要就是由「負福利」造成的。

例如：美國的國家醫療福利Medicaid和Medicare只管國民中占18%的老人和最窮人，不像歐洲醫療福利往往全民覆蓋，因此被指責為福利太低。而中國過去的公費醫療覆蓋率絕不會比美國高，但卻是從高官覆蓋起，大多數國民尤其窮人是沒有份的。前衛生部副部長退休後曾披露說：中國公費醫療的錢80%花在官員身上，毛澤

東都說那是「城市老爺衛生部」。

再如：美國從沒聽說給總統分房，但失業黑人可以申請福利公屋，當然公屋區治安惡劣被詬為slum，為高福利的歐洲人恥笑。但中國卻是相反，官員享受國家配給的豪宅（過去是終身享用，現在更是送你成了私產），而工人多住「工棚」集體宿舍，占人口絕大多數的農民只能自營其窟。而沒有「單位」的失業者，不要說「分房」了，自己蓋個窟還是「違章建築」要被抓；如果流浪街頭，甚至有可能像孫志剛那樣被「強制收容」後死於非命。

這樣的「負福利」體制，如今卻被「左」「右」兩邊的一些朋友套進「自由競爭還是福利國家」的假問題中。「左派」把毛時代的負福利當作「福利國家」，抱怨改革破壞了它；而「右派」則在一個負福利之國極力排斥正福利，似乎政府不管百姓死活就是「自由秩序」了。

我認為在負福利體制下根本不存在「自由還是福利」的問題。對特權化福利，我就是極端自由主義者，亟欲取消之。而弱勢者的福利中國過去幾乎沒有，現在是急需建立的問題，何談取消？在這方面我就是「社會主義者」。中國現在既需要增加自由（為此要對政府限權），也需要增加福利——當然是正福利（為此需要對政府問責）。如果說前者就是右派，後者就是左派，那我大概就是「既左又右派」了。

我覺得，如果真正要從西方的左派傳統中尋找資源，與其找新左派，還不如找老左派。我所謂的老左派並不是指毛派，而就是馬克思那個年代的歐洲左派。在那個年代，馬克思面對的歐洲各國政府，還都不是我們現在看到的憲政民主政府。基本上面對的都還是俾斯麥啊、比俾斯麥還不如的那些人。馬克思他們那一代的社會主義者，很多的問題意識是從面對這類專政政府中產生的，包括我提

到的，馬克思就認爲那時的「國家干預」比自由放任還糟糕(基本上類似於我剛才講的「負福利」)。17世紀主張國家管制的重商主義，不如主張自由貿易的重農主義；18世紀主張國家管制的德國歷史學派，不如主張自由競爭的英國古典學派；柯爾貝不如魁奈，李斯特不如亞當斯密，爲什麼？就因爲那時的國家是專制國家。**左派贊成國家干預，是以這個國家是民主國家爲前提的。**這是我們每個學過馬克思主義的人都知道的。

　　其實就不要扯到馬克思了，就是中共自己在野的時候，對這種問題都很清楚。過去有人編了本《歷史的先聲》，把中共當年反對國民黨一黨專政、要求憲政民主的言論輯到一起。中共那時要求民主(而且明說是「西方式的民主」、「美國式的民主」)的言論比今天的海外民運都高調。後來官方禁了這本彰顯自己「光榮歷史」的書。這本書涉及的是政治，但經濟又何嘗不是如此？國民黨經濟上搞國家管制國家壟斷，共產黨同樣罵得厲害。那時共產黨把中華民國的國有資產叫「官僚資本」，而私營企業叫做「民族資本」。「官僚資本」被列爲罪惡的「三座大山」之一，而國有經濟排擠民營經濟，那時被共產黨叫做「官僚資本摧殘民族資本」。據說就是因爲國民黨不民主，所以它的國家管制就是罪惡；那時共產黨爲民營經濟擺脫國民黨管制大造輿論，也不下於今天左派抨擊的新自由主義經濟學家。但是共產黨掌了權，國有資產換塊牌子就從最「反動」的東西變成了最「先進」的東西。同樣是國有經濟排擠民營經濟(比過去還厲害得多)，現在就不是「官僚資本摧殘民族資本」，而變成「先進的社會主義改造落後的資本主義」了。所以我最近曾經說：市場化經濟改革其實根本不需要什麼「思想解放」，只要把共產黨當年的說法拿過來，讓「民族資本擺脫官僚資本的摧殘」，不就是對民主的私有化運動最好的解釋嗎？

　　而20世紀最令人啼笑皆非的歷史玩笑，就是支持「民族資本擺脫官僚資本摧殘」的人過去被稱為左派，今天卻被稱為右派？！到底發生了什麼變化？按共產黨自己最正統的解釋，專制國家的國有經濟被「四大家族」控制，所以是壞東西；現在歸「民主政府」了，「回到了人民手中」，就變成好東西了。這個說法其實是符合國際左派邏輯的。過去迪斯累利、俾斯麥的「福利國家」都是右派支持，而左派那時是反國家管制的。左派支持福利國家，是以「民主政府」為前提的。但是問題在於：今天的中國真的有了「民主政府」嗎？今天中國的國家管制與國有經濟，是「官僚資本」呢，還是「民主福利國家」？

　　現在的西方新左派，已經完全沒有這個問題意識了，因為他們面對的都是20世紀以後的憲政民主體制。中國左派還不如從西方老左派那裡去吸取資源，包括他們對專制政權的抵制。

　　我最不能接受的，就是現在新左派大批新自由主義，右派大批福利國家。理論上我完全同意，不管是新自由主義還是福利國家，都有很多毛病，這一點我想你也會同意。而且這兩者，應該說現在都處在危機之中。但是在中國，我們面對的根本就不是這種問題。

四、「超越」？「折衷」？還是「共同底線」？

　　陳：您曾經提出「共同底線」論，主張中國左派右派共同為憲政民主奮鬥。能否請您說明「共同底線」的意義何在？

　　秦：我有位朋友去了一趟美國和瑞典，然後他回來就說，美國和瑞典的制度都很不好，我們都不能學。他說美國太強調自由、不管窮人、福利太少，這些我們不能學；瑞典的制度也不好，因為福利搞得太過分，搞得大家都沒有創業的積極性了，所以我們也不能

學。可是後來我就說，你如果說美國的自由太多，我們學不了，那我們可以學他們的福利嘛。美國人的福利在瑞典看來是很低的，但比我們中國人現在享有的福利還是高得太多了。瑞典也是一樣，你說美國人看來瑞典是個很不自由的國家，但是瑞典人享有的那些自由我們中國人能享有嗎？

陳：主要差異似乎在於經濟重分配的程度，其實瑞典人享有的自由權利不少於美國人，甚至多方面超過。

秦：你講的是政治自由，但即使是經濟自由，瑞典也不過是再分配的比例較大，對於再分配之後給個人的那一部份產權，它也是保障得很。比如說，瑞典不可能有強行徵地拆遷這種事的嘛。不可能明明是老百姓的東西，國家想搶過來就搶過來，不可能這樣搞的嘛。瑞典國家也不可能搞戶口管制，取消遷徙自由，對進城農民搞野蠻「城管」吧？所以我覺得中國現在老實說，自由不需要像美國那麼高，瑞典那麼高也行。福利也不需要像瑞典那麼高，美國那麼高也行。我們現在離這個還相差很遠。

陳：這樣聽來，「共同底線」似乎是憲政民主左派與憲政民主右派的「憲政民主」交集？這是超越左右嗎？

秦：恐怕還談不上超越。「超越」是你的要求比人家更高，比如你要求比美國更大的自由，同時又要求比瑞典更高的福利，兩者都超出現有的，那就是「超越左與右」了。但我講的也不是調和或者折衷。如果你要求的福利低於瑞典但高於美國，你要求的自由低於美國但高於瑞典，就是說兩者都是居中的水準，那才叫折衷。但是我們現在要求的，是福利總不能低過美國吧，自由總不能低過瑞典吧，這就是「底線」了。這個底線是人家早已越過、而我們還達不到的，談何「超越」？如果我們的福利不僅達不到工黨的要求，甚至達不到保守黨的要求；如果我們的管制和壟斷不僅保守黨不能

容忍，連工黨都不能容忍，這還能講「超越」嗎？

所以我說：我們的自由和福利至少要達到底線，然後我們才能爭論：是接著把福利再升到瑞典的水準呢，還是把自由提升到美國的水準？或者，兩者都升到美國與瑞典之間的「折衷」水準？再有雄心的，才可以談論「超越」。

有人質疑說，談問題不能這麼急功近利，就只談眼前的。比如說，將來中國如果實現憲政民主，那你講的「共同底線」已經達到了；到了那個時候，要是左派和右派發生爭論，那你又是支持哪一邊？

對於我來講，自由主義和社會主義的這種爭論，涉及到人性中很難解決的一些問題。老實說，我既不像現在的左派朋友，也不像現在的右派朋友那麼自信，我寧可承認我還是一個比較笨的人。我認為社會主義事業也好，自由主義事業也好，它的生命力都不在於有多少人擁護這種意識形態。比如說東歐，儘管它的產權改革是在民主化的條件下搞的，比我們要規矩得多，沒有中國搞得那麼黑；但是東歐人進入市場經濟，照樣還是有覺得很不自在的地方，因為這東西還是有風險，還是有不確定性。也就是說，現在東歐左派的主要基礎，並不在於東歐有多少人希望有一個盡善盡美的平等社會，而在於大部分的人在市場經濟劇烈競爭的情況下，有沒有迴避風險、追求安全的這樣一種取向。如果用一種比較貶抑的話來講，那就是每個人都有怯懦的一面，都需要一種保護。

反過來講，自由也是一樣。我相信即使在西方，不自由毋寧死的人也極少極少。但是如果人們有私心（不是「性惡論」講的人必然自私，而是說你不能排除人可能自私），那自由制度（經濟上靠交換不靠分配，政治上權力必有制衡）就會有無法取代的生命力。按照我的說法就是，自由主義之所以有生命力，並不是因為有多少人特別

愛好自由，而在於天底下沒有哪一個國家能夠完全把人的自私這一面給搞掉。

　　所以我覺得社會主義與自由主義，兩者都有人性局限的根基在裡頭。沒有一批無私的理想主義者，社會主義不會有道德感召力；猶如沒有一批「不自由毋寧死」的錚錚勇者，自由主義不會有道德美感一樣。但如果只靠這兩種人，這兩個「主義」只能供「思想家」把玩而已。它們能成得了那麼大氣候，都是因為迎合了人性的不完美。如果「工人階級」真是「毫不利己專門利人」，他們怎麼會對「被剝削」不滿？怎麼會追求增工資減工時？如果人人都不自由毋寧死，工人都去當流浪漢，餓死也不願受雇傭被管理，資本主義還能存在嗎？人性中有自主而滿足欲望的要求，也有求庇護以躲避風險的要求。人們都會在兩者間權衡，願意交出一些自由，換取一些保護，只不過每個人的「開價」不同而已。有人更依賴保護而願意多交出一些自由，他們就投了左派的票；有人更重視自由而寧願少一些保護，他們就是右派的選民。這兩種人未必就是什麼「主義者」，但他們的存在就分別支撐了兩種主義之不滅。社會主義者做不到人人無私，自由主義者難道能做到人人自強？但是我們起碼應該做到一點，就是讓人們能夠按自己的權衡做出選擇，這就是「共同底線」了。

　　到了中國人真正能夠自由選擇的時候，我覺得人們到底選擇哪一種，就是哪一種。或者，多授與國家一些權力，讓國家多承擔一些責任；要不然，少承擔一些責任，但是也少給它授與權力。我覺得像這樣的問題，與其說是要從純理論的視野去尋找答案，不如說更重要的，它是在一個動態的歷史過程中去尋找解決方式。

　　用我的話來說，如果你原來的分家是公平的，那麼你現在多一點自由，多一點競爭，少一點保護，我覺得是可以的。但是如果分

家分得很不公平，比如說掌權的人把大家的東西都搶過去，把你一腳踢出去，然後說我現在要競爭了，你們「只不過從頭再來」（按：這是世紀之交中國中央電視台反覆播送的一首「下崗工人之歌」歌詞）吧，那怎麼可以呢？在這種情況下，只能有兩種選擇。一種就是搞一場清算、推倒重來。但如果這樣，社會要付出很大的代價，所以我也不傾向這種做法。如果不想這樣做，當然也就不能迴避事後彌補的工作，就不能迴避所謂的高稅收高福利、所謂的二次分配的合理性。這是第二種選擇，它實際上是在取代那個推倒重來的第一種選擇。諾齊克我就不用說了，因為諾齊克本來就主張要矯正的。哈耶克是不主張矯正的，但是哈耶克在面臨這兩種選擇的時候，我相信他也是主張寧可高稅收高福利，而最好不要推倒重來。

　　陳：在1990年代的自由主義與新左派論爭中，您是「政治自由主義」陣營裡面最早談社會公正問題的。當時，其他的政治自由主義者也意識到了這問題的重要性嗎？

　　秦：他們當時在公開場合表的態都是不反對談公正，而且他們經常引我做例子，說我們不是也有人在談這問題嗎？但他們自己談得很少。通常的一種解釋就是，他們不是搞經濟學的，他們不知道這個東西該怎麼談，但是他們是支持的。是他們自己說，他們和張維迎那些人是不一樣的。用徐友漁的話來說，政治自由主義者和經濟自由主義者是不一樣的。而我和徐友漁的分歧在於，我不認為像張維迎那種主張，就是經濟自由主義。當然這是就張維迎發表的文字而言，他說他有些話不好講，這我就不知道了。但他公開的文字中就沒有說自己主張什麼「主義」，友漁何必給他掛這個牌？

　　很極端的經濟自由主義，是可以贊成百分之百的私有化的。經濟自由主義極端不極端，其實就表現在它的方向上。不那麼極端的，也許主張80%的私有化；更極端的，也許主張100%的私有化。但是，

在「怎樣私有化」的問題上，不存在著極端不極端的問題。再極端的經濟自由主義者，就算主張100%的私有化，也沒有要你這樣搶啊！劉軍寧有一次跟我說，我們那些經濟學家總有這樣一種想法：現在反正不能搞民主，而我們知道國有企業有很多毛病，所以不管怎麼腐敗怎麼不公平也要把它搞掉。我說，這個說法我也能理解。但前提是共產黨要明確表示：國有資產就這麼多，搞掉就真搞掉了。可是當局從來就沒有承諾過這一點，當局從來都是一手搞私有化，另一手同時又搞國有化。它既侵犯國有財產，又侵犯老百姓的私有財產。它把老百姓的私有財產，用左的那一套搞到國庫裡頭；又用右的那一套，把國庫裡的財產搞到自己口袋裡頭。所以，張維迎的那個說法有什麼根據呢？私有化搞了20幾年，國有財產越搞越多，這是什麼極端的經濟自由主義？根本就沒有這一套。

五、低人權、高競爭力的發展模式

陳：國有資產的比重不減反增？

秦：共產黨現在每天都在搞國有化，那種所謂的國家財政占的比重，每年都以30-40%的幅度在增加。國家在經濟整個盤子中拿去的那一塊，越來越大，只不過很多都表現為金融資產。中國的國有企業如果就資本總量來講，從來就沒有小下去過。曾經一度有國退民進的說法，但是前幾年，早在郎咸平爭論之前，就已經出現了國有壟斷部門開始擴張的勢頭。這個趨勢到現在已經有5、6年了。

賣掉的，就是那些他們想甩包袱的。而且這整個過程，除了抓大放小以外，還有不斷地用大的去吃掉民間小的。典型的就是石油，在陝北不是沒收了很多民營的石油企業嗎？再加上在徵地拆遷這類問題上，那是明目張膽地在沒收私有財產。再一個就是，國家拿走

的國民收入太多了，不光是稅收，還包括行政性收費，「賣地財政」，包括各種各樣的調撥行為。

國家把這些東西拿去了，張維迎還說，國家想給誰就給誰。張維迎那種說法老實講是鼓勵了左派，鼓勵了不道德的左派去支持國有化。所以我覺得，今天中國的國有化也好，私有化也好，就是都得反對。就是不能讓它用掠奪老百姓私有財產的方式來搞國有化，也不能讓它用偷盜公共財產的辦法來搞私有化。

　陳：國家掌握了那麼龐大的經濟資源，其中有多少是用於二次分配？

　秦：拿出來搞二次分配的錢很少。即使拿出些錢來搞二次分配，大部分並不是分配給窮人，而是分配給有權有勢者的。比如說住房公積金改革，它明擺著就是誰收入越多，誰得到的補貼就越多。高工資的，國家再補一塊；低工資的，補的就比較少；沒工資的，國家就不補。經濟適用房也是一樣。實際上，政府從農民那裡以給低收入者蓋房為理由，搶了他們的土地，給的錢很少，首先就坑了農民一把。然後再用這個土地，蓋了100多、200多平米的房子，我稱之為廉價豪宅，再賣給富人，其中很多都是有權力背景的人。現在還有人公然地說：如果真的按照很多群眾的要求那樣，都建成八十平米以下的小戶型，賣給低收入者，中國就會出現貧民窟！幸虧只是騙了他們一把，「歪打正著避免了貧民窟」！

　陳：最近出台的勞動合同法，您怎麼看？

　秦：勞工權益在中國是個大問題，其要害一是工人不能自組工會，集體談判，自主維權；二是國家權大責小，只聚斂不保障。中國早就應該制定勞工法，但現在這個法管什麼用？兩個要害一個也不觸動，只是進一步給國家擴權，國家可以整雇主也可以整勞工，一切都由政府說了算。變成這樣一種模式，我覺得當然很有問題。

就是國家不承擔責任，把保險費用都轉嫁到雇主和雇員。其他國家就多種多樣，有些是國家大包大攬的，有些是國家和企業雙方的，有些是國家、企業和雇員三方的。但是都有國家的這一塊，偏偏中國不是這樣。在我們中國，只要國家財政一掏錢，就是負福利。它一掏錢，往往就是讓那些有權的人得到更多，這非常缺德。

陳：您最近有篇文章說，中國目前這種低人權、高競爭力的發展模式，可能會通過跟世界接軌，對世界造成負面影響。

秦：其實道理也很簡單。像中國這種低人權的狀態，如果是在封閉的條件下，它是不可能有奇蹟發生的。現在的北朝鮮也低人權，比中國更低。中國改革以前也是低人權，但是它並沒有什麼經濟奇蹟。我的意思是說，低人權在開放的背景底下，是可以有一種所謂的競爭力的，就是所謂的劣幣驅逐良幣。關於這一點，一個參照就是南非。南非當年是非洲經濟發展最好的國家，也是世界上發展比較快的國家；因為南非一方面對外開放，另一方面把黑人當作一種既不給自由也不給福利的勞動資源來加以使用。但是你看，南非民主化以後，它的競爭力就下降了。南非黑人的處境是比以前改善了，但是南非在國際貿易、國際競爭中的那個競爭力，包括最近世界銀行給它的排名，都降低了不少。

像目前這樣的全球化，其實只有市場全球化，而沒有人權全球化。那麼很自然的，**資本就從高人權的地方向低人權的地方轉移，商品就從低人權的地方向高人權的地方輸出**，把高人權的地方的產業都給替代掉。我們知道，發達國家的勞動階層的處境，比100年以前有很大的改善。現在西方左派反對全球化的理由是什麼？就是因為全球化造成了他們資本的流出，還有像中國這樣低人權國家的廉價商品，或者說血汗工廠的商品的大量輸入。講得簡單一點就是，他們的資本現在不過剩了，因為可以跑到中國來；而他們的勞動力

比以前更過剩了，因為中國貨把他們的工作替代了。所以西方左派反全球化，我當然能夠理解。但是中國的「左派」跟著反的理由何在？要知道那種過程在中國是相反的：對中國來講，資本大量流入，就不再那麼稀缺了；我們的產品向西方輸出，也使得我們的勞動力不再那麼過剩；而如果我們的產品失去了國外市場，我們的勞動力要比現在過剩得多。像這樣一種資本和商品的相對流動，應該說是不利於西方的勞工階層或弱勢階層的，理論上是有利於我們的勞工階層或弱勢階層的。它之所以實際上並沒有給中國的勞動階層或弱勢階層帶來多少好處，主要是由於政治原因。

陳：是說勞動階層沒有組合權利？

秦：中國的勞工階層根本就沒有討價還價的機制，既沒有工會，也沒有參與談判的能力。儘管資本輸入商品輸出，本來是有助於提高勞工的談判地位的，但是礙於中國的政治體制，這種談判地位並沒有成為現實。

在這種情況下，假如中國真有左派，你說他應該持什麼態度？我認為左派應該持的態度，不是抵制這種經濟全球化，把人家的資本攔住，也不是把我們的商品給扣下來。我們不出口，他們資本也不進來，如果是這樣，我們的勞工階層不更過剩嗎？我們的資本不更稀缺嗎？勞工的談判實力不更下降嗎？那麼左派應該做的是什麼呢？我覺得左派應該指出的是：光有市場的全球化是不夠的，還要有人權的全球化，還要有共同的人權標準。

共同的人權標準不一定是共同的工資標準。根據勞動力的供求，根據國家的發達與否，中國的工資水平可以比別人低些。但是發達國家的工人能組織工會，中國的工人卻不能組織工會，這種低人權就完全沒有道理。我們可以試想，中國的工人即使有了工會，他們的工資標準也不會達到美國的程度，但是絕對不會像現在這樣

處於完全被宰割的狀態。所以我說，西方的左派反對經濟全球化，
完全可以理解。但是中國的左派，如果他們真是左派的話，就應該
提出人權全球化，而不是連市場全球化都要堵住。可是現在提出人
權全球化的人，恰恰被認爲是右派。中國的左派積極主張中國的人
權標準要不同於西方，講得簡單點就是中國人沒有資格享受西方人
那種自由。如果說右派有這種觀點還可以理解，左派有這種觀點，
那不是有點太奇怪了嗎？

六、沒有三農問題，只有一農問題

陳：您長期研究農民學，怎麼看所謂的三農問題？

秦：我從來不認爲有三農問題，我認爲只有一農問題，就是農
民問題。而且所謂的農民問題，指的不僅僅是種田人的問題，主要
是指在中國體制下受到歧視的農業戶口居民的問題。農民在鄉下受
到歧視是問題，在城裡受到歧視也是問題。隨著改革時代兩億農民
進了城，現在農民問題越來越變成是城裡頭的問題，其他的問題都
是從農民問題派生出來的，都是人權問題。

你說農業有什麼問題？在國際上農業問題其實指的就是兩種：
一種是很多不發達國家的農產品供應不足的問題；另一種是發達國
家的農產品過剩的問題，像歐洲、美國，包括台灣的某些農產品也
有過剩問題。但是中國現在，第一，農產品供給的問題，大體上是
可以解決的，不存在著什麼農產品的供應危機。第二，中國明擺著
不可能成爲農產品出口大國，中國從來沒有這種政策取向，也從來
沒有這個目標。在這個問題上，法國就跟美國叫板叫得很厲害，因
爲法國是世界第二大農產品出口國。但是中國顯然不可能成爲農產
品出口大國，整個政策導向也沒有朝著農產品出口大國的方向發

展。所以說,「農業」問題在如今的中國並不突出。

農村也一樣,你說農村有什麼問題?工業化城市化造成人口遷移,農村「衰敗」,但假如農民進城後能夠過得好,這是「問題」嗎?假如農民在城裡被欺負,在農村也被欺負,這當然就是大問題,但這能叫「農村問題」嗎?為什麼不是城市問題呢?農民如果願意跑到城裡來,在城裡可以待得下去就待下去,那有什麼問題?他在農村待得好好兒的,他就在農村待得好好兒的。現在的問題是,農民在鄉裡待得好好兒的,但是人家就要圈他的地;農民在城裡想要待下去,人家卻不允許他們在城裡頭有家庭生活。我覺得現在越來越大的問題,就是農民工的問題。它現在已經不光是原來那個拖欠工資的問題,而是越來越變成一些更加宏觀的歧視問題。

比如說「三證」(「農民工」必須辦的一系列證件的俗稱,各地規定不一,北京的「三證」是暫住證、務工證、計劃生育證),就像過去南非黑人勞工必須攜帶Pass一樣,沒有就被抓起來做苦役。現在由於「孫志剛事件」引發抗議,比較溫和了,主要改成了罰款(南非後來也是這樣「改進」的)。我覺得稅費改革以後,主要的問題倒不是什麼農產品生產資料的價格上漲比農產品價格上漲還要快。這個問題在各個地區、各種農產品產區的情況是不一樣的;有的是農產品漲價快,有的是生產資料漲價快,不能一概而論。但是「三證」這樣的歧視怎麼說?種族隔離時代南非黑人勞工辦Pass還不用交錢,而我們的「農民工」辦「三證」,過去常常要付出相當於打工一個月的工錢!現在少點兒了,但如果「三證不全」被罰款,那就慘了。農村的人打工就要交這筆錢。城市裡只准他們打工,是不准他們在城裡安家的;雖然沒有明確這樣講,但政策取向就是這樣。國家不給他們蓋廉租房,他們也買不起商品房;要是他們自己蓋那種比較簡陋的建築,政府就說是貧民窟要取締的。

　　而有人居然大聲叫好，說中國不准窮人蓋「貧民窟」是個偉大的奇蹟！但他就不說這些打工者是在何處安身。現在實際上是讓他們把家留在鄉下，自己單身住集體工棚，賣苦力到30多歲，就打發你回鄉自生自滅了。中國左派很荒唐的一點就在這裡。國外的左派批評貧民窟，那是罵政府的，是說貧民值得同情，說政府應該改善他們的住房。國內的左派鼓吹反對貧民窟，其實是針對遷徙自由的，是說根本就不應該讓農民進來安家；是說農民蓋的房子都是違章建築，都是給社會主義抹黑的東西，更應該把他們趕走。中國城市，尤其是廣東那樣的地方，每隔幾年就大規模地展開所謂的拆違運動，就是清除違建運動。就是派出一大幫警察、城管，把打工者蓋的那些棚戶都給拆掉，甚至放一把火燒掉。在深圳，曾經一次就驅趕過100萬人。以前的南非也做不到這一點，你說這是不是低人權？

　　陳：有種說法是，沒有所謂的三農問題，因為問題都在三農之外。

　　秦：不是，三農問題就在農民，三農問題就是農民問題，農民問題就是農民的權利問題，或者說就是人權問題。

　　其實中國的農民問題，就相當於過去白人統治時期南非的黑人問題，幾乎完全一樣的。而且南非搞的黑人家園，就相當於我們一些人主張的新農村建設；目的就是為了讓農民回去，南非搞的黑人家園也是這個意思。你可以來打工，但是你不能在城裡安家，還是要你回去。政府可以提供一點錢，在鄉下給你修一些路啊等等，那可以。但是你不能在城裡扎根。

　　陳：中國農民現在應該還有8億吧？

　　秦：9億。

　　陳：在西歐整個資本主義發展、工業化的過程中，人口跟中國相比是非常少的，而且還移民出去、殖民出去。現在中國有13億人，

其中還有9億農民,而如果農民的生存條件惡劣,未來怎麼搞民主化?您是否認為,目前這種發展路徑增加了中國搞憲政民主的成本?

秦:一旦民主化,這些人就成了暴民,你是這個意思嗎?

陳:不是,我不是從保守派的立場這樣講的。政治保守派會說,我們還有這麼多農民和窮人,所以你不要喊民主。而我的提問是,現在這個發展路徑似乎不利於憲政民主的長期實現。靠目前這種發展路徑,要吸收9億農民還是很難的、很慢的;如果沒辦法吸收,至少要給農民某些起碼的待遇。如果這個公正問題沒有一個適當的、不要說全盤的解決,如果不能讓它不這麼嚴重,那對憲政民主道路似乎是不利的。留著這個問題,當局不是綁票你嗎?我留這麼多問題給你,你敢民主化?你敢民主化就天下大亂,所以你還是要支持我。政治保守派的自我實現邏輯不就是這樣?

七、所謂中產階級問題

秦:正是因為這一點,所以我們說,目前這個改革模式是很成問題的。有些人說什麼經濟改革自然會導致政治體制改革,這不但不對,而且還有可能導致相反的後果。這相反的後果包括兩個層面,一個就是使得既得利益者越來越不想改革。他的權力那麼大責任那麼小,何樂而不為呢?我覺得統治者要想改革,肯定要有一個前提條件,就是他的責任推卸不掉、權力又很難擴張。他的權力不能任意行使,但責任又不能想推就推,在這個情況下,他就有可能跟你討價還價了。你給我多少權力,我給你承擔多少義務,給你提供多少服務,一旦有了這種談判機制,憲政機制就開始形成了。現在,我們還看不出有這種談判的可能。他的義務可以一點都不盡,權力

卻可以大得無邊，那怎麼談？

　　再加上，如果不公平積累到一定程度，真的要搞民主的話，那興許還真是會搞成那種寡頭主義和民粹主義的雙向互動。這完全是可能的呀！但是我說，這恰恰說明目前這種做法會帶來很大風險。既然這樣，我們從現在開始就要對著幹。所以我說在今天的中國，左派右派都有存在的理由，但都得走在「限權」與「問責」的道路上。

　　陳：在今天的中國社會，您認為政治民主化的動力何在？

　　秦：我覺得這個問題很可能會像以前那樣，變成一種階級分析法。就是說哪一個階級是民主的、或者是現代化的進步力量，哪一個階級又是保守的力量。一開始有人說工人階級是進步的，現在有人說中產階級是進步的。我在跟佩里安德森談話的時候，就談到一點。我說，世界上根本沒有哪個階級是天生的進步階級，或者是天生的保守階級。就像分家這個問題，我說如果某個分家方案有利於他，任何人都可以成為分家派；但是如果不利於他，任何人都可以成為反對分家派。改革初期農民擺脫農民公社的時候都是很主動的，但是工人卻常常是反對國企改革的。你能說農民比工人更進步嗎？更西化嗎？那根本不是這樣。無非就是，我們的第一步農村改革要比國企改革更公平一點，至少農村改革是一人一份地分掉了公社的土地，不像國企改革讓一些人當了老闆、另一些人當了打工仔。所以我說，如果我們希望中國的改革乃至通往憲政民主的改革，能有更多的可能性，那就要使改革盡可能地符合公正原則。如果你不主張憲政民主也就罷了，如果你主張，那尤其要強調這點。最可怕的莫過於主張憲政民主的人認為公平是無所謂的，然後公平這種主張，就被類似於拿破崙波拿巴的那些人，類似於阿根廷的裴隆那樣的人拿去利用。

陳：歷史上，自由派有時候是跟寡頭派合作的。一旦兩極一拉開，自由派就被迫選邊站。如果改革很不公平，「反寡頭」還是「反民粹」就變成了一種很不幸的非此即彼。

秦：有一些自由派就是跟寡頭派合作，但也有一些自由派本來並沒有跟寡頭派合作。所以，我並不認為所謂的中產階層或階級在中國是一個真問題。我覺得現在談中產階級的兩種談法都是不對的。一種談法說中產階級就是指中間收入者，不窮不富的人；還有一種說中產階級就是企業家，就等於是資產階級。我覺得中國人對中產階級有一個非常大的誤解，就是根本忽略了在西方的民主化過程中、在建立民主走向憲政化道路的時候，所謂的中產階級到底指的是什麼？是指資本家嗎？還是指中等收入者？有誰能夠證明歐洲脫離中世紀走向近代憲政的時候，是所謂的橄欖型社會？或者大多數人都是中等收入者？或者大部份的人都是企業家？根本沒有的。

其實middle class的所指，根本不是窮人和富人之間的人，也不是指資本家，更不是指所謂的小資產階級。它指的是誰呢？它指的是相對於歐洲中世紀兩大階層之外的一種中間等級，就是既不是農奴、也不是農奴主的人。講得簡單點，既不是農民也不是貴族的人是誰？市民。所謂市民，當時既包括最窮的人，也包括最富的人。無產者和資產者都是市民等級的組成部份。

陳：自由民，市民，或所謂的布爾喬亞。馬克思在用「布爾喬亞」這個詞的時候也用得很曖昧，但是不包括無產者。

秦：Bourgeoisie最早是法語。其實就是英語的citizen，因為bourg就是city。我這裡講的Bourgeoisie，當年和第三等級、中間等級基本上是同義詞。後來這個詞逐漸指資產階級了，你說的馬克思就常常這樣用，那當然就不包括無產者。但在法國大革命時，所謂的市民就是包括無產者的。馬克思也說過中世紀市民是近代資產者和無產

者的共祖。這個涉及到所謂民主的社會基礎的問題。一個社會如果就是領主和農奴組成的社會，那麼這個社會不要說搞民主，就是通常的民族國家都不可能建立的。道理很簡單，因為農奴主是不希望民主的；農奴主本身就是少數，而且是要對別人實行專制的。農奴本身，國家對他意味著什麼？農奴不向國家納稅，也不參與國家事務，就只知道他的主人好不好。在那種情況下，根本不可能有國民，還不要說有什麼公民的問題。產生國民的第一步，就是要有大量的直接向國家納稅，同時又有參與國家事務願望的那種人，就是納稅的第三等級。貴族是不納稅的，農奴也不納稅（只對他的主人有義務）。第三等級要向國家納稅，因此關心國家拿這個稅去幹什麼，國家的徵稅權依據是什麼，還會產生什麼「無代表就不納稅」的想法，等等。

可是在中國歷史上並沒有歐洲中世紀那樣貴族與農奴構成的社會，所謂中間等級是何所指呢？把這套理論套到中國是什麼意思呢？中國從來就不是一個領主制的國家，從秦始皇時代就不允許領主和隸屬民這種關係有太大的發展。中國自古以來就是搞中央集權的，上面是皇帝，下面是編戶齊民，就是我講的所謂「大共同體本位」的狀態。

這樣的狀態下，如果把皇上當成「唯一的領主」，那編戶齊民無論貧富就都是他的「農奴」。這樣的話，中國沒有一個人是「中間等級」。可是，他們大多數卻是國家的納稅者！

而如果不考慮對皇上的隸屬，只就民間的人際關係而論，那中國從秦始皇時代起就已經是典型的「中間等級社會」。因為無論窮人還是富人，他們都既不是農奴也不是農奴主！

所以，如果硬要套這個說法，那就只能說：有專制皇帝，中國就連一個中產階級都沒有（所有人都是皇帝的奴僕）；沒了專制，中

國所有人都變成中產階級了（所有人都不互為主僕）。換句話說，在歐洲，形成中產階級是建立民主的條件。但在中國恰恰相反，從邏輯上講，建立民主是出現中產階級的條件！

　　當然，這是本來意義上的中產階級。但如果說到中等收入者，那麼我要說，兩極分化嚴重（就是中等收入者少）對任何社會都是一種不穩定因素，貧富懸殊的民主社會當然不易穩定，但貧富懸殊的專制社會難道就是穩定的？貧富懸殊條件下啓動民主當然有危險，但貧富懸殊條件下維持專制難道不危險？「有恆產者有恒心，無恆產者無恒心」，自古以來就是這個理，與民主不民主何干？我國歷史上一次次血流成河的天下大亂是怎麼來的？難道都是因為搞了民主？

　　所以，我們當然要極力避免嚴重的兩極分化。我強調公平就是為此，但這與「民主的動力」沒什麼關係。民主的動力的確應該是非主非奴的自由人、國家的納稅者；只要政治改革啓動，這種人中國從來就不缺。至於說什麼窮人不喜歡民主，富人也不喜歡民主，只有不窮不富的人才喜歡民主，或者說只有資本家才喜歡民主，這既不符合邏輯，也不符合事實。

　　從自由主義邏輯出發，應該承認民主法制社會有利於資產階級的成熟（其實也有利於無產階級的成熟），而市場經濟的繁榮有利於民主政治的穩定。但這與「民主要由老闆們來開創」完全是兩回事。在哪個國家，民主是由一群老闆來建立的？中東歐那麼多國家不但出現了民主化，而且絕大多數20年來民主制度已經成熟穩定。但他們都是「先民主化、後私有化」的，民主化時他們的資本家在哪裡？中東歐有些人受到西方middle class說法的影響，總想找出「劇變」的「中產階級根源」；在波蘭有所謂「工人就是中產階級」的理論，在捷克有所謂「7種中產階級」的說法。如果中產階級可以這樣定義，

那中國的中產階級還不俯拾皆是？

更有趣的是一些人爲了借「沒有中產階級不能搞民主」說事，交替使用不同的定義巧爲其說。例如有個叫冼言的，先把「中產階級」說成資本家；他說市場經濟不發達，資本家太少，缺乏「中產階級」不能搞民主。但市場經濟發達了，資本家也多了起來，打工仔自然也就多了；這時他又說兩極分化嚴重不能搞民主，「中產階級」此時又成了「非資非無」的中等收入者。反正市場經濟發達不發達都不能搞民主，他要的就是這個。至於「中產階級」是誰，那是可以變來變去的！

所以我認爲「非主非奴的自由人」的確是民主化的基礎，但這只對歐洲歷史有意義。在沒有領主制傳統的中國，皇權之下人人皆奴，離開皇權人人非奴；因此，自由人的產生與民主化根本就是一回事。馬克思說資產者與無產者都是民主革命的動力（據說到了社會主義革命，就只有後者才是動力了），我倒更相信這個。當然不見得要「革命」，他們同樣可以成爲漸進的民主化的動力。

八、憲政民主的漸進實現

陳：您怎麼看中國憲政民主的未來？

秦：我最不贊成「民主路線圖」這樣一種說法。哪一個國家的民主是根據什麼路線圖搞出來的？世界上有哪一個？包括蘇聯東歐那個變化？而且，所謂有多少人主張民主、有多少人反對民主，這個東西從何談起啊？這個東西，你怎麼來量化？而且，尤其是極權社會，更談不上這一點。極權社會的變化有誰能預測？極權社會裡頭誰真的主張什麼，又怎麼能夠斷定？這種體制下就連「親密戰友」之間都不知彼此葫蘆裡賣的什麼藥，旁人要去預言這種深宮政治，

根本不可能。現在根據蘇聯解密的檔案，最早主張搞非斯大林化的不是別人，就是秘密警察頭子貝利亞，當時誰能想得到？反過來，1956年在匈牙利，1968年在捷克，關鍵時刻爲虎作倀替蘇聯人下狠手進行殘酷鎮壓的是誰？不是「斯大林主義者」赫格居斯或諾沃提尼，而是斯大林時代坐過牢、後來又是「改革派」幹將的卡達爾與胡薩克(尤其卡達爾一夜之間就來了個黑白大變臉)。反倒是赫格居斯當時蘇聯人沒有用他，他手上沒沾血，幾年後反而變成了民主派！所以我覺得，在人人帶著面具生活的這種體制下，根據一個人的過去來推測他的未來，是根本靠不住的。現在去討論中國哪些人將來會以什麼樣的手段，來把中國引向民主，這個問題根本就無解，而且討論這問題也得不到真正的信息來支持。你憑什麼斷定這個人就是這麼主張的？現在滿口專制的那些人，老實說一旦風吹草動說不定就變成了清算共產黨的人，在東歐不就是這樣嗎？

而且，世界上又有哪個國家，是可以從前定條件中算出來它是必然會民主化的呢？我研究歷史多年的一個心得，就是不再相信任何決定論。我既不相信普世性的決定論(任何民族都必然會走向民主)，也不相信「文化決定論」(由於文化基因不同，一些民族必然會走向民主，而另一些民族必然不會)。我仍然相信有「進步」與「落後」之分，但那就是個價值判斷，就是相對比較好的和不好的。那與「必然規律」無關，任何民族都不能說一定是從不好向好發展的。好的東西能夠搞成，都是努力和試錯的結果。

就拿英國而言吧，前年《大國崛起》很火，大家都講「大憲章」，但從大憲章就能推得出憲政民主嗎？大憲章不過就是國王打不過貴族，迫不得已要讓步。大憲章後來在英國的歷史上，不知道被重提了多少次，原因就是只要國王一強大了，他就根本不把這個當作一回事。等到他再次失敗了，這東西又拿出來了。只不過英國後來正

好有一些條件，使得國王老也不可能徹底打勝，老也不可能一勞永
逸地解決這個問題。從某種意義上來講，英國人就是碰巧。你不能
說英國人從哪個時代開始就有了某種基因，說他們必然就可以走向
這條路的。

　　而且，就算大憲章得到充分遵守又怎麼樣呢？我們知道大憲章
無非就是貴族勢力強大到國王惹不起。其實大憲章的制定，本身就
是在農奴制的黃金時代；因為貴族的勢力太強大，一方面抵制了王
權，另一方面就是對農奴的控制力強。但是民主化能在農奴制的基
礎上搞嗎？英國後來的歷史實際上是經歷過一個王權成長和貴族被
削弱的過程，那就是都鐸時期，也就是馬克思講的所謂市民與王權
聯盟的那個時期。市民與王權聯盟起來，藉助擴大王權來把貴族的
勢力壓下去，這在某種意義上其實就是顛覆了大憲章。等到市民羽
翼豐滿了，它再來搞掉王權。但是，市民與王權聯盟是不是都能有
這個結果？那也不一定！英國是市民利用王權壓下貴族後自己成長
起來了，而西班牙卻相反，國王利用市民壓下貴族後搞出一個老大
帝國，市民反而衰敗了。

　　因此你也很難說，即使大憲章得到了遵守，它就能一直走向民
主化。實際上英國就是在一下子王權大、一下子領主大這個過程中，
市民權利有了越來越多的縫隙，然後就越來越成長起來。它就是在
這個一來一往的過程中成長起來的，而且它的前途從來都是不確定
的。

　　對中國來講，我覺得也是一樣。我很討厭決定論。有人說中國
不可能民主化，也有人說中國必然會民主化，我只能說民主是一個
好東西。所謂歷史的進步或者落後，只是一個價值判斷，就是說某
些東西比較好或者比較壞。但是從來沒有哪個人能夠斷言，歷史到
底是從比較壞發展成比較好呢？還是從比較好發展成比較壞？還是

不斷地循環？不僅中國沒有人能夠斷言，英國也沒有人能夠斷言。只不過英國現在走到這一步了，我們可以從英國人實際走過的道路去判斷它的前後序列，但是前後之間的關係一定是因果關係嗎？一定是必然性的因果關係嗎？我覺得不是這樣的。

　　陳：序列關係(比方說先A後B)當然不見得就是因果關係(因為A所以B)。有些其他的歷史可能性(比方說C、D)只不過是沒有實現，而不是從來沒有可能實現。這是您的意思嗎？

　　秦：對啊。而且我有一個非常有說服力、也很簡單的說法。我說歷史是有因果關係的，但是這因果關係是概率的，你不能說必然，因為歷史過程畢竟不是物理變化。但是，任何小於1的概率多次相乘，結果都會越來越小。例如由A導致B的概率如果是80%，由B導致C的概率也是80%，那麼由A到C的總概率就只有64%；這個因果鏈條再延續下去，到D、E、F⋯⋯的概率會越來越小，乃至趨近於0。

　　這意味著：所謂因果只有比較直接的才有意義，那些把因果鏈延伸很長的「深刻見解」往往是很少意義的。「原因的原因的原因就不是原因」。說光榮革命造成英國現在這個樣子是有意義的，但說大憲章造成現在這個樣子，幾乎毫無意義。同樣，說1989鎮壓導致今天中國沒有民主化是有意義的，說它就會使中國未來幾百年都沒有民主化就過於狂妄；至於說由於孔夫子或者秦始皇時代的某種「傳統」，就使我們註定永遠不可能有民主化，那就近於胡說八道。當然我們也不能說什麼東西決定了中國必然會有民主。我們只能說：民主是個好東西，但這個好東西能不能實現？事在人為，努力就有可能；不努力，你就不要去怪孔夫子了。

　　所謂「路線圖」其實就是因果鏈，我覺得那同樣靠不住。所以我說，我們現在去討論中國將來就會怎麼樣，或者就不會怎麼樣，或者就由哪些人通過哪種路徑，比如說什麼先黨內啦，或者什麼先

基層啦，我覺得這些談法意義不大，我是很不贊成這種討論方式的。

我現在只能確定一點，就是爲了民主化應該做什麼（既應該限權，也應該問責）。至於實際上能夠做什麼？見縫插針，有空就鑽，能做什麼盡量去做就是了，何必自爲立限？中國如果想要漸進地走憲政民主這條道路，可以從上走也可以從下走，但是方向來講，都要「為自由而限權，為福利而問責」。我們有些人可以不斷地追問政府的責任，但是千萬不要給它擴大權力；我們有些人可以去限制它的權力，但是千萬不要幫它推卸責任。如果這兩撥人持續進行這樣的努力，我相信只是時間的長短問題而已。如果政府的權力越來越受制約，責任越來越受追問，那總有趨向於權責對應的那一天。但是如果我們這兩撥人，都基於某種主觀或者客觀的原因去做相反的事，也就是左派爲政府擴大權力、右派爲它推卸責任，那中國就離憲政民主越來越遠。這種左派也好，這種右派也好，都起了憲政民主的絆腳石的作用。

陳：您當初談斯托雷平式的中國改革，是因爲擔心中國可能重蹈俄國1917年的覆轍嗎？

秦：那當然也會擔心啦。在俄羅斯的後果是1917年的革命，是更厲害的一種專制的出現。但是不能說歷史絕對會這樣發展，只能說由於有斯托雷平式的改革，增加了某種後果的概率。我們可以判斷的是，1917年俄國出現變革的時候，誰上台都得逆斯托雷平改革而行之，就是臨時政府上台也是要這樣的。但是在政治上搞集權，列寧起的作用還是很重要的。沙皇一倒台就已經預示著左派肯定要上台，於是支持斯托雷平的勢力就像過街老鼠一樣；俄國的政局越來越左，是已經看得很清楚了。但是所謂的左，跟列寧那樣的人掌權還是兩回事。本來有可能是社會革命黨掌權的，這個前景一直到9月底、10月，一直到多宮之夜以前都還沒有完全消失。所以我覺得，

歷史本來就有很多戲劇性的場面，我們只能說什麼樣的情況下它的概率大一點。

在中國，你別看最近幾年共產黨統治還是不受挑戰；一旦出現了危機，寡頭派跟民粹派的更激烈鬥爭就可能重演。但是我們認識到這一點，就是想避免這一點啊！中國政治體制的轉型如果要比較順利一點，我們如果要增加它相對順利轉型的可能性，那麼我們現在就應該在「為自由而限權，為福利而問責」這兩個方面做更多的工作。

九、關於第三部門與公民社會

陳：您所謂做更多的工作，是指第三部門、刊物、輿論、民間組織這些嗎？

秦：都是啊。但是這同樣存在著兩種可能。比如說搞民間組織，你是增加民間的資源呢？還是只在為當局推卸責任？有些人認為搞NGO是可以的，但是NGO只能去幫政府扶貧。任何只要政府想自己幹的事情你都不要幹，政府不想你幹的事情你也不能幹，你只能幹那些政府想讓你幫它幹的那些事。這些事如果是好事（比如扶貧）當然也應該辦。但如果只限於此，這第三部門或民間組織的意義就不大。世界上哪個國家的貧困問題是靠民間慈善、而不是公民督促政府承擔福利責任，就可以解決的？西方國家有了福利國家還不夠，還要發展第三部門，但絕不是說可以不要國家保障，把政府的責任推給民間。我國前些年有人甚至說權貴私有化後產生的下崗工人不應該找政府的麻煩，應該找NGO要飯吃，這也太莫名其妙了。前面說過中國漸進民主的任務是對統治者限權問責，而不是擴權卸責。第三部門是非政府組織而不是「反政府組織」，是公益組織而不是

反對黨(政府常常對此過敏,這是需要「脫敏」的),它未必具有限權功能,但它更無須承擔卸責的功能。

　　這裡要講什麼是「第三部門」?大家都說政府是第一部門、企業是第二部門,兩者之外的組織就是第三部門。但什麼叫政府?什麼叫企業?政府與企業之外從來就有一些組織,例如宗族、教會、工會、商會等,那是第三部門嗎?為什麼上述東西歷史悠久,過去卻從無第三部門之說?而第三部門自1970年代後名聲大震又是何故?和中間等級(即上述誤譯的「中產階級」)與民主的關係不同,西方在近代前期走向憲政民主時並無第三部門這個概念,為什麼現在這個概念如此重要?而在中國,第三部門與民主化又是什麼關係?關於這些我曾寫過《政府與企業以外的現代化》一書加以系統論述。

　　我用組織的目的是提供公益(公共物品)還是私益(個人物品)、組織運作資源來自自願(交換或捐獻)還是強制(徵稅)兩個維度,把組織分成四類。作為「第一部門」的政府是用強制資源提供公益的,「第二部門」企業是用自願資源提供私益的,而面對一些「政府失靈」、「市場失靈」的問題,就需要有「用自願資源提供公益」的第三部門。

　　但是在這個座標裡不是還應該有「第四」嗎?在邏輯上它就是「用強制資源提供私益」的組織。現代民主－市場社會是沒有這「第四部門」的。可是在專制傳統社會,政府可以「公權私用」,所謂「家天下」,所謂「視天下為一大產業」;而這個時代的「企業」與「市場」也不那麼自由,「企業」可以是農奴制,市場可以「博買」、「專利」(古漢語這個詞非指知識產權,而是指壟斷)、「半匹紅紗一丈綾,繫向牛頭充炭值」。總而言之,「政」「企」都可以用強權來提供私益,所謂政企不分是也。

只有現代化制度轉型後的自由民主社會，強制資源只能用於公共服務而不能謀私，才有了「第一部門」意義上的政府──民主政府；私益只能通過自願而不能通過強權來提供，才有了「第二部門」意義上的企業──作為自由契約的企業。而在此之前，整個社會籠罩於「第四」的陰影下，連「第一」、「第二」都未成形，談何「第三」？民主政府與規範市場都未產生，談何「失靈」？此所以那時的政府並非第一部門、那時的「企業」並非第二部門，而那時兩者之外的宗族教會之類也非「第三部門」也。這就可以解釋為什麼在西方脫離中世紀走向現代化、乃至建立憲政民主秩序時，沒有人談論第三部門。那時的人們還在為建立第一、第二部門而鬥爭嘛。

陳：您怎麼看所謂的「公民社會」？

秦：那時倒是有了「公民社會」的概念。但和現在不同，我認為這個概念在西方主要有三個含義：

一是在「國家」與「社會」兩分法的意義上，出現公民國家與公民社會的說法，這時公民社會幾乎就意味著與「官方」相對的「民間」。

二是作為一個有別於傳統社會的發展階段概念，從黑格爾到馬克思這些歷史進化論者幾乎都有從中世紀發展到他們當時的「市民社會」的說法，這個「市民社會」與公民社會常常成為同義詞。例如一本講述英國從中世紀到近代演變的書，就叫做《從宗族社會到公民社會》（*From Lineage Society to Civil Society*）。這個公民社會就近似於近代社會，或有點貶義的說法「資本主義社會」。公民結社自由與民間社會組織化，這時已經有了高度發展。但是這時的公民組織除了政黨與企業這類第一第二部門組織外，主要還是為成員自身權益而組織起來的，如工會、農會、商會和各種其他的行業、階層、族群社團；其主要功能都是組織集體行動，增加談判實力，與

利益相關方進行討價還價，自我維權，對成員提供保障。就其成員間提倡合作奉獻而抑制競爭以維護群體利益而言，它們並非「企業」，也屬公益組織，但那只是成員的公益。

到1970年代後，西方出現了「建設公民社會」之說。既然現在「建設」，可見以前沒有，而是「後現代」的新東西；這「公民社會」的定義就不同於前兩種，而屬於第三種定義了。這種「建設」也強調公民組織，但它主要宣導的已經不是成員公益組織，而是「非成員公益組織」；其主要從事的環保、扶貧、動物保護、婦女兒童殘疾人以及弱小原住民權益等領域，都與組織成員的自身利益無關，至少不甚相關，而屬於純粹公益。它的另一個特點是基於普世關懷，國際性強，因此又有建設「全球公民社會」之說。其第三個特點是既以「市場失靈」爲理由要「超越」市場，又以「政府失靈」爲理由要自別於國家，因此對傳統的左右派理念即「自由市場」與「福利國家」都不同，常聲稱超越左右、疏離政治。（但事實上不完全如此，各個NGO或NPO組織受或左或右思潮的影響，有的更講「市場失靈」而傾向於與福利國家合作，有的更講「政府失靈」而傾向於在政治上支持自由派，都是常有的事。）第四個特點，就是這類組織雖然以「用自願資源提供公益」來體現自己的第三部門性質，但事實上其擁有的可用資源與其自負的使命之間常有差距，即所謂「慈善不足」、「自願失靈」問題；因此，「非政府組織」接受政府資助、「非營利組織」有經營性收入實爲常有的事。但界線在於：第一無論多少，必須有自願資源的成分；而更重要的是第二，其他資源不能影響它的公民自治性與公益性：政府對其可以有財政資助之責，但絕無干預控制之權，即接受政府資助不得影響其爲「非政府」組織。經營收入只能用於公益，不得在成員中分配，即經營收入不影響其爲「非營利」組織。

很明顯，這些特徵只有在成熟的憲政民主體制下才可能充分具備。但有趣的是，一些非憲政民主國家連自主性的工會、農會、商會都還不存在，卻號稱擁有了許多NGO或NPO，有人甚至以此說中國已經有發達的「公民社會」。這當然值得商榷。人只有在首先有能力維護自身權益的情況下，才談得到進一步去維護他人的權益。在工會農會都還不能存在的情況下靠別人的公益組織來「扶貧」，這貧弱者能成為「公民社會」的構成嗎？公民連維護自己權益的組織都沒有，卻靠「獻愛心」搞慈善建成了「公民社會」，可能嗎？我國許多NGO沒有政府資助，全靠民間募捐，有人就說它們比受政府資助的西方NGO更「獨立」。可是政府一毛不拔卻仍然要干預乃至控制它們，這不正是專制時代統治者權大責小、有權無責的典型表現嗎？比之民主國家政府對NGO有資助之責但無干預之權，不正是兩個極端嗎？把權力與責任顛倒如斯，無異於把橫徵暴斂說成是「福利國家」！

顯然，我國目前NGO、NPO的發展與西方的「公民社會」還不可同日而語。但這當然不是否認這種發展的意義。首先，無論傳統、現代還是「後現代」，多一點愛心與慈善總是好事。其次，現在不許有工會農會，允許民間慈善組織的存在也是為民間組織保留了一點空間，總比連這點空間也沒有強。更重要的是，中國這樣的後進國家的民主化進程，與有了第一、第二部門、再發展出第三部門的西方不同，「三個部門」的形成在這裡應當是齊頭並進的。約束政府使其強制資源只能用於公益、規範市場使私益的獲取不再受官商一體強制因素的羈絆、和培育公民組織資源的過程，可能並且應當互相推動。在公民組織資源中，成員權益組織與非成員公益組織的發展也不應該有什麼扞格。

典型的像波蘭當年的團結工會，作為工會它為會員工人維權，

但它也爲全波蘭的人權進步立功甚偉。從這方面看，它其實具有純粹公益性質；「劇變」中它甚至扮演了民主派政黨的角色，參加競選並一度組閣執政。當然在憲政民主秩序建立後，它這種諸多角色聚於一身的狀態就無法適應，最終它的其他角色都分離出去；從團結工會的母體中繁衍出了劇變後波蘭的眾多NGO和若干個政黨，而團結工會本身則退回到了單純工會的角色。保加利亞的「生態公開性」則是從一個環保NGO，發展爲民主派雛形政黨公民聯盟。

因此，中國第三部門的發展是很有意義的。但只有在它與其他兩個部門的發展良性互動的情況下，這種意義才能發揮。作爲公民結社也不能只有這種類型，毋寧說工會農會這類成員權益組織對於公民權(無論現代還是「後現代」的公民社會之基礎)的形成更爲重要──但這恰恰是我們的一個滯後環節。西方在憲政民主建設階段，公民社會主要起作用的是成員權益組織；後發國家未必完全按先進國家的程式走，我們的非成員權益組織可以「超前」發展，但前面那個「缺環」是必須彌補的。這就意味著中國第三部門的發展不能自我設限，成員權益的維護、乃至在可能情況下參與第一、第二部門的改革都是重要的──而西方如今的第三部門基本沒有這類使命了。

十、歷史與政治關懷

陳：最後想請問您，您最近研究哪些方面的課題？有沒有特別的寫作或研究計畫？

秦：當然有幾個我比較關心的，而且想寫一系列文章的問題。一個就是農民問題，因爲我越來越覺得農民問題現在應該是城裡頭的農民問題，就是農民工的問題，或者說是進城農民的問題。講得

簡單一點，就是城市的貧民權利的問題。

　　另外一個就是低人權、高競爭力的問題。像東歐，基本比較塵埃落定了。中國現在的問題，已經不是跟東歐相比了。中國的問題是六四以後，是中國演變世界還是世界演變中國的問題。到底是全球化的力量把中國帶好了，還是中國把外面帶壞了呢？

　　當然你也不能說中國沒進步，從某些方面來講，你也可以說中國現在自由和福利都在增加。中國畢竟受到國外的影響，很多話在前幾年沒有人敢說，現在就有人敢說，而且好像風險也不是很大。包括章詒和這些人，頂了也就頂了，1990年代初是不可能有這種現象的。福利的話也是有一些，儘管現在還是很糟糕，是高稅收負福利，但是比以前根本什麼都沒有，某些方面還是增加了一點。不過，中國這一套低人權的東西已經開始演變別人了。張五常最近說，中國的體制是人類有史以來最好的，還說天下大勢就是歐洲學美國，美國學中國。不要以為這只是開玩笑！張五常先生當然不是任何意義上的左派，他實際上是指福利國家競爭不過血汗工廠，高福利不如低福利，低福利不如負福利。奇怪的是許多「左派」朋友居然也為這種趨勢拍手叫好，說「北京共識」取代「華盛頓共識」將是左派的勝利，這真是見鬼了。

　　陳宜中，中央研究院人社中心副研究員，並擔任《台灣社會研究季刊》以及本刊編委。研究興趣在當代政治哲學以及社會主義思想史。

歷史與
政治

歷史終結在中國：
近十年中國大陸官方意識型態變化解析[*]

王超華

　　1989年夏天，柏林圍牆仍然矗立，前蘇聯及其統領下的東歐體系尚未倒塌，日裔美國學者佛郎西斯福山發表「歷史終結」大膽預言，認為世界將走向自由資本主義與代議制民主相結合的政經一體化[1]。20年後的今天，資本主義全球化受到金融風暴襲擊，各國各地民主化進程屢遭挫敗，曾有成效者也普遍呈現疲軟。看起來，福山當年的預言已無多少價值。這也正是大多數海內外解讀中國崛起的人士對福山預言的一般看法。值得注意的是，未來政經一體化只是福山預言的推論部份，這個推論的前提「歷史的終結」則是在解讀冷戰結束的意義。筆者以為，其中洞見非但不錯，而且遠未過時。所謂冷戰，是二戰後社會主義和資本主義兩大陣營對峙時的歐美說法。用蘇聯方面（後斯大林時代赫魯曉夫）的話來說就是「和平競

---

[*]　本文初稿原為在英國 Courtnauld Institute of Art 召開的 Modernity's Cultural Politics: China in Context 研討會而作；此前曾以中文在台灣暨南大學口頭發表。作者藉此機會向下列曾給予幫助或提出意見的人士表示衷心感謝：Jeannine Tang、Julian Stallabrass、叢小平、呂妙芬、李廣建、王鴻泰、黃雪蕾、張旭東、林春、Peter Osborne、Perry Anderson。

[1]　Francis Fukuyama, 「The End of History?」 *The National Interest*, summer 1989. 據此擴展之書出版於前蘇聯解體後的1992年。

賽」。即：除去當時持續發生的局部「熱戰」之外，兩大陣營的對
立關係主要建立在意識型態基礎上。而且，這種意識型態對立，乃
是沿線性歷史軌道並行，競賽之目標在於證明一條通向人類理想社
會的道路，而競賽之輸贏則有待將來歷史的裁判。正是在這個意義
上，蘇東陣營解體意味著對峙一方消失，冷戰結束，競賽散夥，未
來人類社會的烏托邦想像被拋擲一旁，「歷史」既失去了目的性，
也不必再承擔最後審判的責任。「歷史」終結了。假若學者和觀察
家根據中國經驗反駁福山，至少需要正面回答：這個特定意義下的
「歷史」是否仍然存在於中國意識型態及其實踐之中？

　　中國施行改革開放政策迄今已有30年，官方自我定位從未完全
拋棄「社會主義」名號，近來反有所加強。中共最近大規模慶祝建
政60周年之際，國內社會反響似乎相當歡欣鼓舞，而官方一如既往，
仍然堅持其「建設有中國特色的社會主義市場經濟」高調立場。海
內外知識界及觀察家對此有三種比較常見的不同解讀。一是正面支
持，強調中國經濟中的社會主義成分，特別是國營企業和政府計劃
性政策對中國經濟成長的貢獻；一是側面肯定，強調中國過去社會
主義實踐的「遺產」仍在現實政治經濟和社會生活中發生作用，並
為另類想像提供基礎；再一種是置之不理，西方樂見中國加入世界
資本主義體系的政經人士，多取這種態度，最多也只是譏刺這種名
號的無謂[2]。

2　僅舉較有代表性的英文著作，第一種如李民騏：Minqi Li, *The Rise of
　　China and the Demise of the Capitalist World-Economy* (London: Pluto
　　Press, Nov. 2008)；第二種可參見林春：Lin Chun, *The Transformation
　　of Chinese Socialism* (Durham, N.C.: Duke University Press, 2006)；
　　第三種可參見前《金融時報》駐中國首席記者（現據稱為《金融時
　　報》中國投資參考主編）James Kynge, *China Shakes the World: The*

　　本文認爲，要了解今日中國大陸的官方意識型態話語，首先必須明確其意識型態在國家統治中的角色和作用方式，已在過去30年中發生根本改變。更重要的是，意識型態總是服務於實際政治經濟關係。因此，任何對意識型態的解讀，都必須同時考察其基本政治經濟運作形態。如今的中國，不但國內政經架構已經依據資本運作的需求重組，而且整體經濟也已深深嵌入全球資本主義體系。在其發展道路上，加入世貿組織是一個關鍵的時間點[3]。刻意迴避資本在社會生活中的角色，是今日意識型態話語的關鍵特徵。在這個意義上，挪用中共官方黨史的經典語言，不妨說這是「形左實右」；用老百姓1990年代創造的生動表達來說，就是「打左燈，向右轉」。就中共統治需要而言，這個「左燈」的作用非同小可，絕非可有可無。然而，這個「左燈」與「右轉」並無時間維度上的對立。歷史終結之後，出現的是以空間爲座標的文化特殊論。

　　本文將先簡要考察過去40年間，中國官方及主流意識型態在國家統治和社會生活中功能角色的變化；然後討論近10年意識型態狀況；最後針對今日中國意識型態狀況在全球化時代的思想及歷史意義略作判斷。

一、官方意識型態的功能轉化

(續)————————————————

　　Rise of a Hungry Nation（London: Phoenix, 2006），此書美國版標題改動爲*China Shakes the World: A Titan's Breakneck Rise and Troubled Future—and the Challenge for America*（Boston: Houghton Mifflin, 2006）.

3　英國《經濟學人》雜誌〈中國通報〉（China Briefing)2006年表格顯示，中國進出口貿易及其他主要經濟增長指標在2001-2002-2003年間，均出現直線上升軌跡，與入世直接相關。

　　冷戰的結束，在中國是否也有反映？別的方面暫且不提，僅就意識型態領域而言，毛澤東時代的黨國統治曾高度仰賴意識型態，而今日中國已不再是40年前那個意識型態大國。至少可以說，在冷戰結束前後，中共意識型態工作在其國家統治中的功能角色經歷了深刻轉型；甚至可以假設，這種轉型與冷戰結束有異曲同工之妙。

　　1. 在毛澤東晚年的文化大革命後期，特別是1969-1976年間，意識型態在中共統治運作中具有舉足輕重的重要性。除了1972年與美國修好等外交領域決策以外，舉凡政治、經濟、社會、文化各領域，無不仰賴意識型態官員提出的指導路線。無論是否真心信服，全國各級官員，都需在日常生活中密切關注並緊跟中央意識型態動向。當時少有獨立的經濟政策論證，任何政策辯論，都在意識型態直接干預指導下進行[4]。不但中共中央文革小組和宣傳部，甚至北京上海若干中央直接領導的寫作小組，常常都擁有高於國務院各部的實際權力，雖然談不上一言九鼎，卻也能通過意識型態運作直接影響人事變動和仕途升遷，並因此吸引不少追隨而來探聽動態的各方人士。

　　當時意識型態之所以有這樣大的威力，主要是因為思想被賦予超越個體道德修身意義之上的規範、戒律、懲治等國家強制功能。無論中央發生多麼難以理解的轉變，社會的每個成員都不得不公開申明自己完全徹底服膺於最近最新的意識型態方向，以避免遺害。其結果，一方面是敢於質疑者無可避免地受到肉體戕害；另一方面則是表態文化嚴重侵蝕社會肌體，對意識型態和道德說教的厭倦情

4　本文假定有實質意義的社會主義實踐必然同時包含理論建構，也同時包含社會、經濟、政治、文化等各方面的理論和實踐。同時，這種對社會主義實踐的理解並不意味各種具體政策可以一勞永逸地事先設定，也不意味所有政策都可以在實踐過程中由意識型態論爭代勞，而不需要具體政策辯論。

緒普遍蔓延。將1970年代中期國家對意識型態的壟斷和控制視爲充分「政治化的政治」，恐怕是對歷史情境的誤讀[5]。

毛澤東離世不過1個月，包括其妻子江青在內的四人幫就遭清除，很大程度上正是由於四人幫利用意識型態工具，翻手爲雲覆手爲雨，已經引起廣泛社會不滿。改革開放以關於「真理標準」的討論爲開端，以「實踐是檢驗真理的唯一標準」爲號召，就是對此前四人幫獨家壟斷「真理」解釋權的反撥。

從另一個角度看，「真理標準」討論雖然仍聚焦於有著意識型態色彩的真理概念上，但也因引進「實踐」前提而削弱了意識型態部門在國家統治機制中的作用，特別是在有關經濟的國策制定上，「實踐」成爲新時期衝擊意識型態部門的主要武器。

2. 從1978年到1989年的改革開放「新時期」，實際包含若干不

5　見汪暉，《去政治化的政治：短20世紀的終結與90年代》，北京：三聯書店，2008.5，頁1-57。此文集版本與其前此發表於期刊上的中英文版本有所不同，強調1970年代中期中共黨內理論辯論的「政黨政治」意義，及其爲1970年代末期以降的改革理論辯論提供前提的意義。筆者以爲，汪暉此處的討論忽略了1970年代中期「政黨政治」動員社會的功能方式，與他根據葛蘭西論述定義的政黨體制雙重轉化（頁7-8）有所不同，既非「通過有組織的政治行動而不斷自我建構」以維持與其社會基礎的關係，亦非一般資本主義工業化條件下向「功能化的國家權力機器」的轉化，而是二者的扭曲結合，是在意識型態主導功能作用方式下，發生的政黨國家化進程。這一進程中理論辯論的議題和內容，以及被納入黨內兩條路線鬥爭史的解讀，實際上掩蓋了當時意識型態在社會動員中對國家機器的依賴。見頁16-22。另一方面，他在解讀遇羅克案例時，將「『文革』的悲劇性」看作是「去政治化」（「將政治辯論轉化爲權力鬥爭的政治模式」等等）的結果，卻未能將此邏輯引入對1970年代中期黨內論辯的討論。見頁35-36。筆者以爲，問題主要發生在汪暉從社會學功能分析轉向意識型態內容分析時，概念釐清不足。

同方向和脈絡。有人將其歸納爲意識型態上的「新啓蒙」和政經及
社會文化政策上的「思想解放」，這樣兩條脈絡交錯並行[6]。但從意
識型態的功能和內容來說，這一時期也可以看作是沿三條不同線索
發展。第一是中共意識型態部門功能削減，在「社會主義精神文明
建設」和「五講四美」之類的道德教育運動中，常常退化爲維護社
會秩序、監督社會成員個人言行的次要職能，不再直接參與主導國
家發展方向。

　　第二，國家主要領導人直接提出方向性口號，主導政治經濟各
方面決策，卻並不通過意識型態部門，口號提出後的施行也並不依
賴各級意識型態部門。例如，僅據新華網中共黨史所載，鄧小平直
接提出的就有「以經濟建設爲中心」，「堅持四項基本原則」，「堅
持改革開放」(一個中心，兩個基本點)；「科學技術是第一生產力」；
「解放思想，實事求是，團結一致向前看」；「有中國特色的社會
主義」等口號，大多數都不涉及中宣部[7]。趙紫陽所提「摸著石頭過
河」，同樣與意識型態部門沒有多大關係。

　　第三，黨內外，或說體制內幹部和體制外人士，仍然以意識型
態領域爲重要目標，清算「文化大革命」以及更早的各種政治運動
積累下的形形色色意識型態話語，並藉此開闢脫離黨體制控制的思
想活動空間。

　　1980年代文化氣氛的活躍，大抵出於以上三方面的共同作用。
但是，中共意識型態部門角色的大面積退場，以及中共領導人著重
中央政府政經國策卻忽略整合意識型態立場的表態方式，在造成社

6　這是李陀2009年4月2日在伯克萊加大一次研討會發言時的提法。
7　http://news.xinhuanet.com/ziliao/2009-09/15/content_12056579_3.htm
　　於2009年10月中查閱。

會寬鬆氣氛的同時，也遺留後患和嚴重的盲點。例如，鄧小平提倡的「四個現代化」排除政治參與課題，1982年憲法修訂又特別刪除了毛澤東寫進1975年憲法的「大鳴大放大字報大辯論」，造成他事實上將維持中共統治視作「唯此爲大」，而前述其他兩種力量卻遲遲沒有意識到這一關鍵。爲抵制黨外人士爭鋒，保證黨在改革進程中的領導地位，鄧本人就曾發動或默許「清除精神污染」、「反對自由化」等政治運動；而每次又都及時聽任運動不了了之，阻止黨內意識型態部門借機捲土重來。結果，在各方夾擊下，社會烏托邦既失去道義價值，也失去對共產黨的約束功能。另一例證是，1979年開始的農村「家庭聯產承包責任制」帶來經濟成長後，原本政社合一的人民公社體制於1984年無疾而終，未經任何政策論證，也沒有任何嚴肅的預後措施。農村政府機構和社會福利措施陷於半癱瘓狀態，3年多以後中央才終於出台一個村委會選舉辦法草案，衛生保健和義務教育的損害則延宕了不止20年才重新提上中央政府日程。一個曾經的意識型態大國，輕而易舉地拋棄飽受其意識型態指揮之苦的農村社會，可以說是匪夷所思。而由於新啓蒙和思想解放兩條戰線仍在聯手衝擊意識型態控制，意識型態退場後，農村嚴重缺失社會論說的現實，也就從未進入當時黨內外思想界的視野[8]。

　　3. 由於1980年代的上述情況，1989年六四鎮壓了社會民主要求後，並沒有如很多人預期那樣出現一個意識型態主導期的回潮。當西方主要國家都在譴責六四鎮壓、制裁中國，當柏林墻倒塌、蘇聯

8　這並不是說農村在中央決策中不重要。當時設置靈活、有決策重權的高層智庫機構大多以農村研究為號召，與1990年代「三農」相關機構層次低下、中央每年有關「三農」紅頭文件流於形式的情況形成鮮明對比。這裡所談問題是1980年代中期經濟改革成效遮蔽了社會言說和想像。

解體、國際環境在意識型態意義上對中國充滿敵意和挑戰，中國卻
並沒有從意識型態角度作出任何回答。換言之，中共意識型態部門
已經徹底失去了在以往軌道上全面整合中國政經方向的可能和能
力。這是鄧小平1992年南巡講話能夠一舉消弭內部爭論、重振經濟
改革的重要原因之一。他在這一階段提出的「穩定壓倒一切」、「不
爭論(姓社姓資)」、「發展是硬道理」、「致富光榮」等口號，都
是力求徹底排除黨內意識型態部門影響，直接確立經濟發展至上的
原則。這一時期在就業、住房、工廠改制、股市等領域推進的很多
激進改革措施，都沒有經過切實政策論證，更不必說由任何意識型
態部門主導或參與的辯論了。

　　耐人尋味的是，此時江澤民已升任中共總書記和國家主席，後
來還接任了軍委主席，但在鄧小平去世前，江澤民在意識型態領域，
無論是活動空間還是實際作為都極為有限。他在1994和1995年提出
的所謂「武裝人」、「引導人」、「塑造人」、「鼓舞人」和「講
學習，講政治，講正氣」的「三講」教育，都局限在個人人格培育
規範的範疇。與此同時，黨的宣傳部門也還在持續「社會主義初級
階段」、「建設有中國特色的社會主義市場經濟」等論調[9]。結果，
1997年以前，一方面，黨和政府內的主要論爭轉變到發展經濟為主
的國策範圍內；另一方面，以黨總書記為首的意識型態領域言說幾
乎全部萎縮到個人修養範圍。國家統治中的國策制定與意識型態控
制幾乎完全分家，官方意識型態狀況處於其自身在功能轉型過程中
的最低點。

9　以上鄧小平、江澤民名下的各種口號，係參考新華網所載(見注7網
　　址，2009年10月中查看)，容或有誤差，有待根據當時報刊資料核
　　實。

　　老百姓「打左燈，向右轉」的說法，正是產生於這樣一個意識型態背景。這種官方狀況的另一個直接後果，就是知識思想界論爭再度活躍。對應於意識型態的整體低迷，思想界論爭也從1990年代初集中在人文領域，迅速轉向社會政策和社會科學。雖然北京大學早在1994年就舉辦「國學大師班」，但那時傳統學術影響力有限，學生們意興闌珊，反倒積極學英語。不過3、5年，經濟學、社會學、法學等學科已經迅速上升為顯學。與此同時，解綁後的傳媒特別是影視傳媒，也以商業與大眾文化結合的典型後現代方式在社會生活中扮演日益重要的角色，成為意識型態萎縮期的另一副產品[10]。

　　4. 鄧小平1997年去世，江澤民主持那年夏天的香港回歸。不到半年，發生亞洲金融危機，中國經濟陷入長達5年的滯脹，江澤民、朱鎔基政權不得不將大量政策精力花費在爭取「入世」，以求帶動中國以出口為龍頭的畸形經濟走出低谷。意識型態方面，則有大約兩年的搖擺不定，間接穩定著經濟學的顯學地位。直到1999年法輪功突發抗議，江澤民過度反應，中共才開始認真探索意識型態功能轉化的課題。1999年批判法輪功和2000年宣講「三個代表」（即，中共代表最先進生產力，最先進文化，以及中國人民最根本的長遠利益），雖然再次動用國家機器在全社會發動層層過關、人人過關的大規模政治運動，卻不妨說是中共以往意識型態功能形式的迴光返照。此後不但再無此類運動，而且中共還在有意識地積極實驗新路徑。

　　從功能角色來分析，今天的官方意識型態已經有了更為深刻全

10　見趙建林，〈「國學大師」班的花開花落〉，「新語絲」轉《科學時報·大學周刊》2003年1月21日文章（http://www.xys.org/xys/ebooks/others/science/report/guoxueban.txt），2009年11月28日走訪。

面的變化。首先，體制設置上，官方意識型態部門在黨政機構整體
系統中輔助角色的新定位已基本確立；與此同時，遍布中央及全國
各地包括各級黨校在內的智庫型知識群體取代黨內官僚體制，上升
爲建構官方意識型態的主要角色並獲取大量資源支持。其次，在決
策方向上，意識型態已經基本完成從指導功能向服務功能的轉化。
再次，在社會統制方面，無論舊有官方意識型態部門還是新型智庫
機制，都已全面退出對社會成員個體的直接定義與管制，不再出面
充當規範、戒律、懲治角色。在全球化時代，中國意識型態領域的
這種新架構減弱了黨政中央領導在國家意識型態立場上的直接責
任，更便於靈活應對國內矛盾激化的案例以及國際和外交場合。在
國內基本確立資本主義生產關係之際，這種架構將知識生產納入消
費軌道，由國家充當脫離直接生產的恩庇人（既投資又消費），帶來
思想界與國際接軌後的喧囂浮華，卻缺少了1980年代引領風潮和
1990年代尖銳交鋒的社會質量。這可以說是目前實際論爭減少、思
想界疲軟、流行文化大肆消費傳統思想傳統文化的制度根源。

二、今日官方意識型態的「多元」迷宮

就意識型態話語的實際內容而言，從1980年代初提出「堅持四
項基本原則」（即，堅持黨的領導、無產階級專政、社會主義、馬列
主義毛澤東思想）開始，鄧小平已經剝離了中國改革實踐中社會主義
和馬克思主義的實質內容，將中共統治的正當性立足於以「社會主
義」和「馬列主義毛澤東思想」爲空洞符號標誌的政權延續性之上。
江澤民嘗試以某種面對未來的立場（例如，最根本的長遠利益必須留
待歷史驗證）重新充實這些架空的概念，卻又難掩其意識型態缺乏邏
輯內洽的尷尬和焦慮。但也正是在江澤民時代，中共開始形成意識

型態領域的「試錯」進路機制，用以尋求最適於中共黨國統治需求的話語組合，同時拋棄尋求邏輯內洽的努力。這種試錯機制與上文討論的功能轉變相結合，使得今日中國主流意識型態，不但在其表現形式及作用方式上和改革以前大不相同，而且在其內容的架構面貌上，也發生了根本變化。其中最突出的特徵就是，在黨務官僚退居幕後狀態下，官方機構傾向於低調行事，官方正式話語趨於空洞抽象界定模糊，而智庫型話語空間則大爲擴充，具體言說趨向多元。

　　不妨說，這種浮泛化本身，已經完全脫離了歷史上曾明確立足於意識型態立場的社會主義革命實踐，正好爲福山所說的歷史終結做註腳。更值得注意的是，這種泛化在最近10年裡已經有效消解了以官方聲稱的意識型態立場檢驗批評中共並向政府施壓的可能。又因今日學界已獲有長期文化研究和後現代批判理論訓練，那些轉而尋求以「歷史潮流」、「普世價值」等立場爲原則的批評者，一開言即被置於相對說來缺乏反思和自覺的思維劣勢地位。但這並不是說官方絕無自己的意識型態框架。具體來說，胡錦濤─溫家寶執政以來，意識型態立場雖多次調整，但大致可分爲下列殊途同歸的三個發展方向。

　　1. 2007年底在北京召開的中共十七屆全國代表大會，將歸於胡錦濤名下的新理論「科學發展觀」正式寫入中共黨章。表面上，這似乎不過是延續了鄧小平1980年代初提出的「科學是最高的生產力」和江澤民「三個代表」等口號。不過，鄧和江的口號與當代資本主義世界的關係並不明顯，倒是歷史上因馬克思主義影響而重視生產力發展的痕跡清晰可辨。胡錦濤則有所不同。「科學發展」提法出現在中國入世之際，起初與「創新型」並提，當時的明確目標就是要廣泛設立研發中心，有效提升中國產品的國際競爭力。其思想根源確鑿無疑地來自今日資本主義跨國公司實踐等全球化影響。中國

加入世貿組織時，黨政幹部和大批政經知識分子意識到，中國經濟不可能長久依賴勞動密集型產業和低附加值產品的持續大量出口，日日甚囂塵上討論的都是必須創造自己的品牌，以求保持中國在國際市場的重要位置。因此，與其說科學發展觀延續了以往的生產力概念，不如說這是自江澤民要求「與時俱進」、「與國際接軌」之後，中國經濟和世界資本主義體制整合過程中，順理成章的下一步。而曾經引起注意的「可持續發展」概念，則在入世後的經濟飛速增長中失寵。環境污染問題在過去10年日趨嚴重，應該說和入世後的國策傾斜密切相關，至今沒有得到糾正；民眾和社會力量仍然無從以可持續發展為依據，質疑各級政府舉措，保護自己權益，發展社會公益。

2. 經濟整合也帶來面向國際表達立場的需要。新世紀裡，中國正成為世界上舉足輕重的工業化大國。很自然，這給中國社會和民眾帶來極大民族自豪，雖然也伴隨著嚴重的民族沙文主義傾向。自從1972年尼克松訪華，北京的外交政策一直缺乏一個有內在邏輯支持的方針。如今中國經濟向全球各大洲擴張，在非洲和拉丁美洲影響尤為顯著；中國公司在世界各地與西方大公司競爭海外市場和投資項目；中國政府領導人也在世界上穿梭走訪，頻率遠高於大多數其他國家首腦。意識型態上，面對國際的話語「試錯」機制也在頻繁運作，這些同樣和加入世貿組織後對外貿易大規模翻番有關聯。

入世前的連年滯脹，決定了當時中國外交重點在吸引外資，甚至在非洲也曾以吸引來華旅遊為重點之一（初期主要目標是排擠台灣）。入世兩年後，世界反戰示威正處於高潮，中國毫無反響，忙於支持自己突飛猛進的歐美出口市場，中非合作論壇也暫時的受到冷

落[11]。官方感興趣的是一位美國基辛格基金會人士2004年的建議。他提出以「北京共識」對抗1980年代西方「新自由主義」的口號「華盛頓共識」，意圖以中國模式取代美國的世界發展樣板，提供另類的社會文化現代性路徑。但因其論證中高度評價「中國模式」的環境和社會福利效果，立即受到國際環保和人權團體基於中國現實狀況的質疑。這一提法不久就銷聲匿跡[12]。不過，代用品很快浮現。2006年秋，前中央黨校常務副校長鄭必堅開始用雄心勃勃的「大國崛起」來描述中國新的世界地位。中央電視台向9個歷史上曾經稱霸一時的歐洲、北美、亞洲國家派出製作組，並於2007年春播出《大國崛起》系列片，介紹各國興衰歷程的經驗教訓。可惜，這個口號的壽命也只有一年。這一次，中國崛起暗示的國際野心既驚動了西方工業國家，也令東亞和東南亞的中小鄰國頓生戒意。不得已，北京再次屈身，安撫遠近貿易夥伴。2007年10月，中央電視台播出另一部大型系列片，這回叫做《復興之路》。看似內省的選題，但因其敘事起點為1840年鴉片戰爭，而將中國現代史上的衰落與復興置於國際話語框架，隱然為中國加入世界強國俱樂部做話語鋪陳。2009年慶祝中共建政60周年之際，一台由中央重要職能部門共同主辦的大型歌舞表演再度以《復興之路》為名。雖然「中國崛起」仍見於報刊，「大國崛起」可是不再提起了。據台灣媒體報道，鄭必堅現

11　據新華網介紹，中非合作論壇始於2000年，每三年召開一次部長級
　　會議，2009年11月在埃及召開的是第四次。但即使根據新華網在埃
　　及會議期間照理是大力宣傳的內容，2003年的第二次會議也乏善可
　　陳。中方商業興趣顯然還沒有像2006年第三次北京峰會那樣高度調
　　動起來。見 http://news.xinhuanet.com/ziliao/2003-12/16/content_
　　1233033. htm及其鏈接。2009年11月24日查閱。

12　Joshua Cooper Ramo, "The Beijing Consensus,"(London: The Foreign
　　Policy Centre, 2004).

在大談的是所謂「三和」：國內和諧，世界和平，台海和解。

很顯然，這類「復興」或「和平」言談既非真實指導方針，也無法有效解釋中國在當今世界的外交政策。國家經濟利益需要外國政權的合作與支持，北京因此極力避免外界留下印象，以為中國正陷入和美國（或任何其他國家）在意識型態上的對立。邀請數十位非洲首腦聚會北京，建立定期舉辦的「中非論壇」，或像2008年處心積慮邀請上百位世界各國領袖參加北京奧運開幕式，宣傳時難免帶有萬邦來朝意味。但若以為這重現了中國的「朝貢體系」傳統，則未免誤讀北京國際政策的基本方針。現實利益決定，在商言商最重要，政治立場不但無用，還會帶來沉重的附加條件，甚至到手的合同再飛掉也說不定。因此，外交上容忍非官方「朝貢體系」言說的場合，局限在區域貿易已經大體納入中國主導經濟圈的東亞和東南亞，而官方還要在這類場合裡重點強調「理解」與「和平」。在距離遠、文化差距大、貿易增長快的非洲或拉丁美洲，則有可能較多重申「和平共處五項原則」。躋身於聯合國安理會的強國俱樂部，中國很在意國際差等體制帶來的特權，也無意讓「國際社會」尷尬；除了出於自身利益的抱怨以外，在大多數重大國際議題上都保持附和或沈默，不會為他人而堅持原則主持正義。

3. 在執政黨與社會、國家與個體成員之間的關係上，同樣存在官方意識型態話語從以往明確定義向邊界模糊退縮的狀況。胡錦濤時代始於銜接江澤民「以德治國」、宣教道德細節的「八榮八恥」，這些很快讓位於遠為抽象的「以人為本」，最後終於定在空洞無物的「和諧社會」上。與「八榮八恥」或「以人為本」不同，在社會發生反彈時，「和諧社會」比較不易成為直接針對基層官員或政府政策的利器，卻又保留了極為寬泛的空間，使政府可以在必要時以集體強勢名義對公民個體施加壓力，有限度地承續了鄧小平「穩定

壓倒一切」的話語功能。這樣低調模糊的官方話語,當然不足以處理經濟高速成長帶來的多元分化和社會利益衝突;全盤引進西方法治觀念和實踐,又與中共政府及各級官員維持統治的需求相悖。這就在近些年爲智庫型意識型態生產提供了重要的空間。「和諧社會」不足以彌合衝突的利益觀念時,經過商業打造而格外流行的「儒家傳統」可以出來助一臂之力。少數民族地區出現不穩定情勢,「朝貢體系」傳統亦呼之即來。借用歷史論述正當性,取代對具體問題的具體分析,這些訴諸歷史的言說,與「復興之路」配合密切,目前在國內語境中處於主流地位。

但反觀現實,國家與社會、國家與個體之間所依賴的卻並非這些傳統的言說,而是一種有中國特色的契約關係。這種契約關係不是基於公民權利原則,也並不以官方意識型態立場爲規範,而是以類似現代大公司的方式運作。國家對待公民猶如公司對待雇員,「8小時以內」必須聽從指令,不但政治上過線必罰,經濟上也常出現造就數千萬「房奴」一類的強制措施;而「8小時以外」則概屬個人自由,既鼓勵多元經濟發展,也刺激消費市場。一旦發生四川地震豆腐渣校舍這樣未及規範就引起政治反響的問題,當地政府對付死難學生的家長,原則上是以政府暴力做後盾,強迫家長領取撫卹金並簽字許諾從此消音,也就是說,採取大公司對待雇員或消費者的手段,將政治訴求轉移到經濟領域[13]。

與此相應,國家處理與社會的關係,也是沿著歐美跨國公司謝絕社會進入的思路,無論是稅制改革還是深圳曾進行的「政治改革」,都不包含社會參與和公民參與議題,始終堅持以國家「執政

---

13 見林宗弘,〈震殤元年:四川民間救災機構訪談雜感〉手稿。筆者在此向林宗弘致謝。

能力」和政府「問責制」等績效型話語來表述，既保證了上一級政府的最終決定權，也以「經營」型進路取代了政治範疇的社會生活，同時還有效地麻痺了社會政治意識。同理，幹部選拔提升機制方面，能夠且實際開放的，只有公務員考試。一旦涉及黨政官員，則必定有內外之分際：社會普通成員最多只相當於政府政績的消費者，公務員也不過相當於公司一般雇員。只有能進入黨政軌道者、能在中央和大都市進入技術官僚層次者、以及能與黨政官員形成交易的富豪或黑道，才能參與實質性的選拔提升程序。因此，這一程序雖然近年來有所改革變動，增加了相當的靈活性，但以公司經營管理方式取代政治生活的趨勢卻不但沒有減弱，反而更加增強了。事實上，政府管理模式的變革改動，更多依賴於「科學發展觀」一類的言說，強化了公司管理式改革的不可避免。面對複雜社會關係時，官方意識型態三個主要口號，「和諧社會」、「復興之路」、「科學發展觀」，終於携手協同作戰。

三、歷史終結之後：理論內涵與世界影響

以上分析即使能夠說明福山所謂歷史終結同樣適用於冷戰結束後的中國，也只是專注在意識型態的社會功能方面。從思想或哲學意義上看，讀者完全有理由質疑：「和諧社會」自有其烏托邦性質的一面；「科學發展」顯然包含時間維度，很難說屬於「非歷史」的概念；「復興之路」不但也有時間維度的一面，甚且聯繫著抵制「西方中心」視角和中華民族現代性的歷史可能。如果不拘泥於福山的論述，難道不能說「中國崛起」為世界提供了西方模式以外的另類想像嗎？筆者以為，「中國崛起」確實正在參與重塑發展中國家對現代化和現代性的想像。但是，如果以資本主義全球化作為參

照系，則這個重塑的理念基礎究竟有多麼另類，卻是大可懷疑的。下面試從若干方面簡要考察這些問題。

　　1. 烏托邦想像作爲抽象概念，譬如康有爲的「大同」，可以停留在空想階段。但只要進入意識型態層面，就必定要引進歷史來表達其趨近實現的可能性，也因此要引進推動歷史的動力（agent）這一因素[14]。康德設想理性的歷史發展，人類將脫離愚昧，世界應享有和平。前者動力在於個體覺醒，後者在於開明君主。黑格爾視歷史爲絕對精神的自我實現時，具體進程之動力端賴國家；觀察歷史作爲現象時，動能有待於人的主體自覺。馬克思主義歷史階段論，在實現共產主義之前，工人階級既是資本主義的掘墓人，也是歷史前進的推動力。不過，即使在馬克思那裡，個人主體解放也還是整個社會解放的必要條件，並未被階級這個集合概念完全吞併。資本主義社會尊崇經濟那隻看不見的手，投資和利潤是保證發展的潤滑劑，但同時也繼續在意識型態領域將個體自由解釋爲社會歷史動力。這最後一點，還爲資本主義的批判者提供了有力槓桿，藉以揭示資本主義發展與其自詡目標相悖，實際生產的是敵視個性的消費文化和社會成員的原子化傾向。只是到了列寧主義蘇維埃革命及其影響下的中國革命，個人才成爲集體這個大機器上的「螺絲釘」，成了黨在現代化建設中的「一磚一石」。在歷史動力中，階級和組織全然取代了自啓蒙時代以來個體解放這個重要的方面[15]。

　　中國改革開放30年，只有1980年代鼓勵過結合個體啓蒙的歷史動力話語。此後社會上泛濫的個人主義，基本無關乎歷史與發展，

14　筆者感謝崔之元對此前翻譯human agency 的批評建議。

15　這並不是說蘇俄和中國的革命話語中不包含個體解放之面向。這裡強調的是抽象個體作爲歷史動力，在這類意識型態建構中讓位於階級，得通過階級解放再聯接到全人類。

主要是在空間意義上開闊個體的存在狀態。官方意識型態早已背叛馬克思主義賦予工人階級的歷史使命，也嚴密監控「階級」概念的使用（相關研究不得不以「社會階層」婉述）。而諸如「三個代表」、「與時俱進」、「和諧社會」這樣可能帶有歷史色彩的言說，第一永遠將黨和國家作爲歷史發展的唯一動力；第二始終迴避定義社會成員個體的歷史意義；第三也越來越迴避定義社會矛盾的歷史性質和形態。另一方面，在「發展」取代「歷史」（包括「科學發展觀」）的場合，資本投資和利潤成爲社會「進步」主要動力，也成爲解釋和處理現實生活中社會矛盾與衝突的原則根據。不僅經濟上，中國意識型態領域也已完成向國家主導型資本主義的轉變。

　　既然已走上資本主義道路，經濟發展到一定程度，就不能不開發國內市場；逐漸成熟的資本家階級，也意識到自己依賴國內消費者。不光是革命，資本也需要動員社會。可以說，《復興之路》正反映出入世數年後國內消費市場成長的新動向。與以往不同，這個口號引進「民族」作爲歷史變化的內核，黨和國家則與歷史隔了一層，成爲民族走向的代理和推動力。至少從意識型態建構歷史動力的角度說，中國特色的崛起是，先由黨國取代勞工階級，再由民族主義取代個人與社會主體，在整合內外公私各種力量時，保障資本利益。

　　2. 資本雖然需要動員社會，目標卻只在原子化的消費者集合，並不希望看到社會自我組織的力量，更不必說勞工以階級自覺爲基礎的自我組織了。同時，資本主義發展的一個共生現象，是現代社會生活官僚化趨勢。這兩方面，曾分別被韋伯、施米特、馬爾庫塞等人發揮，認定資本主義社會理性化進程破壞了政治生活和現代人性，代表著「歷史」及其超越意義在社會生活中的隱退，並因此和「歷史終結」命題發生關聯。換言之，「在商言商」以及公司經營

管理模式侵蝕政治生活領域，並非自今日始，亦非自中國始。僅就
最近幾十年來說，西方大債權國借助華盛頓共識和世界銀行、國際
貨幣基金組織向發展中國家施加市場化壓力，曾是1980-90年代的潮
流；美國軍隊深受各種承包商之累，已經不是新聞；義大利、泰國、
墨西哥等國先後由大資本家直接當選總理或總統，也顯示出同樣趨
勢，常常為大眾參與和社會運動帶來普遍的無力感和焦慮。有學者
將這種趨勢和現象定義為「去政治化的政治」，並據此解讀中國在
世界資本主義霸權機制下的處境[16]。

　　這一分析非常有啓發意義。不過，筆者以為，這種解讀有必要
再推進一步，具體回答資本如何限定政治運作，在西方和中國的運
作邏輯有何異同，並進而考慮這些異同對思想認識和世界發展的影
響。本文篇幅有限，這裡只延續上文，略談資本意識型態在中國運
作的兩項特殊性。首先，如前所述，要動員消費者參與，資本可能
依賴政治渠道於一時（如住房改革製造城市「房奴」），難以直接借
助政治於永遠，否則就有可能失去追逐利潤以及競爭時的靈活性。
所以，發達國家基本上政經分離，資本一般選擇政治代理人在公共
政治空間為自己說話。大資本家直接當選總理或總統，是冷戰結束
以來、經濟成長上升為主導話語的情況下的歷史新動向。在中國，
這個次序正好顛倒過來。國內市場未發育時，政治統治集團直接推
動資本意識型態，以招商引資為地方工作中心就是一個突出例證。

---

16 見上面註3汪暉引文。汪暉分析當今全球普遍存在的去政治化政治
　　現象時，除了涉及韋伯、施密特等人關於工業化社會理性化、國家
　　官僚化傾向外，關於資本主義的影響，主要是從批判發展主義入
　　手，兼及政經領域分離帶來的國家和政黨的「中性化」。見頁37-47。
　　此外，汪暉此文引用阿爾都塞關於國家介入意識型態生產的分析，
　　對筆者寫作深有啟發，特此致謝。

如今國內市場漸次發展，就出現我們前面分析的情況，官方立場避免直接界定社會矛盾衝突，更拒絕參與建構與社會基本矛盾相關的意識型態話語（與毛澤東早期革命時代的意識型態實踐恰成對照）。實際社會矛盾則主要依賴資本意識型態處理。可以想見，這樣的分工，在人民幣開放浮動後會更加固定下來。一方面更鼓勵關於民族和文化、傳統的言說，一方面個體消費者可以利用的更多空間也會出現。現在不少人津津樂道中國崛起和中國傳統文化靈活性的關係。在這個言說和實踐分工模式裡，如果確有傳統重現，恐怕也主要是類似於「儒表法裡」的統治術，而不是表面上依賴道德典範的統治正當性。更重要的是，這種秩序很可能並非代表著中華文化的包容，卻恰恰反映了資本的靈活性。資本邏輯和統治集團對政治生活的壟斷，二者密切配合，才是中國當代社會運動難以生長的直接原因。西方特別是美國為首的全球金融資本主義多重霸權，實際上也只有通過中國國內資本運作的具體機制，才可能發揮遏制社會政治運動的作用[17]。

其次，我們已經提到，伴隨一般資本主義發展的個人解放、個體自由言說，在20世紀社會主義革命實踐中雖然時有重現並發揮了重要社會動員功能，但在政權穩定狀況下通常被階級或集體話語遮蓋，只在前社會主義陣營範圍以外，仍保有一定的形而上品格。今

---

17 上引汪暉關於「去政治化的政治」討論，分析歷史時重點會落在社會運動上（主要在關於階級問題的部分，頁23-36），但在分析霸權的多重構成以及重新激活政治的可能時，則基本是在「國家的、國際性的（國家間的）和全球性的（超國家的和市場的）三重範疇及其互動關係內討論霸權和意識型態的作用。」（頁51），今日中國社會下層進行社會運動時面臨的政治彈壓與經濟壓迫聯手的困境，並未包括在他關於未來想像的提問內（頁57）。見同書頁48-57。

日中國各種立場，在資本意識型態面前都無力建構超越思維。官方
拋棄線型歷史觀後，除了近乎統計學意義的「小康社會」，至今沒
有關於個體解放與社會公正的明確願景，最多只能用民族想像填補
超越境界的空白。與此同時，在冷戰結束的經濟發展主導情形下，
特別是 9/11 以來，宗教復甦成世界趨勢，但各主要宗教內的原教旨
傾向也在逐漸減弱，學術思想界對此力圖從哲學層面認知的興趣日
增。而中國由於缺乏精英宗教傳統，目前影響眾多人口的宗教特別
是基督教傳播，在中國社會裡始終缺乏政治、文化各方面的有機整
合，難以確立其獨立並得到社會尊重的超越價值[18]。在這種語境下，
對應於官方言說中黨、國、民族作為歷史動力，非官方及半官方言
論近年來熱衷於論證「天理」與中國文化秩序的內在關係，至少客
觀上「復興」了國家(state)是此界存在與超越境界相聯接的唯一紐
帶這種傳統思維。中國大約是二戰後唯一將自己經濟起飛主要歸功
於「國家」自覺領導的國族(這方面朝野幾乎一致)，應該不是偶然
的。除了政府強制性管制和全球資本主義多重霸權，這種國家中心
視角，恐怕也是社會和公民個體難以提升自覺和自我組織能力，無
力擺脫「去政治化的政治」的一個重要原因，更不必說在貧富兩極
分化條件下被壓抑的階級意識和自我組織潛力了。這也可以在一定
程度上解釋，為什麼「去政治化的政治本來是以批判面目出現的命
題，卻不但沒有轉化成社會化的批判資源，反而發生被輕易挪用為

---

18 這裡僅僅是描述宗教在當代中國社會的一般處境，絕不是要提倡宗
教在社會裡的傳播。另一方面，筆者也明確反對以世俗化立場為標
榜，貶低宗教生活仍占主導地位的其他社會、特別是「社會人口」。
思想界需要了解宗教在人類生活和當代世界的意義，而非簡單摒
棄。

正面價值提倡的情形[19]。

 3. 其實，冷戰初結束時不但有福山的歷史終結論，亨廷頓的文明衝突也很流行[20]。2001年的9/11，也曾再次見證文明衝突論在西方社會引起的深度疑慮和恐懼。但後來發展顯示，世界各地宗教極端傾向都有所減弱，基於不同文化傳統的地域衝突也未見明顯惡化。相反，抵制批判「西方中心」論、論證並提倡多元文化多元現代性的立場，在西方和非西方國家都進入主流言說。同樣現象也發生在中國：當局在1990年代特別推崇新加坡和馬來西亞領導人堅持「亞洲價值」的強硬立場；新世紀裡，中國獨特的現代性也成為知識界熱門論題[21]。是否可以說，跨國度空間想像正在取代以時間維度為依據的烏托邦，指導著今日的國族發展和思想批判？

 「現代性」與藝術史上的「現代主義」和國族政經「現代化」進程等概念既相關又不同。至少可以說，現代主義和現代化包含實踐主體的意願，甚至可能是很明確的強烈意願，也因此表現出以傳統為參照並與之對立；而現代性原則上是描述性或被動感受的，參照對象是當下環境及與之認同的現實存在，對傳統則至多是無奈的

---

19 2008年春藏區騷亂後，如何理解民族矛盾成為中國大陸學者普遍關注的問題。北京大學社會學系馬戎教授提出應將民族問題「去政治化」。汪暉在2009年表示，這種提法和他本人理解的「去政治化的政治」並不一致(據尚未公開發表之交流文稿)。

20 Samuel P. Huntington, "The Clash of Civilizations?" *Foreign Affairs*, summer 1993.

21 鍾延麟提醒筆者注意中國與新加坡和馬來西亞在1990年代初的交往，特此感謝。目前西方看待中國崛起，「文明衝突」觀點仍有相當市場，但關於中美聯手合作的議論也越來越多。筆者以為，目前尚無充足理由認為中美或中西會發生基於文明背景的直接暴力衝突。

懷舊，並不構成立場上的對立或分道揚鑣。現代性概念的表述雖然沿時間軸展開（「現代」），卻因此而沒有一個依線性歷史觀而確認的未來烏托邦作為理想終點，與共產主義意識型態有根本不同。當然，描述性本身並不成其為問題。在學術思想領域，從描述性概念出發的分析仍然可以具有強烈批判性。冷戰結束後，「現代性」概念獲得有力的跨地域空間推動，原來特指西方的單數表達被遍布全球的複數取代，應用上迅速從歷史研究進入當代現實立場，內涵也擴大到包容主觀意願，要各自創造本民族有別於西方的現代性。在這個意義上，獨特的「中國現代性」可以沒有滯礙地與「民族復興」合作，自家歷史上有可能發掘出來的各種資源，都可以經由描述進入當代五花八門的思想立場組合，既不必特別回答邏輯自洽之類的挑戰，又常常能相當有效地激發民族自豪，激發民眾在民族名義下的參與熱情。

對很多發展中國家特別是第三世界國家來說，這類意識型態建構與中國經濟快速發展的結合，就是很有說服力的一種「中國模式」，值得參考甚至模仿。二戰後，這些國家在爭取獨立和反對殖民鬥爭中曾煥發出極大熱情與能量；獨立之後陷入冷戰劃分的陣營，依賴外援發展經濟；冷戰之後則常常掙扎於經濟危機和華盛頓共識壓力之下。其中，非洲國家經歷了尤為慘烈的戰爭與自然災害。那些在幾波民主化浪潮中實現政治轉型的國家，轉型前多半以「民主化」為主要意識型態。基本建立民主制度後，可以容忍基於不同意識型態立場的政黨公開競爭的平台和空間有了，實質不同的意識型態立場卻沒了。經濟轉型帶來的困難，滲透於社會文化生活，民族精神因而萎靡，即使在經濟復甦後，也長期難以恢復。能像中國那樣同時享有經濟高速發展且大力伸張本民族文化傳統的，恐怕除了南韓沒有幾家。何況中國提供了西方以外的選擇，這種「中國模

式」也提供了面對西方經援時表達不滿、討價還價的另類正當性。

　　這些看起來不過是政治考量，但其中隱含著普遍性與特殊性關係的困境。「工人階級沒有祖國」以普世價值出現，自由貿易和民主改革也是以普世價值出現。幾十年來，如何尋求民族獨立價值，激發民族自尊自信，始終是個待解答的問題，而西方發展出來的各種理論，卻很少能夠涉及這種問題意識。有關第三世界國家的任何解釋和批判立場，都必須面對這種困境。這就回到一個老問題：非西方民族的「現代」從何而來？長話短說，日本現代學者竹內好曾明確回答，東方的近世是由西方強加的。在這種歷史給定的條件下，東方只能在持續抵抗西方又持續被西方擊敗的意義上實現自己的近世，既抵制又引進源於西方的普世價值，既捍衛又必須退敗並批判自己民族的傳統價值和傳統文化。美籍日裔學者酒井直樹近年曾對此做出很有啓發性的發揮討論。耐人尋味的是，一位並不知曉竹內好其人的英國哲學家，英文《激進哲學》雜誌編輯彼得歐斯邦，今年提出了類似設想：現代性所指涉的時間維度與之波及世界不同區域的空間維度密切相關。他不否認現代性在空間上的多元，但也不認爲時間上的累積可以忽略[22]。

　　必須指出的是，酒井和歐斯邦有一個共同認識，那就是現代性不可能抽象出來單獨討論。他們認爲，現代性問題必須和資本主義全球化擴張聯繫起來。換言之，世上不存在不牽涉資本主義擴張、

---

22 竹內好，〈何為近代：以中國和日本為例〉，收入孫歌編竹內好文
　　集《近代的超克》，北京三聯書店，2005。酒井直樹（Naoki
　　Sakai),"Modernity and Its Critique: The Problem of Universalism and
　　Particularism," *Translation and Subjectivity*, pp. 153-76. Peter Osborne
　　文章發表於2009年10月 Courtnauld Institute of Art 研討會，此處據其
　　手稿。

僅由不同的在地文化決定的多元現代性。回到上文所說現代性基本是一個描述性概念，不難看出，在地多元現代性的提法，只有在全球文化霸權關係脈絡中才有自足的批判性，其目標指向西方中心，但也止於西方中心。在非西方社會內部，這個概念缺乏激發批判自省精神的動力，往往流於文飾現實與自滿自足，用民族文化特殊性掩蓋民族經濟正納入世界資本主義軌道的事實，也掩蓋必須要認真分析的這一納入進程的具體方式和路徑[23]。如果不能既批判西方中心和資本主義(包括文化)霸權，也批判自身文化傳統和本民族社會現實，筆者以為，當代中華民族思想將會很容易成為本文所分析的各種不同霸權意識型態的人質。那才是中華文化傳統的悲哀。

2009年11月17日於台北南港

　　王超華，現在中央研究院近代史所從事博士後研究，主攻中國現當代思想史及社會文化變遷，主編文集 *One China, Many Paths* (2003)，中文版《歧路中國》(2004，聯經)。

23　關於非西方國家現代性所牽涉的理論問題，比這裡所述要遠為複雜。因篇幅所限，不便展開，筆者將另文處理。

中共合法性論述的新動向：
比較三齣國慶舞蹈史詩的政治涵義

叢小平

一、「盛世」慶典的政治密碼

今年10月1日是中華人民共和國成立60週年的日子，在北京，共和國一甲子的慶典熱鬧非凡。除了盛大的閱兵式、入夜的廣場聯歡、劇場演出的歌舞晚會外，由中宣部、文化部、國家廣電局、解放軍總政治部、北京市聯合推出了大型音樂舞蹈史詩《復興之路》，宣稱爲繼《東方紅》和《中國革命之歌》之後的第三部大型史詩劇。導演試圖將廣場藝術與舞台藝術相結合做出創新，儘管此劇在藝術上的價值尚可討論，但其政治意義卻不可忽視，尤其是它傳達出的信號表明，中共正在探索新的政治歷史觀，並以此爲基礎建構其執政合法性的論述。本文試圖對此做出解讀，並對比《東方紅》和《中國革命之歌》，以這三個官方版的歌舞史詩爲線索，解碼其中所顯現的意識型態話語的變化，並對中共近年來意識型態的走向作一些分析。

在中華人民共和國的歷史上，由官方舉辦大型音樂舞蹈史詩都是有特殊意義的，建國60年來共有三部，均爲建國慶典推出，目的在於展示執政者的豐功偉業。因此舞蹈史詩的主要章節和朗誦詞都

經由官方確認，表達著官方的意識型態和歷史觀，而且每部史詩劇都出現在共和國歷史的轉折點上，顯示出這一時期官方意識型態的特徵。例如1964年為紀念建國15週年推出的第一部大型音樂舞蹈史詩《東方紅》（以下簡稱《東》），是在國家總理周恩來直接主導下進行的，這部劇不僅開創了共和國史上以多種藝術形式表述官方意識型態的先河，並以一種通俗的方式，在闡釋中共歷史的同時，將毛澤東推向了神壇，為文化大革命中的「個人崇拜」奠定了群眾基礎。儘管在《東》中也隱約表露了共產黨「打江山坐江山」的意思，但由於此劇以鮮明的意識型態主導，而且全劇又結束於建國時刻，並未涉及建國後的執政合法性，所以這層隱約的意思被強烈歌頌毛的個人正確性的意圖所淹沒，創造了毛個人的「神奇魅力」（charisma）作為中共成功執政來源的論述。

相比之下，1984年為慶祝中華人民共和國建立45週年推出的第二個大型音樂舞蹈史詩《中國革命之歌》（以下簡稱《歌》）出產於改革開放之初，目的非常明確，就是為鄧小平的改革開放背書。此劇摹仿《東》的模式，又一次回顧了共產黨的歷史，告誡人們不要忘記共產黨在「革命」過程中所獲得的權力正當性。然而中共在此時重申其「革命歷史」則不像《東》那樣理直氣壯，似乎有著要求人民再給中共一個機會的意味。《歌》將鄧小平的改革開放定性為國家的「春天」和「清晨」，意味著國家在經歷了「嚴冬」「黑夜」之後，「中國革命」的歷史又一次轉折和重新開始。這正符合鄧小平在毛澤東之後，要將中國引向一條與毛不同的道路，需要重新出發的意圖。同時，此劇的名稱《中國革命之歌》凸顯近代歷史的主題依然是「革命」，鄧的改革只不過是革命「新的歷史時期」，所帶來的轉折仍是對原來革命的繼續和繼承，也是對毛「誤入歧途」的修正，試圖以此消除一部分人對其改革性質的懷疑。

於國慶60週年之際推出的《復興之路》(以下簡稱《復》)有一個「前傳」,即2007年的同名電視劇《復興之路》,但是它並未像《大國崛起》一樣受到廣泛注意。此次藉國慶之際以大型音樂舞蹈史詩的形式再次推出,其中涵義不可輕忽。據說《復》的台詞和內容都經過政治局高層討論,而CCTV高調報導了國家主席胡錦濤以及多位主要國家領導人出席首演,可見此說並非空穴來風。從表面上看,它仍秉承著前兩個舞蹈史詩的基本模式,回顧歷史,展示功業。然而,正是在這個「盛世慶典」的喧囂中,近代中國的歷史和中共的革命奮鬥史都在重新敘述中大大地被改寫了,其幅度令人瞠目結舌。在對歷史和現實的重新論述中,《復》不僅持續了近年來執政者「去政治化」、「去意識型態」的趨勢,甚至更向前走了一步,顯示了中共回歸中國傳統政治意識型態的試探,透露出借用某些「天命論」的要素以建構合法性論述的跡象,表現出中共試圖在傳統中尋求與西方契約式代議制民主政治不同模式的意向。當然,這種回歸傳統政治理論是試探性的,因此在《復》中,一些信號就顯得模糊不清,同時也有與過去革命論述的銜接問題。而《復》在論述中加大了建國後功業的比重,可以看出中共對60年執政的基本定性也有了自信,這個自信並不是來自對革命理論的成功實踐,而是對所探索的新論述的認可。如果忽視了《復》中所表達的資訊,就很難讓人看透中共改變歷史陳述的意圖,也不易釐清其政治論述發展的方向。

二、探索與復興:去意識型態的主題

許多歷史學家喜歡克羅齊的名言,一切歷史都是當代史。不僅如此,一切歷史也都是講述人的歷史。中國近代的歷史在每一個時

代都被講述，每一次講述都表達了當時講述人的歷史觀，歷史就在這一次次的講述中被重塑、被層疊地建構了，因此《復》也是通過重講歷史來表達其論述的。當然任何一個政權都不是史學研究機構，講述歷史的目的不在於忠實地重建歷史，而是以重述歷史的方式，建構其政治合法性，形成執政的意識型態。所以我們不去論證這些慶典舞蹈史詩是否忠於史實，問題在於他們在怎樣陳述歷史，以及在作甚麼樣的歷史和現實的陳述。

從1949年到1990年代初，中國人一直活在政治鬥爭和意識型態中，這種意識型態源於執政者以革命黨建立政權的基本性質，也源於20世紀中國社會變革的大背景。從20世紀1950年代中共執政開始，每一個時期，每一場政治運動都不斷地推出各式各樣的政治口號，其基本觀點以「階級鬥爭」論述為基礎。根據馬克思主義基本理論，「人類社會的歷史就是階級鬥爭的歷史」，社會建設也以「實現共產主義」為目的，文藝作品也具有強烈的階級性和革命性，個人生活的性質與目的均被定義為「幹革命」。然而，在1990年代，隨著知識分子「告別革命」，之後在21世紀的大眾娛樂中，在商業化的影視劇中，意識型態從民眾生活中逐漸退場。近十幾年來「主旋律」的影視節目都頗有「隋唐演義」的風格，在革命歷史題材的影視中，再不見一群衣衫襤褸、營養不良的紅軍或八路軍戰士，手持大刀長矛，為革命和階級的理想而衝鋒陷陣，而是一群衣衫鮮光的士兵，手持與國民黨軍隊幾乎同一水準的武器，在虛懸一格的革命歷史背景下，演繹著英雄和梟雄的故事。眾多歷史影劇中的人物機智勇敢果斷從容，他們的親情愛情友情人情都十分具有個人特色，帶來了角色人格的豐富，但卻與共產主義和社會主義革命的內涵與關係十分模糊，以致像《潛伏》這樣中共地下工作者驚心動魄的故事，可以略帶喜劇色彩，也可以被解讀為當代白領們辦公室的

生存策略。而像《人間正道是滄桑》這樣從1924年國共合作到1949年內戰結束國共兩黨紛爭的宏大歷史題材，被演繹爲三個家庭之間的恩怨情仇。於是「革命」和「政治」的色彩，就在這種個人人格魅力的浪漫故事和英雄的神武傳奇中被消解了。

　　這股在娛樂化與商業化中消解政治話語的潮流，也延伸到了官方的論述中，又在官方化的藝術中被重新塑造。整個《復》劇講述中共「探索」和「復興」的過程，主題不僅是去政治化的，而且與此前中共對近代歷史的闡述完全不同。在1949年以前，中共就將近代歷史的描述爲「推翻封建主義、帝國主義、資本主義的三座大山」、建設社會主義新國家的過程。這種論述正是《東》的主題，近代的歷史是一部鬥爭的歷史，一開場，男聲朗誦揭示了在「黑暗的舊中國」，人民「頭上壓著三座大山」。人民不斷進行反抗鬥爭是贏得解放的必由之路：「你一次又一次的呼喊，一次又一次的戰鬥」，只有在共產黨的領導下才能推翻三座大山，建立新中國。這時的中共對社會主義道路深信不疑，「走俄國人的路，這就是結論」。《東》的政治涵義在於證明，共產黨曾經把中國人民帶上了一條通往解放和自由的正確之路；在共產黨的領導下，中國人民必定會把中國建設成社會主義新國家。在這種表述中，歷史是線性的，通往不可迴轉之未來，而且未來的圖景是清晰的，「真理的光輝照亮了中國革命的道路」，因此，不存在「求索」和「復興」之說。

　　自上世紀1980年代以來，近代歷史被論述成爲向「西方學習」、「追求近代化」的過程，不再是推翻「三座大山」了。作爲舊勢力的「封建王朝」和反動的「帝國主義」則成爲阻礙中國「走向近代」的力量。如何走向近代？在《歌》的朗誦詞中，出現了「多少志士仁人爲了尋找中國的出路，拋頭顱，灑熱血，著新書，走重洋」的「求索」過程。所謂「求索」意味著對當下的不確定，對未來的不

肯定，「真理」已經不再，需要尋找，這種說法體現了鄧小平在改革開放中「摸著石頭過河」的指導思想。其中，「著新書、走重洋」同時也肯定了在中共革命理想之外的求索者，比《東》認定共產黨的革命之路爲唯一正確、唯一可能的說法有了一些開放，也暗示著中國要向西方學習的大方向。因此從20世紀1980年代到21世紀初，在一些政論電視劇中，不論是非官方的《河殤》，還是官方的《大國崛起》，西方歷史始終是中國近代史論述的參照系，中國近代諸多事件都被放在西方歷史的大背景下進行討論。但是，這種「以西方爲榜樣的現代化」的論述，仍保留著線性歷史敘述的蹤跡，它將中國發展道路的終極點設在了西方世界的模式上，只是如何走這條路似乎尚不確定，因此，具體做法可以求索，但是方向並不迴轉。

如果說「探索」的意思在《歌》中剛露頭角，那麼在《復》中就成爲主調，但是，探索的目的已經不是「近代化」，而是中華民族的「復興」。而且所探索的路是復興之路，而非革命之路或現代化之路。「復興」主題有著多重涵義。首先，復興的指向是朝著過去，是對過去歷史的某種回歸和繼承，歷史不再是線性地朝著未來，而成爲可以迴轉的過程。其次，復興的目標已經不是外在的，例如蘇俄式的「共產主義」，或西式的「現代化」，而是中國自身歷史中曾經有過的輝煌，是自身社會的再生與重現。第三，它與「去政治化」的目的不謀而合，近代歷史的革命被詮釋爲一種重新興起的過程，各種曾經和中共對立的勢力都有了一個恰當的歷史定位。歷史不再是「你死我活」而是「各爲其主」，在「三十年河東，三十年河西」的曲折迴盪中，各色人物都有可能「峰迴路轉」，重新浮上歷史表層。

在這種「探索」「復興」的主題下，中國近代歷史的政治意味和政治鬥爭被消解了。在《復》中，「去政治化」表現在三個方面。

一是抹去了20世紀不同政治團體在追求「主義」和「真理」上的多樣性;二是抹去了中共與國民黨在階級基礎和政治制度上的區別;三是抹去了共產黨內不同派別關於共產主義的道路、理念、形式、方法的分歧。眾所周知,中共的近代史論述中有許多具有特定政治涵義的歷史符號,例如**武昌起義**代表以國民黨為首的資產階級辛亥革命,**十月革命**代表著中國共產主義革命中的蘇俄影響,位於上海的中共**一大會址**代表著共產黨的誕生,還有代表1927年第一次國共合作破裂、蔣介石大批屠殺共產黨人的**四一二事變**,代表中共在國共分裂後決定走向獨立武裝鬥爭的**南昌起義**,代表毛澤東將中國革命的重點轉向鄉村、以農民為革命主力軍的**秋收起義**,代表中共黨內路線鬥爭、革命根據地遭遇挫折後被迫進行的**長征**,而毛澤東路線重新主導中共的**遵義會議**,則是作為長征以及共產主義革命的轉折點,中共內戰勝利推翻國民黨政權的標誌就是解放軍佔領南京總**統府**,等等。《東》選擇了許多這樣的歷史符號並表現出其鮮明的政治意義,然而,在《復》中,這些具有高度政治涵義的歷史符號要麼被刪除,要麼成為沒有上下文的空洞符號。例如,刪除十月革命抹去了中共與蘇俄的關係,工農革命中去除了「打土豪分田地」的實質內容,消解了階級關係的對立,去掉四一二國共分裂掩蓋了國共在建立不同社會制度上的分歧。1927年第一次國共的分裂在中共傳統的歷史解讀中,向來都是「兩個階級,兩條道路」的鬥爭,即以國民黨代表的地主資產階級和共產黨代表的廣大工農階級之間的對立,國共兩黨的階級基礎十分清楚。在《東》和《歌》中均有四一二事變後共產黨人為了真理、信仰,為他們選擇的政治道路而獻身的悲壯場景,同時對蔣介石背叛國共合作做出了強烈的譴責。此後中共走上獨立的武裝鬥爭道路,一系列武裝起義作為國共政治分歧以及合作破裂的後果本來有著政治意義,因此也才有了歷史的

邏輯。《復》雖然選擇了南昌起義作爲重要的歷史事件，但是由於在此前的國共合作，四一二的血腥，國共的政治分裂都被刪除。抹去階級區別和政治分裂的背景後，南昌起義在《復》中已經不再是一個政治事件，於是，舞台上的表演只能是一群士兵在不停地轉運槍枝，暗示此時的中共只不過是中國社會大舞台上的一枝軍事力量。當政治涵義消失了，中共的武裝起義與漢高祖「斬蛇」起事並無不同。

去政治化的另一種表現就是抹去了黨內的路線鬥爭，模糊了早期共產黨的性質。在《東》中，由於共產主義是當時各種「主義」中的一種，所以「十月革命一聲炮響，給我們送來了馬克思列寧主義」，才有了將共產主義落實到人間社會的榜樣，激勵著中國的共產主義者們，成立組織，實現理想。可是在《復》中，中國共產黨的成立儘管以《國際歌》爲背景，但卻以展示中共元老謝覺哉日記片斷的方式，將這一政治事件化爲個人記憶，與當時的「主義」以及社會理想實踐並無明顯聯繫。《東》中通過一次次黨內路線鬥爭，凸顯毛澤東的地位，中共早期領導人陳獨秀和其他黨內「機會主義者」們的錯誤路線與毛澤東的革命正確路線的對立，給中國革命提供了政治意義，其中黨內不同路線在對中國社會性質的認知上、對不同社會階層和力量關係的分析上、對達到理想社會的道路方針上，都有尖銳的爭論和對立。可是《復》將中共描繪成爲從1921年誕生起就是一個完全的和完美的整體，始終在爲人民利益而戰，爲國家統一而戰。消解了共產黨的政治性質之後，剩下的就只有中共作爲一種社會勢力在權力的海洋中沈浮搏鬥，在逐鹿的戰場上奔馳廝殺。

在《復》中，這種去政治化的言說還表現在對抗戰中的國民黨政府的定性。眾所周知，中共曾長期指責國民黨軍抗戰不力，《東》

譴責蔣介石「不顧民族危亡，槍口對內，一心反共，對日本帝國主義卑躬屈膝，把大好河山拱手相送」，與中共領導抗日，勇於承擔民族危亡的責任形成了鮮明的對照。共產黨的抗日游擊隊被描述成抗日的主要力量，由此奠定了中共在其後內戰中的正義性。在《東》和《歌》中，抗日戰場上國軍從未出場，游擊隊扮演了抗戰的主角就是這種論述的表現。近年來，不論學術界、官方論述，還是影視界都對國民黨在抗日正面戰場上的努力加以肯定，而共產黨的游擊戰作為一種抗日輔助力量應該是符合歷史事實的，也符合當時國共的力量對比。這種變化也反映在《復》中，舞台上國軍有了位置，反而游擊戰失去了地位。但是這種轉變的目的不在於肯定國軍在正面戰場的功績，而是將抗日戰爭的經歷描繪成國共無間合作保衛「祖國母親」的共同事業。舞台上只有身著灰色軍裝(代表八路軍和新四軍)和土黃色(代表國軍)的士兵們以及普通平民們圍繞在一個中年女性(代表母親)身邊，象徵著全民族團結一致，共同進行保衛「祖國母親」之戰，游擊戰所代表的涵義，國共之爭以及他們所代表的不同道路、不同階級、甚至抗戰中不同立場和策略、以及相互之間的衝突，就這樣被化解了。

　　將近代中國表述為一個多種勢力探索復興的過程，就暗示各種勢力都有合理性，都是在為中華民族的復興而鬥爭，為探索「復興」而鬥爭。於是全劇重點和主題放在「去政治化」的「求索復興」中，沒有了反帝反封建推翻三座大山，甚至連近代化的目標也沒有了；有的只是對過去時代輝煌的嚮往與回歸。如果目標一致，不同的只是方式而已，其中的鬥爭就沒有你死我活，也沒有價值判斷，只有成功與否。

三、重塑歷史：正統天命的確立

當《復》將「探索」「復興」作為近代歷史的主軸時，階級、主義、路線都悄然隱退，社會主義革命話語已經失效，沒有了共產主義革命的理想天堂，沒有了社會主義勝利的歷史必然性，甚至「現代化」也失去了它誘人的前景。去政治化之後的中共，拿甚麼去解釋20世紀宏大的革命運動，如何解釋1949年的勝利呢？即使1949年中共在政治和軍事上的雙重勝利可以看成是中國大多數人在國共之間的某種「選擇」，那場勝利為中共帶來的執政合法性的光環，在政權的世代交替之後也已經消失殆盡，何以能回答社會對其執政合法性的質疑？在需要把「探索」之路指向過去時，《復》在表述歷史過程中借用並翻新歷史資源就不僅是臨時的謀略，而更有可能是對長久理論的探索。當中共向後看，在歷史中尋求過去輝煌的再現時，歷史中勝利者和執政者的政治理論仍是解釋歷史的有力武器。天命觀總是勝利者的言說，「天命」的論述並不都是由統治者直接公告天下的，而是通過一次次地講述歷史、重塑歷史形成的。天命觀與西方契約式民主制下以選舉為基礎的執政合法性不同，統治者的「天命」是在歷史演化中獲得的，是在各種政治勢力的競爭中成為歷史的「唯一」，因此在講述歷史中打造歷史的唯一和歷史的正統，就成為論述天命的重要方式。

《復》對這種「天命正統」的演繹不僅表現在有意識地選擇歷史敘述的開端上，也表現在對歷史過程和結局的敘述上。《復》從一開始，晚清帝國被比喻為一面幻鏡。幻鏡的隱喻十分清楚，即「自我欣賞」、「自我陶醉」，一曲《牡丹亭》的「遊園」，唱出了擁有的輝煌，然而統治者卻是處於「姹紫嫣紅」所掩蓋的「斷壁殘垣」

之中，此時已「接近夢的尾聲」——暗示大清王朝天命將盡。當幻鏡被外力打碎後，就成爲「探索之路」的起點。這種敍事的開端與其他歌舞史詩論述不同，在《東》中，近代史的開端是一個模糊籠統的「黑暗的舊中國」，人民身上有三座大山，但卻並未標明這種苦難開始於何年何代，只是共產黨的誕生給了歷史以意義。而《歌》中將歷史的敍述開始於鴉片戰爭，顯示了近代歷史始於與西方不可避免而又不愉快的接觸，引入了西方的因素，爲現代化的論述做出了鋪陳。《復》是以一個王朝的「夢碎」爲開端，其隱喩發人深想。第一章〈山河祭〉展示一個長髮白衣的老人大聲誦出千年歷史，暗示著中華民族的數千年傳承，其後又誦出國家之屈辱，將清末之亂放入了中國歷史自身的脈絡之中，從此引出探索「復興」之主題。在這種開場中，正統的暗示表現在「天下大亂」之時，共產黨的「探索」不是從它1921年誕生開始，而是從清王朝的崩潰開始。後來者只有從清王朝手中接過政權，才顯得天命正當，成爲正統。

　　在《復》對一系列歷史事件的敍述中，對歷史過程的展現，對國民黨政權的定位都顯示了中共對於正統地位非常在意。在《東》中，革命的歷史開場於「東方的曙光」一幕，其中以「苦難的年代」爲背景，轉以「北方吹來十月的風」，即蘇俄革命爲中國帶來了希望，然後過渡到工農革命。這種論述表現了共產黨興起的背景，即在黑暗的年代（並非特定爲清末），以十月革命爲指引，開始了以工農爲主體的共產主義革命。然後在一系列的艱苦鬥爭之後，達到了「埋葬蔣家王朝」的目的，建立了新中國。從蔣家王朝到人民中國表現了中共對國府政權的繼承，是在內戰中推翻了帶有封建性質的國民黨政權，建立了人民的統治，以一種有著民主因素的政權取代了封建殘餘的政權。

　　而在《復》中，歷史從清末開始，當清王朝在外來入侵者的槍

炮中，在孫中山革命黨的攻擊中轟然倒塌之後，舞台上眾多儒生在苦思中、在著述中探索，無數手臂疊加成屍山血海的模樣，不斷有人從中挺身而出，以身犯險，試圖告訴人們，「復興之路」上探索者眾多。於是第二章〈熱血賦〉中，共產黨的誕生儘管在天幕上顯示了鐮刀斧頭，但是與《東》在舞台上充分演示工農力量的場景相比，更像是一個符號。在場次的安排上，從中共成立直接進入南昌起義，沒有了國共合作的政治內容以及四一二的歷史衝突，南昌起義所為何來？只能被化約為一場軍事起義，中共只不過是群雄中的一支，在清王朝崩潰之後，參與中原逐鹿。因此，中共政權是接續了清王朝的治統，而國民黨與共產黨同為群雄之一，而且是落敗的那一支。這種表述在抗日一幕中尤為突出，國民黨不是作為一個國家政權在正面戰場抗戰，而是與八路軍新四軍作為同等的抗日力量，將中共的軍事力量拔高到和國軍等同的地位。這樣重塑歷史，只有從「天命」繼承的角度才能解釋。當清王朝的天命完結時，繼承者不是國民黨領導的國民政府，而是共產黨領導的政權。從「正統」角度來說，國民政府短期執政，未能承受天命，只是一個不足道的過渡性政權，所以只能被降低為與中共同等的競爭者的地位，於是中共才能和清王朝的治統銜接。這種解讀並非憑空想像。幾年前中央政府撥款六億元人民幣，要為清王朝修一部正史。這麼做不論從甚麼角度看都有些荒謬。從社會主義革命的邏輯來說，人民共和國建立的是現代新型國家，可以打破歷代王朝為前代修史的傳統，將歷史回歸學術。除非人民共和國政府自認為是前朝的傳承者，才有這個責任。即使如此，歷朝歷代都是後一朝為前一朝修正史。清王朝結束後，已經有了民國時期所修《清史稿》。倘若人民共和國要修前朝歷史，應該修民國史才符合傳統邏輯。可以說，在修清史時，當前中國政權並非繼承於民國政府，而是繼承於清王朝的想

法方才浮現，那麼在《復》中，這種觀點就表露無疑了。

　　這種「正統」傳承的觀念，還表現在今年10月1日國慶閱兵遊行中對中共各個時期領導人地位的詮釋中。當人們看到大型遊行方隊抬著中共四代領導人的畫像依次行進時，許多質疑的聲音將重點放在擔憂「個人崇拜」重現上。但是，這種個人崇拜只能發生在毛時代，以後不會再出現。而現在遊行中出現領導人的排列，是爲了完成一種「正統」傳承的論述，中共的這些領導人，不論他們與毛有甚麼樣的關係，他們的政策與毛是何等的南轅北轍，但是由於「治統」傳承的需要，他們都要皈依到毛的譜系中去以獲得政治上和政權上的正當性，顯示出是對毛政權的合法繼承。

　　當政治和意識型態不再起作用時，20世紀的歷史只是不同社會勢力尋求「復興」的過程，那麼，中共的奮鬥過程中的艱辛就只有「傳奇」和「苦難」，這種傳奇與苦難在取得勝利後遂成爲合法性的資本。在《東》中，共產黨人的付出和困難是有政治意義和道德意義的，四一二的殉難者們高吟「砍頭不要緊，只要主義真」的詩句，因爲他們有堅定的信仰，朝著理想社會前進，艱難困苦阻擋不住他們，苦難與犧牲磨礪了他們的意志，堅定了他們的信念，也成爲他們道德昇華的必由之途。紅軍在長征中爬雪山過草地的英勇行爲，有「三軍過後盡開顏」的樂觀主義爲萬水千山塗上理想主義的色彩。在《東》的論述中，長征更重要的意義是「長征是宣傳隊，長征是播種機」，傳播革命的種子，宣傳共產主義的理想，成爲中國革命的轉折點，長征的艱難經歷只有在革命的歷史中才有意義。可是，在《復》中，長征的政治涵義被掏空了，它只能表現爲一個小紅軍依依在老紅軍戰士膝下傾聽笛聲的溫馨傳奇，是在「高山」上「飛天」般的優美身段，歌聲雖然唱出了紅軍戰士遭受的「飢」與「寒」，但卻面對的僅僅是「雪皚皚野茫茫」的大自然的苦難。

沒有了革命理論爲基石，沒有對共產主義社會的憧憬，也就沒有了
長征作爲革命的歷史轉折的意義，只能成爲沒有實質內涵的體膚之
苦，從而成爲打江山的必要代價。這種以去政治化方式描寫中共奮
鬥史的苦難，成爲近幾年大批影視節目的題材，逐漸成爲「演義」
性質的節目。這些「主旋律」影視節目（儘管很多在細節上與歷史事
實不符）不斷渲染其人物的「神武」，如《亮劍》，決斷之「英明」，
如《解放》等等，都是要表示中共如何「堅苦卓絕」地取得江山，
自然有統治的正當性。

　　《復》對歷史的重塑還表現在展示政權易手的關鍵性歷史時刻
上，《復》拋棄了讓中共最感榮耀的，曾被《東》竭力頌揚的「佔
領總統府」的傳統政治歷史符號，而選擇了解放軍「百萬雄師」橫
渡長江的場面，表示中共以強盛的軍事力量，最終成爲內戰的贏家。
舞台上還展現出在屍骨成堆的戰場上，一群解放軍戰士聽到了「中
華人民共和國」成立的消息時欣喜若狂的場景，同時還渲染了一個
士兵在尚未聽清共和國名號時就中彈身亡的細節。這種重塑不僅含
混地處理了中共對國民黨政權的繼承關係，「共和國」的成立成爲
自晚清以來眾多求索者前仆後繼，中共作爲求索者之一最終勝利的
結果，而且強調這個政權是中共帶領下的軍事力量以鮮血的代價獲
得的「江山」，這種代價成爲執政者的合法性資本。

　　當歷史在被去政治化後，就簡化爲一條單一的線索，直指中共
的勝利，而歷史過程中的多種可能性和存在的多樣性，包括中共與
國民黨對建立不同社會制度的衝突、階級的衝突、中共內部的路線
鬥爭、派系不合，都已經不重要。原來《東》中所強調的在建國時
刻與國民政府的「兩種前途、兩種命運」的決戰都不存在，共產主
義革命，甚至現代化理論都已經隱退。《復》的這種論述的模式就
落入了歷史通俗演義中的套路，例如「……之末，天下大亂，群雄

並起」，在經歷了艱辛曲折和無數犧牲之後，終於「天降大任」於斯。

四、政績與六十年的傳承：天命之續

天命觀不僅強調源自「革故鼎新」之「神器易主」、「打江山」所獲得的合法性上，也在於不斷強調執政者的能力與德行對持續地擁有天命的正當性。在西方契約式的代議制民主制度下，執政黨的合法性由選舉所形成的契約關係賦予，而且這種契約式的合法性由不斷的選舉所更新，由民意的表達所加持。對一個政黨來說，主要是其執政理念為人民所接受，尤其作為一個在野黨，政績並非上台執政的必要條件，而作為執政黨，政績則成為能否再次當選，延續和人民契約的重要條件。所以，政績可以作為一個政黨延續執政的條件之一，卻非合法性之必要依據。但是，天命觀則強調君主的德行和執政能力也是能否持有天命的依據，由於「天視自我民視」「天聽自我民聽」，天所視聽者，是社會是否安寧發達，人民是否安居樂業，是一個執政的結果而非執政者的理念初衷。君主的失德失能可能造成國不泰，民不安，這種結果就會「失去民心」，從而也就失去「天命」。因此，在歷史上，每當發生天災人禍時，都是對執政者持有天命與否的拷問，而執政者必須不斷證明自己的德行和能力，以一系列的政績確保天命不流失。

這一點正是中共近幾年來大肆宣揚的，也是《復》中強調的重點，即治理的有效性成為執政的理由。「治理有效」可以表現在兩個方面：一是執政者的政績。傳統上，這些政績可表現為國泰民安、風調雨順、文治武功的成就，證明其天命延續的正當。二是民心所向，以「得民心者得天下」來表示仍然持有天命，彰顯百姓的擁戴。

當然這種擁戴與西方的民主選舉和民意調查不同，是以百姓代言人的方法，以「社會穩定」，沒有組織性的反叛對其政權形成挑戰等現象來證明的。而且在歷史上，只有當反叛者挑戰成功才能證明天命的轉移，所以，創造一個「穩定和諧的社會」也是天命延續的必要。當天下一片「歌舞昇平」、「團結穩定」，民眾一面接受政權所帶來的社會平靜和發展機會，一方面以「被表現」的形式「歡欣鼓舞」地「擁戴」這個政權，或被「革命演義」所創造的英雄梟雄們折服，或被這種天命觀催眠，就不需要其他形式來證明合法性了。《復》展示這種天下太平，歌舞昇平之象，並非簡單的歌功頌德，它既是合法性的證明，又是合法性的根源。

《復》在表現中共的政績上下了相當大的功夫，大幅度地增加了政績部分的比重。相比之下，《東》全劇都在展示中共的英雄歷史，完全未提到建國以後的功業；《歌》在論述歷史上有四分之三的篇幅，1949年之後的部分佔到約四分之一，而且重點在歌頌改革開放。到了《復》，論述歷史的部分僅占三分之一，建國後的功業篇幅就佔到三分之二，不僅表現出中共作為執政者對自己政績的自信，也表現出他們試圖以展示政績的方式論述其執政的合法性。

然而，在共和國一甲子的歷史上，前30年和後30年不論在中共黨史、中國社會歷史，還是人民個人的經歷和感受上都有著鮮明的區別。正是如此，《歌》中才將改革開放表述為走過嚴寒和黑暗的「春天」和「清晨」，1980年代以後是革命的「新時期」，並且以一場喪禮結束了前30年。可是，如果延續這種表述，一個只是在執政30年之後才開始進行經濟建設的政黨，何以讓人民接受？因此，《復》中對前30年的論述完全迴避了政治運動及意識型態的存在，而將主調定在經濟建設上，強調前30年為後30年奠基創業，後30年為前30年的繼承發展。將前30年定調為「建設」，在形成天命觀中

有著重要作用：倘若執政30年沒有任何政績，天命何以爲繼？《復》
則毫不吝嗇地展示了中共建國之後的「文治武功」，其中「文治」
部分包括國內的建設創業（農業豐收、石油建設、紡織工業），兩彈
一星（核彈、氫彈、衛星），改革開放，經濟發展，科技發達，太空
遨遊，舉辦奧運；「武功」部分包括民族團結、港澳回歸、台海和
平，以及對應突發事件的能力如戰勝特大洪水，汶川的抗震救災。
在這一系列的展示中隱藏著一個潛台詞：這是中共的執政能力的展
現，只有中共執政才能做到如此，因此，天命仍在延續。

　　實際上，這種「政績」論述是近年來才出現的。如果我們回憶
一下1980年代初爲改革開放製造輿論時，一個非常流行的說法就是
「十年文革」國民經濟到了崩潰的邊緣，如果不改革開放，中國人
就要被「開除球籍」，不復在地球上生存了。而在30年後的今天，
包括十年文革在內的前30年被表述成爲一個成就巨大、碩果累累的
「創業時代」。而在中共十七大上，政績作爲繼續執政的依據這個
問題被明確地提了出來，顯示出執政者開始有了失去政權的恐懼，
如果沒有政績，則天命不再，共產黨不再當然地成爲執政黨。

　　在表述1949年之後中共政績的部分，《復》突出表現了兩種觀
念，一是60年的統一性，二是突出民眾作爲建設者與中共同命運。
這二者在論述中巧妙的結合，並將「前30年」與「後30年」的裂痕
彌合了。第三章之〈創業篇〉雖以「社會主義好」爲背景音樂，但
單純表現農民開墾播種，石油工人開拓油田，紡織女工在機器中穿
梭，大漠深處兩彈一星元勳的工作……，前30年只有建設，別無它
事。即使「學習雷鋒」這樣的政治運動也完全被符號化，成爲孩子
們的「好好學習，天天向上」的動力而已。十年文革被簡化爲一場
歷史風暴，在朗誦詞中一掠而過，因爲沒有人「願意撕開已經漸漸
癒合的傷口」（《復》）。

　　仔細分析下來，在這個「建設」主題中，共產黨的意識型態性質已經完全消退，而工農群眾和科技人員被表現為建設的主體。相比《歌》把前30年的建設僅簡化為一曲頌歌，《復》更多的讓農民工人在舞台上做出充分表演，並把兩彈一星眾多功臣的名字投射到銀幕上。這種主題和手法都讓前30年與後30年做到無縫對接，因為在表現改革開放後的經濟建設時，同樣是大批勞動者勤勞的身影活躍在舞台上，這種方式雖然在藝術上顯得單調重複、冗長拖遝，為的卻是成就這60年一貫的主題。這種論述對於廣大民眾來說是一帖安慰劑，因為將前30年定調為「建設」，避免了1930、40、50後幾代人的失落感，他們實在難以接受自己的一生消磨在無休止的政治運動中。而建設主題則讚譽了他們的貢獻，肯定了他們的價值，喚起這一代人的感情，引起他們的自豪與共鳴。同時也讓他們成為下一代人的榜樣，為他們贏得名義上的尊重（未必是物質上的福利），不致因文革與改革的分野以及政治紛爭造成兩代人的隔膜。另一方面，強調建設主題對中共來說也是一帖解毒劑，當廣大1930、40、50後人接受了對自己「建設者」頭銜的封賞，也就將自己的命運與中共60年執政聯繫起來，因為對於普通人來說，否定了60年的建設就等於否定了自己的歷史、自己的生命過程和人生價值。然而，弔詭的是，一旦他們接受了建設主題，並將自己的歷史與建設主題相連，也就消解了他們質問前30年的政治紛爭與年華虛度責任的權利。而中共則以將自己的命運與廣大人民群眾連在一起而贏得了「民心」，於是理所當然地可以持有「天下」。

五、後革命時代重建合法性：天命觀的理論探索

　　《復》中出現的這種從傳統政治理論中為建構執政合法性尋找

資源的動向，有其深刻的歷史和現實根源。在20世紀1990年代之前，中共執政的合法性是不容質疑和不容挑戰的，這不僅由於其革命黨的地位，也更是由於意識型態的原因，因為中共作為工人階級先鋒隊的代表，理所當然地帶領社會其他階級和階層進行社會主義建設，並努力為實現共產主義而奮鬥。但是經過上世紀1980年代思想的躁動，六四事件的震蕩，以及1990年代初的「蘇東波」衝擊，同時也伴隨著中共開始思考由革命黨轉型為執政黨的過程，中共執政合法性的問題逐漸浮上台面。但是，1990年代不論是知識分子還是官方意識型態機構，似乎都尚未為此做好準備，加之經濟上的持續增長掩蓋了政治理論上的危機，整個1990年代開始了去政治化的過程，舊的意識型態開始消解，但是建構新話語的努力似乎是微弱的。因此，1990年代的中心和注意力放在了經濟發展，大家都在「悶聲發大財」，政治理論上則是一個失語的時代。

然而在2000年前後，後冷戰時期的西方世界在政治上的擴張，導致了歐亞大陸一系列的「顏色革命」，這些革命也帶來對中共執政合法性的質疑。在國內外的重重質問下，中共繼續執政的合法性論述越發顯得迫切。2000年江澤民提出「三個代表」（即中共為先進生產力的代表、先進文化的代表、最廣大人民利益的代表），試圖回應這種質疑，但是這種論述仍未擺脫意識型態的窠臼，仍將中共看成是某種有著當然執政合法性的政黨（以「先進性」作為領導的基礎）。胡錦濤初期執政時提出「八榮八恥」，試圖提升中共各級執政者的道德素質，將合法性的基礎建立在領導者的優質德行上。此後胡又不斷提出一些試探性的口號，例如「以人為本」「和諧社會」「可持續發展」「科學發展觀」等等，都顯得軟弱、倉促和零碎，缺乏連續性和整體性，只是對執政的內容和方式提出一些口號，以改進執政的效能來迴避直接面對合法性問題。對於國內外各種政治

力量要求實行民主的要求，中共從1990年代開始大規模在村級單位實行選舉，並將其作爲重建鄉村基層組織的方式，對於要求高層民主的呼聲，也只是提出「黨內民主」作爲回應。同時近年來，中共不斷提出執政黨的績效和能力問題，督促以執政「效能」作爲民衆認可的執政基礎，作爲對國內外要求實行民主，增強監督執政黨的回應。

　　在此過程中，隨著中國經濟地位的強大以及在國際社會中逐漸增大的影響力，中共開始試圖從歷史角度，而不是從意識型態角度來解釋中共執政的必要性。然而，當「大國崛起」的口號在周邊地區的東南亞國家普遍引起強烈的戒備時，「和平崛起」曾作爲過渡口性號，但也漸漸被消聲。從2007年起，電視劇《復興之路》作爲對《大國崛起》的替代，開始成爲焦點。當然中共的天命論述尙在試探階段，以一種大衆娛樂的方式出現，正是這些年來中共在政治理論試探方面使用的釋放信號的方式。過去十幾年來，中共對這種民間以文化娛樂的方式表達有限度的理論上的「變奏」，有一定程度的容忍，從20世紀1990年代後期的歷史劇開始，到後來的《激情燃燒的歲月》劇，戰爭劇，再到最近的諜戰劇，都對舊的僵化意識型態有著某種消解作用。近年來官方也試圖運用此種方式進行某種理論方面的試探，如《大國崛起》，《復興之路》等電視劇的出現。大型舞蹈史詩劇《復興之路》所傳達出來的資訊，正是這種趨勢的延伸。

　　從國際形勢看，「北京共識」的出現給了中共極大的自信，現代化的論述往往與西方的標準相關，在2008年的金融危機之後已經漸漸淡出了中共官方的思維。儘管官方並不承認任何所謂北京共識、中國模式，甚至 G2 的說法，但是，一波又一波的國際評論將中國推向與美國平起平坐的地位，仍然給中國理論家和知識分子帶

來了自信，也帶來一些智庫的試探、新聞界的炒作和影視娛樂界的見獵心喜。在「復興」的主題下，歷史的意義已經不同於以前的線性發展的歷史，「復興」所帶來的不僅是重新崛起，而是回歸輝煌。而且，復興是對自身的期許。對於周邊的東南亞國家來說，可以引發歷史上中國作爲亞洲中心而又不成爲殖民者的回憶，大大減少了對中國發展的疑慮。

六、回歸歷史常態：新朝代的確立？

20世紀中國的歷史充滿著變革、革命的激情、以及社會動盪，而且中共建政後的30年也充滿了制度建設和制度探索的不確定性。這種改良、革命、以及制度建設都大規模地受到西方理論的影響，並且是在西方處於軍事、經濟、政治強勢的形勢中，中國作爲「落後」一方的前提下進行的，很多改革和理論的建構有著時代的迫切性和倉促性。當中國在過去20年來經濟增長、國力增強的情勢下，又值西方世界發生金融危機，資本主義的道路以及與之相連的民主政治理論遭遇質疑。同時在經歷20世紀的動盪之後，中國社會重新穩定，似乎回歸其歷史常態，卽由「亂」趨「治」。在這「崛起」和「回歸」中，歷史的發展顯示出傳統力量，所謂「一亂一治，天道循環」的意味隱約浮現。這種模式已經表現出意圖擺脫冷戰以及後冷戰的意識型態模式，探索回歸中國傳統歷史的邏輯，讓福山的歷史終結作爲一種基督教千年王國式的想像成爲終結。然而當中國回到自己的歷史中去，社會「回歸常態」，又重新踏上一種沒有起點和終點的歷史過程，當今的歷史時期不過是下一個千年歷史的「過去」，中共執政的人民共和國是否會成爲中國歷史上的另一個朝代？卽使果真如此，那麼中國人在經歷了20世紀的動盪離亂之後，在爲

宏大而激烈的革命運動付出了巨大代價之後，在與西方世界密切交往了百多年之後，我們學到了甚麼，能讓這個新的「朝代」不再是過去朝代的簡單重複，讓我們今後的歷史文化更加豐富，讓我們的社會更加公正，人民更加幸福，讓我們的子孫更少苦難？

2009.11.25 初稿於西安

2009.11.29 定稿於西安

叢小平，美國休士頓大學歷史系副教授，專攻20世紀思想史、婦女史、教育史，目前正在研究20世紀1940-60年代從陝甘寧邊區到中共建立政權初期法律實踐中的婦女、婚姻和性別建構問題。

思想
人生

我的學術思想與志業：
退休演講

王曉波

　　要退休了，這似乎是一件當年不能想像的事情，今天竟然要退休了。我想我的一生，只不過是整個中華民族在近代悲劇中的小角色。當然我們唸哲學的人知道，普遍性是寓於具體性之中的，所以在具體中也該呈現它的普遍性出來。那麼以我的一生來講，我是有幸或不幸誕生於1943年末——在抗戰快要結束的時候。當時整個中國大半邊被日本的侵略軍給占領，但占領的地區只能是點而不及於面。我誕生的地方是第二戰區的江西省鉛山縣河口鎮。我是誕生於11月17日。因為在早上四點鐘誕生，所以被取名叫曉波，破曉時分生在湖邊。另一個語意呢，因為家父是軍人，當時抗戰相當激烈，所以他要讓我知曉馬伏波將軍的志業與一生，馬伏波將軍有一句名言：「男兒當死於邊野，以馬革裹屍還葬耳。」所以我後來想到這句話時有點心寒，沒想到我爸生我沒懷「好心」，想讓我去死。但從這裡可見當時中國民族抗戰的激昂，他們願意讓自己的第一個兒子為國家民族馬革裹屍。所以從小我們的家庭教育是要我們以身報國、以身許國的。

　　有人問我的籍貫是什麼？我常說自己是省際人物，為什麼呢？若不是抗戰那樣的大動亂，我母親是江西南昌人，我父親是貴州遵義人，遵義跟南昌差了十萬八千里，怎麼會攪在一起？那是時代的湊合，在這裡就不細訴了。我曾經在襁褓之中，從江西到過重慶，據說在抗戰時還到過家鄉遵義三天，但我卻從來沒有過這一段記憶。1945年抗戰勝利後，我們才從重慶到南昌。我父親是憲兵，他在南京當兵，我們跟著外婆到南昌鄉下。在1948年時，家父奉命到台灣訓練一批新憲兵，是憲兵第八團第三營，家父是營長。所以我就隨著父親到了台灣的花蓮。接著家母才隨後到台灣跟我們會合。到了1952年家母被逮捕，跟著才知道父親也在先前被逮捕了。之後母親就再沒有回來了。母親是以匪諜的名義被槍斃，而父親被判7年有期徒刑。當時外婆帶著我還有三個妹妹在台中北屯住，最小的妹妹還沒有滿週歲。當時所有的親戚朋友都不敢接近我們家庭，我們所有的生活資源也都被斷絕。還好靠著街坊鄰居的好意介紹，得知有兩個孩童救濟金可申請，只有15塊到20塊的救濟金，之後我們就靠這兩個微薄的救濟金一家五口共同過活。所以當時實在沒有任何的生活資源，都靠我們到菜市場撿食維生，經過外婆細心的處理之後養活了我們。一直到我父親出獄後，才改變這生活。各位年輕的朋友也許不太能想像這樣的生活，家裡的人遭遇到這樣的事情，誰也不敢跟你往來，在學校也受到同學跟老師的歧視，在學校一直有人罵我是匪諜的兒子。所以當時我就奮起戰鬥，不知跟多少同學打過架。由於營養不良、身體瘦弱，所以每次都打輸，但老師都只處罰我。我現在回想起，童年是非常不快樂的。小學畢業後，我考取了台中一中，由於離家比較遠，同學不知道我家裡的事情，因此而比較快樂。父親與母親被抓走後，留給我的幾本書影響我很深，一本是《正氣文鈔》，一本是《水滸傳》，還有一本是我看得似懂

非懂的崔書琴的《三民主義新論》。《水滸傳》一書對我的童年影響很重，讀過《水滸傳》的人，大概都知道可以歸納出一句話「天下只有不好色的英雄，沒有不喝酒的好漢」。喝酒影響我很大。在《水滸傳》中可以呈現出一種奇特的中國文化，即是一種表揚土匪的文化。我一直到現在還是可以記住裡面吳用智取生辰綱的一首詩：「赤日炎炎似火燒，野田禾稻半枯焦，農夫心內如湯煮，公子王孫把扇搖。」在《水滸傳》裡我看到了人間的不平。

當時我生活在台中北屯，是生活在社會最底層的階級，讓我看到了這個階級被踐踏、被歧視，看到了這些人的生活情況，我也曾經用文字表述過，並發表在《中國時報》。童年的生活與《水滸傳》對我這一輩子的影響是非常鉅大的。後來我誓言，我生於貧賤，一定要回到貧賤。我要永遠跟那些被歧視、被壓迫、被凌辱的人站在一起，拒絕上天堂。

《正氣文鈔》中的〈正氣歌〉也影響我甚深。〈正氣歌〉對我的激勵很大。我也特別欣賞陸游陸放翁的〈書憤〉（下闕）：「塞上長城空自許，鏡中衰鬢已先斑。出師一表真名世，千載誰堪伯仲間。」這些都深深影響著我。（註：上闕為「早歲那知世事艱，中原北望氣如山。樓船夜雪瓜洲渡，鐵馬秋風大散關。」）

在幼年時與外婆一起生活，也從外婆口裡聽到中國農民與抗戰時期人民流離失所的痛苦。從此我希望能夠振興我們的國家，幫助我們的人民。我們不能再忍受這痛苦，與遭受這苦難。

在台中一中就讀時，我非常地好玩。幾個同學都很愛看武俠小說，我還記得當時一天可以看十幾本。人說學而時習之，我還因此跑去台中公園學武功。在一個偶然的機會中，我碰見了一位早期當過蔣介石的侍衛，學過少林功夫的師傅，因此我跑去台中公園拜他為師習武。我練過羅漢拳、行者棍，還練過形意劍，當時我身體雖

瘦弱，但練久之後，兩三個人是沒有辦法近身的。

除了練武之外，我還在台中公園下象棋，當時的零用錢都被輸掉了。在沒有好好唸書的原因下，考高中時，我差了三分考到台中省二中去了。當時省二中有很多太保學生，他們看我不起，我也看他們不起。因此就發生了衝突。我還記得當時我跟一位姓韋的同學起了衝突，但是他打不贏我。因此他從水滴眷區那邊找了一群人把我圍起來，用磚頭砸我的頭來將我敲昏。我當然也因此找了一群人去跟他算帳。從此就走上了江湖道。

自從走上江湖道之後，有一次我在學校與教官發生了衝突。教官指責我，我不服，突然間教官說出：「你不要以為我不知道你媽媽的事情！」憑良心講，我平常最忌諱這句話，所以我馬上把桌上的熱茶潑在他身上。接著我從訓導處的窗口跳出，騎著車子回家了。回到家時，我跟我爸說：「我不讀了」。退學之後，我轉學到嘉義中學。然而到嘉義中學時，也不知道為什麼，一群人知道我的事蹟想要拜我做老大。當時我血氣方剛認為滿好玩的，告訴他們不要做壞事，因此我集結起來成立了一個幫，叫作「荷竹幫」。當時在嘉義還有一些戰績，跟好幾個幫派幹了幾次架。然而當時幫中有人在車站捅了人，所以我又被退了學。

之後，那一年暑假我爸跑遍全台，要幫我找學校，想辦法讓我繼續就學。最後父親靠了點關係讓我進入了已經開學將近一個月的台中市立二中。當時見到父親生病感冒中仍努力奔走，我心存感動，從此立誓金盆洗手，不玩了。

當時市二中是有名的太保學校，在操場上都可以看到白刀子進，紅刀子出。因為我是轉學生，所以位子被分配在靠近門口的窗邊。我記得有一次中午休息，我正要上廁所時，有個隔壁班的同學走過來說：「你剛剛幹嘛瞄我！」接著把我頭上的大盤帽給壓下，

往我的臉上狠狠的打了一掌。如果以我早前的個性，早就跟他打了
起來。當時我已經將戰鬥姿勢擺好，但我心想，如果這一拳打下去，
那父親的辛苦不就全部白費了？因此我低聲跟他說聲道歉，接著就
沒事了。然而，我在台中的兄弟知道時，當然不會放過他。後來這
些兄弟在學校後面看到他並把他圍了起來。而我就跟在那位太保學
生後面，當我看到其中一個兄弟的手上拿著一捆報紙時，我想內行
人都知道這是把武士刀。因此，我就過去站在那位太保同學的面前。
我說：「如果你們要揍他的話，就先從我身上踩過去。」接著我的
兄弟們說他欺負我，他們憤恨不平，所以要幫我報仇，但我說：「各
位！我已經不玩了，真的謝謝你們的好意！」後來他們就離開了。
從此我才真正的脫離江湖。

　　接著，我立志唸書。有一次在路上碰到了台中市少年組組長黃
先生，他問我在做什麼？我告訴他我要考大學。由於他知道我以前
都沒好好念書，於是他譏笑我。我就跟他說我不僅要考大學，還要
考台大。

　　後來正在考試最激烈之時，1963年的5月20日，台大發生了「自
覺運動」，我激動得到處去發傳單、貼海報來聲援。當時，我爸罵
我，馬上要聯考的人還在搞這運動。然而我為何會那麼的激動？激
動的原因是當時劉容生有一句口號「不要讓歷史批判我們是頹廢自
私的一代」。我被這句話「害」了一輩子。

　　還好後來考取了台大，當時我的第一志願是台大哲學系，第二
志願是文化哲學系，第三志願是輔大哲學系。我為何會想念哲學系
呢？因為當時台灣正在所謂的中西文化論戰，有人這樣講：「文學
只是文化的畫皮，哲學才是一個民族文化的骨骼。要了解一個民族
就得了解一個民族的哲學。」所以我有點自負的就想要考哲學系。
當時考哲學系也是很狂妄的，是要重建中國哲學，現在不敢講這些

話了。

到了台大哲學系後，很快的我就參加了自覺運動的機關刊物，叫作《新希望》。我在大一下時就擔任期刊的主編。跟幾個同學討論之後，我們又重新回到了當年新文化運動的口號，就是「科學與民主」。所以我們就在此機關刊物發表社論，「重新扛起了科學與民主的大旗」。

在大一下時，我們上了殷海光教授的邏輯課，認識了殷先生。我們幾個同學常常下課時陪著殷先生從台大的醉月湖走路回殷先生於溫州路的宿舍，我們才散去。當時殷先生還戲稱我們是「馬路學派」。

後來我們於《新希望》中刊登了殷先生與羅素的文章而被台大查禁。從此，《新希望》就變成了沒希望。新希望沒希望之後，我們還接編了《大學論壇》，我當副社長，結果《大學論壇》也被學校禁了。所以我編的刊物都變成了由我去送終。大學時代主要是跟著殷先生，後來還認識了李敖，我們都叫他敖哥，現在老了也改不了口。

在殷先生和自由主義思想的影響薰陶下，當時我算是傾向自由主義的思維者。然而，從小我理解中國人民的苦難與痛苦。我並非單純地就靠自由主義來影響我。後來我在大學畢業紀念冊上有一段留言「我願終身做真理的僕人，永遠為中國苦難的良心」。這句話成為我終身自我警惕的話語。在此我順便講到，當時在準備大學聯考時，非常地苦，我初中沒有好好念書，高一又在嘉義當老大，然後到市二中才開始念書，所以準備聯考非常辛苦，又受到中西文化論戰的影響，所以當時以兩句話來激勵自己，那就是：「莫謂今日窗前苦讀書，待看來年枝筆會群雄。」當時我確是有這樣的想法。

大學畢業，我受到殷先生對真理的信念非常大的影響。在這裡

我必須講到，我一生受到三位師長非常大的影響。第一位就是在大學時期的殷海光教授，跟殷教授學邏輯實證論與自由主義的思維。儘管我現在的哲學已不是邏輯實證論的哲學，但他對我哲學的訓練給我最大的好處是，每次我跟別人打筆仗都贏，因為我學過邏輯；另一點是殷先生道德的感召，他常常跟我說：「他們禁錮得了我的身體，卻禁錮不了我傳播的思想」。殷先生「言其所信，行其所言」，到今天我都不敢違背。殷先生並告訴我，哲學家就是要告知群眾如何不受欺騙。儘管現在我的研究跟殷先生的研究有如南轅北轍。但殷先生對我之影響，終身難以忘記。

我是「自覺運動」時進大學的，卻是「保釣運動」時出台大哲學所。在進研究所時，我對殷先生說：「殷先生，我不能再跟你搞邏輯實證論了，我之所以要唸哲學系，主要是因為對於中國哲學的一種自覺的責任感，所以我到研究所時要唸中國哲學。」

殷先生嚴肅地跟我說，中國哲學他不了解。並告知我可以去找徐復觀先生請教。然而當時在中西文化論戰時，殷海光先生與徐復觀先生的文化觀屬於兩種不同的陣營。但殷先生慷慨地將自己喜歡的學生介紹給他思想學術的對手，這也可見老一代學人的風範。當我到東海大學去找徐先生時，徐先生這樣說道：「不要把中國文化當作是帝王將相的起居注，中國文化真正的母親是中國的農民」。但這句話在當時我是似懂非懂。徐先生接著跟我說他在日本留學時，首先讀的哲學是普列漢諾夫。後來我才知道此人是俄羅斯的馬克思主義之父。接著他又講到儒家等等的事情。

在徐先生身上，我看到了老一代對中國文化的執著與儒家信仰的虔誠。我開始研究中國哲學，當時在台大沒什麼中國哲學的教授可以指導，因此我掛名在成中英教授名下。我的碩士論文寫的是《先秦社會哲學研究》。因為受到這兩位老師的影響，在碩士論文中我

大量使用社會科學的概念來進行儒家思想的分析。

在寫碩士論文的最後一年中，台灣發生了釣魚台事件。當時我在報紙上看到日本人對釣魚台的侵犯，我跟幾個朋友都憤恨不平。因此我們蒐集了資料寫了一篇文章，一開始投到《大學雜誌》，但是被退稿，後來才投到《中華雜誌》，緊接著爆發了「保衛釣魚台運動」。

提到了「釣魚台運動」，在這裡得倒過來敘述一下，當「自覺運動」被鎮壓與瓦解之後，這些「自覺運動」的台大學生大概兵分兩路，一路是由林孝信先生帶著一批學理工科的同學與《新生報》接洽，把《新生報》的兒童週刊辦成科學週刊。「不是要德先生、賽先生嗎？」而學理工科的不是賽先生嗎？所以就去辦科學週刊，把大學裡學到的科學概念介紹給中學生。

後來林孝信到美國去，美國的同學來信講（林孝信是我們同儕中的聖人），他頂著大光頭穿著牛伯伯皮鞋踏遍北美的校園，像和尚化緣那樣辦《科學月刊》。由於當時《科學月刊》是大家出錢辦的。因此，大家同心協力一起編輯，一起商量，在這種情況下形成了一個編輯小組。然而，當時通訊不發達，沒有email或是傳真，因此為了《科學月刊》的發行，多發行了一份《科月通訊》。當時在台灣不能有組織，在海外除了國民黨大概也沒有別的組織，然而這《科月通訊》卻形成了一個龐大的組織網。這就是後來海外保釣運動會起來的一個條件，否則天南地北，誰知道誰在哪？

另外，當時有個心理系的同學叫鄧維楨，大學畢業時，他母親給他一筆錢讓他到台北創業。結果他拿這筆錢創了一個奇怪的業叫做《大學雜誌》，接著他把一批學文、法的人集結了起來。然而雜誌不是那麼好辦，因此後來繼續找人合作出資。當時我也是陪鄧維楨奔波的人之一。

在1960年代末、1970年代初，《大學雜誌》使台灣戰後的知識分子有了新的發言陣地。然而當時《大學雜誌》沒有把我的文章登出，因此我就投稿到《中華雜誌》。《中華雜誌》胡秋原先生看了我的文章後就把它登了出來。唯一的修改就是把我的題目從〈釣魚台不容斷送〉改爲〈保衛釣魚台〉。他老先生比較有政治經驗，把我的題目改得比較圓融。胡先生認爲，如果說釣魚台不容斷送，國民黨會罵我說詛咒國民黨不能保衛釣魚台啊。那如果我把題目改成保衛釣魚台，國民黨總不能說我不保衛啊，最後這篇文章就登出來了。後來寄到卜凱兄那邊去，他找到林孝信，並認爲海外留學生是不是該對這問題有所表示。後來大概到了1971年的1月29、30日，北美洲東西兩岸爆發了台灣留學生的示威遊行。我還記得當時黃樹民（現任中央研究院民族所所長；他跟我同念嘉義中學時就是同學，後來到了台大我們還是同屆並且住過同個宿舍）來信，有句話我現在還記得。他說他參加華盛頓的遊行，在北美洲還是冰天雪地，他這樣說道：「沒有想到在台灣被冰凍了的愛國熱情，居然在異國的冰天雪地上溶化了。」

「釣魚台運動」之後，開始思考弱國沒外交，這些學生該怎辦呢？要愛國，國太弱，我們該怎辦呢？在這種情況底下，我們就有兩種思維出現，其中一種是要愛國就要愛民，人民才是國家的主體，愛民總不是愛王永慶那種民吧？要愛民當然要愛弱勢族群，要關懷社會上那些被欺負的弱勢群體。因此當時台大學生開始關懷七星山的礦變、飛歌女工案、烏腳病、台西麥寮等問題。這些事件我都親自跑過，裡面的細節就不細講了。

當時又出現了王杏慶，王杏慶出來又牽扯到另一個事情。由於台灣被逐出聯合國，當時王杏慶剛拿到美國學校的獎學金，在蔣介石廣播的那晚，聽完蔣介石的廣播後，王杏慶將入學許可拿出來撕

毀，說我不去了，寫了封信給美國的老師說明，因為我的國家遭受了前所未有的挫折，所以不去念書了。我將這封英文信交給了蔣經國。

當時杏慶一夕之間成為愛國英雄。因為要愛國就要愛民，我們就推舉他出來發動台大學生的社會運動，有百萬小時奉獻，有所謂的台大社會服務團。我們上高山、下農村、到都市最黑暗的地方去調查一些社會弱勢族群的問題，事後還寫成報告建議政府要處理。這樣如火如荼的氣氛中，就發生了1972年12月4日在台大的「民族主義座談會」，也就爆發了戰後台灣校園內第一次關於統獨的論戰。

1973年寒假，傳出錢永祥被逮捕，接著在元宵節那天抓了我和陳鼓應。

我和陳鼓應只被抓了24小時，就由閻振興校長保釋出來了。事後就開始解聘陳鼓應，74年就解聘一大堆人，有所謂的哲學系事件。哲學系事件中，成中英也被攪在裡面。

關於哲學系事件，我想把這一段往事讓哲學系的同學了解，當時成中英先生擔任哲學系主任，有相當的遠見，希望培養中國哲學的教師。當時台大沒有博士班只有碩士班，如果要唸博士的話只能到國外去唸。這裡有很多國外回來的同仁，在西方大學裡承認中國哲學嗎？最多只有所謂的漢學，或者在歷史系或是東亞研究所裡面，有一部分的人在搞中國哲學，沒有專門的中國哲學的科系，如果說是從國外唸中國哲學回來，憑良心講並不太符合實際的情況。所以要如何培養中國哲學的師資呢？當時成中英先生就希望從這些年輕的哲學系的講師來做訓練，訓練的方法是派每個人教不同的各家，派給黃天成的是儒家，派給陳鼓應的是道家，派給鍾友聯的是墨家，派給我的是法家。老實講我們教書的人都有這種感受，就是一門科目大概要教完一年、兩年後才會熟悉，所以讓我們每個人輪

流開先秦各家，如果每個人先秦各家都開過一次之後，熟悉了就可開兩漢、魏晉……。成先生確實是有遠見的，這樣才能把台大哲學系的中國哲學建立起來，要靠留學生回來是靠不住的，因為在海外沒有專門讓留學生學中國哲學的地方。

當時我被派到法家，本來法家教完之後是要輪到儒家，後來發生哲學系事件，我就離開了台大，離開台大後到世新去。

在研究所時我和我太太戀愛了。發生台大哲學系事件之後，當警總逮捕我時，我太太正在我的住處，我跟太太講此去何時回來不知道。後來雖然只有一天的時間，我出來以後怕三長兩短，所以我們很快就結婚了。當時有很多的親戚朋友並不同意我太太嫁給我這個政治犯，而且又是政治犯家庭，但是我太太因為年輕有如初生之犢，且不知政治牽連的可怕，又因愛情暈了船，所以嫁給了我。在往後的人生過程中，太太和我一起擔心受怕。哲學系事件發生後，我們住在新店，而我又有晚睡晚起的習慣，所以我太太去上課的時候我都還在睡覺。記得有一天我還在睡夢中，我太太抱著我哭，我就說：「奇怪呢？你不是去上課了嗎？怎麼又跑回來？為什麼要哭呢？」結果是因為她出我們巷子口的時候，看到有軍用吉普車過來，她以為這些吉普車是要來抓我的，她怕從此看不到我了，所以就又趕快折返回來，看到我還在床上就喜極而泣，幸好沒被抓走！當時我們是在這樣的擔心受怕下過日子的。當然對我個人來講是求仁得仁，但對我太太來講，她為了愛情擔驚受怕，我在這裡要公開地對我太太深深說聲：「對不起！」

哲學系事件發生之後，我跟陳鼓應離開了台大。又因發生了民族主義座談會的論戰，離開台大之後，我開始思考一個問題，台灣是什麼？要如何認同台灣？要認同台灣必須要認識台灣，你不認識台灣要如何認同呢？所以我開始研究台灣史，尤其是台灣近現代

史。離開台大哲學系也有一個好處，因為在台大哲學系待下來的話，每年有要開新課要備課的壓力，有要發表學術論文的壓力，我到世新去只能教共同科，只要教兩門，「哲學概論」跟「理則學」，教了兩年以後根本不必帶書就可上課。我又不吃喝嫖賭，沒有事幹，當時又不像解嚴後，解嚴之後有很多的社會活動。所以我現在非常懷念戒嚴時期，不但是沒事幹，還不准幹，所以我只得把精力就放在台灣史研究上，我越認識台灣歷史就越認同台灣。台灣，尤其是在日本人統治底下，郭國基說過一句話說，全中國最愛國的兩個地方的人，一個是台灣人，一個是東北人，因為只有做亡國奴的人，才知道國家的可貴。我越研究台灣歷史，越覺得台灣原來有這樣一部英勇的、不屈服的、可歌可泣的台灣近代史。

　　在世新教學的這一段時期，後來國民黨也給了我一個飯碗，就是到大陸問題研究中心。當時陳鼓應到政大國關中心，趙天儀到國立編譯館，過了兩年多我到大陸問題研究中心。大陸共產黨對知識分子是「下放」，對我們是「上放」。為什麼是「上放」呢？因為在大陸研究中心及國關中心，我們都可以看到一般教授看不到的匪書。憑良心講，國民黨說王曉波思想左傾，在台大哲學系事件之前，都還沒有什麼左傾不左傾的問題，到了大陸問題研究中心之後，我開始讀馬克思跟辯證法，那是擺在那裡要我讀的。開始讀了之後，對於中國的問題我也開始有所思考，對中國問題的思考我倒是著重於馬克思主義的方法，我認為根據馬克思主義的唯物史觀，中國是難於實行社會主義的。為什麼呢？第一，因為馬克思認為必須要有高度發展的資本主義，才能進程至社會主義社會，中國根本不是一個高度資本主義社會，那如何來實行社會主義呢？第二，馬克思主義的方法論誠然可以在某個意義上有它的普遍性，但是它的歷史哲學沒有普遍性，為什麼？因為馬克思自己也講得很清楚，他的歷史

哲學是根據西歐的歷史發展建構起來的，不包括東歐以及俄羅斯，也不包括中國。說句不客氣的話，馬克思對中國的知識絕對沒有王曉波多。我有一本大陸編出來的叫做《馬恩列論中國》，他們所瞭解的中國都是很膚淺和被誤解的中國。但我覺得馬克思主義的唯物論其實跟中國道家所講的「因自然」是相類的。雖然今天我們談的是志業，不能談太多哲學，不然的話「唯物論」與「因自然」可以開一門課程的。

我除了對中國哲學繼續研究外，還增加了台灣史的知識，也瞭解了一點馬克思主義的皮毛，因為馬克思主義博大精深，我也不敢說瞭解很多。當時還投入了黨外運動，在黨外運動裡面，我可能跟一般的黨外人士不太相同，我們比較傾向於社會運動方面，而且比較傾向於民族主義方面，對於美國及西方資本主義有獨立的批判立場，對於社會階級的矛盾有自己的看法。我們首先提出台灣的環保問題，首先在戰後提出工人、農民、婦女、環境的問題，還有台灣鄉土文學的問題，後來還發生一場鄉土文學論戰。鄉土文學論戰之後，當時胡秋原先生支持鄉土文學一邊，他邀請我、尉天驄、陳映真參加《中華雜誌》的編輯會，後來的歲月我都跟隨著胡秋原先生辦《中華雜誌》。

在徐復觀先生身上我學會了什麼叫做中國文化，我懂了為什麼中國哲學是建立在中國農民階級和農民社會的一種哲學和倫理思想。在這裡我要特別講到徐復觀先生對儒家和孔子近乎宗教式的信仰，這一點我一直學不會。我只是把儒家當作一個研究的對象，我了解中國文化也受到徐先生相當大的幫助，但是要那樣虔誠的去信仰孔子，我實在做不到。

後來追隨胡秋原先生辦雜誌給我開了很大的眼界。胡先生認為近代主要的中國問題是來自於帝國主義的問題。以前我們看來看

去，中國問題都只是國民黨與共產黨的問題，在胡先生的思想指導下，我開始瞭解到中國的問題，不僅僅是中國共產黨與中國國民黨的問題，而是新文化運動以來，中國知識分子意識型態的分裂，而面對這個意識型態的分裂，胡先生主張要超越俄化派與西化派而前進。胡先生這樣的論述，講老實話，我覺得台灣社會對胡秋原先生是很不公平的，這樣的論述一直沒有受到台灣學界及知識界的重視。新文化運動與五四運動其實是兩個不同而相關的事件，新文化運動如果要追溯起來應該從康有爲的「公車上書」開始，康有爲的「公車上書」就開始要講歐西之學、要立學校、要教授歐西之學的技能，然後到張之洞的《勸學篇》，到梁啓超的《新民叢報》，到陳獨秀的《新青年》，到傅斯年跟羅家倫的《新潮》，而有胡適之所講的「新文學」，這樣一片「新」下來。當時陳獨秀他們的意識型態，他們所能學習標榜的對象，其實都是法國大革命以來的西方的意識型態，如果在這樣的意識型態之下能夠成功的話，可能會有1949年的毛澤東的勝利嗎？毛澤東憑什麼？中國共產黨憑什麼？中國共產黨只有「小米加步槍」，人一個命一條，共產黨的革命完全是憑思想、憑意識型態的戰勝啊!如果說西方法國大革命以來的意識型態和思想能夠在中國成功的話，會有毛澤東的政權嗎？所以我認爲，1949年標示著白色西化派在中國的失敗。

接著毛澤東的三反、五反、反右，反到後來文化大革命，到1979年改革開放。如果毛澤東的這一套行的話，需要改革開放嗎？共產黨也不必自欺欺人，改革開放的1979年標示著一個意義：當爲紅色西化派在中國的失敗，然後開始轉型。中國人要往何處去？白色的不行，紅色的也不行，所以很多人不要以爲只有白色西化派才是西化派，紅色西化派也是西化派，馬克思寫《資本論》是在英國倫敦的大英博物館寫的。很多朋友還以爲馬克思主義是大陸文化，大陸

文化怎麼可能誕生在海洋文化的中心倫敦呢。馬克思也不行了，那怎麼辦？所以最簡單的方法只有一條，鄧小平說的「摸著石頭過河」。比胡秋原先生的「超越前進」要低調，胡秋原先生號稱超越前進，鄧小平低調，只說「摸著石頭過河」。你喊自由民主過不了河，你喊社會主義救中國也過不了河，只有摸著中國自己的石頭才可以過河，所以才有這改革開放30年的成就。在當時有遠見的是胡秋原。

從保釣運動以後，我們開始思考一個問題，為什麼抗戰勝利之後，在唸書時告訴我們蔣總統是民族救星，中國是世界四強之一，既是世界四強之一，為什麼人家還要侵占你的釣魚台呢？

當然那是因為中國的分裂，中國人不團結，團結才有力量，那就要要求中國統一。我從不諱言，從保釣以後，我由一個散漫的自由主義思想者，開始追隨胡秋原先生變成一個很堅定的民族主義思想者。中國人也是人，為什麼不可以做人？我要向全世界質問。而且由胡秋原先生的指導開始，認識中國的問題在於帝國主義，而不完全是傳統文化的問題。我們可以質疑中國傳統沒有自由民主，所以中國今天沒有自由民主。那請問歐洲傳統有自由民主嗎？那為什麼它今天有自由民主呢？為什麼歐洲可以從沒有自由民主變成有自由民主，為什麼中國就不可以從沒有自由民主變成有自由民主？這種情況還是要回歸到民生史觀或是唯物史觀，來瞭解中國的生產力和生產制度。

後來黨外運動成立了民進黨，因為民進黨當時有自決的黨綱，我們的夏潮系的朋友就沒有投入民進黨。其實檢討歷史起來也很難講，如果我們當時跟共產黨投入國民黨一樣，我們夏潮系整個投入民進黨的話，會造成後來怎麼樣的發展，就很難講了。

最後我想做一個我學術事業的結論。這幾十年我研究中國文

化，我想提供一些自己的看法，尤其是給年輕的同學有所參考。根據我的研究，中國文化當然是在中國歷史發展中形成的，中國的發展與西方的發展有一些不同，重要的不同是在哪裡？

西歐歷史的發展，根據史達林提出的社會五階段發展論，應該是有原始共產社會，有奴隸社會，有封建社會，有資本主義社會，然後企圖達到社會主義社會。以中國的發展來講，我們沒有像歐洲一樣的奴隸社會。歐洲有奴隸社會出現，所以歐洲出現過很強大的奴隸帝國，譬如像希臘、羅馬，有強大的馬其頓帝國。奴隸的來源是來自於何處呢？是來自於戰俘，整個氏族被征服之後淪為奴隸，像希伯來人被埃及征服，有摩西的出埃及記。當時的雅典人，根據歷史學家的統計，每個自由人平均有五個奴隸。中國並不是沒有奴隸，中國奴隸的來源可能都是來自於罪犯，中國奴隸基本上是出自於家庭奴，那人口買賣到現在都還是有，可是人口買賣不等於奴隸制度。奴隸社會的奴隸不僅生命財產是屬於主人的，而且奴隸的下一代也是屬於主人的，中國沒有出現過這樣的情況。主人對奴隸沒有生殺之權，包括《秦律》裡面有規定，有奴隸死亡還要報官，如果虐殺奴隸要接受處罰的。

中國古代帝國是如何形成的？在我看來，並沒有充分的資料跟證據。中國對外的征伐不能說沒有，黃帝驅逐蚩尤就是。對內部的，氏族如何首先形成部落聯盟的出現，根據韓非子的說法，有巢氏跟燧人氏是「民說之，使王天下」，也就是說在這些生產上有重大發明的氏族，然後大家擁護他們來當氏族聯盟的領袖。你要吃飯就要拜神農氏作老大，你要用火就要拜燧人氏作老大，你要巢居就要拜有巢氏作老大。這樣的部落盟主，根據傳說，當時所謂的天子都是非常辛苦，跟一般人的生活沒有什麼兩樣。所以，韓非子說，「輕辭古之天子，難去今之縣令」。

　　這也就是說中國古代的文化是從一種古代民主進入所謂的部落聯盟，再由部落聯盟進入宗法封建。到了夏，由於掌握了農業灌溉的規律，開始有了夏王朝的出現，由於能掌控水利灌溉，當然能增加農業生產，增加農業生產就可以擴大統治階級。我們看到的夏王朝及殷王朝，殷伐夏的時候都是諸侯來會，武王伐殷的時候又是諸侯來會，這些諸侯來會都是一些支持殷或是支持周的不同氏族。所以殷跟夏還是具有相當濃烈的氏族部落聯盟的性質，還不能形成一個強大的奴隸帝國，這還是在一種氏族社會型態。到了周的宗法封建，才穩定了部落聯盟的權力。詩經上有所謂的「萬邦來朝」、「萬邦作孚」，根據可考的資料周並沒有封那麼多的邦，那麼多的諸侯，當然萬邦雖不是指一萬個，至少是數不清了。這些數不清的諸侯是從哪裡冒出來的呢？應該還是那些氏族，那些氏族跑來周天子這裡討一個封號。當時的楚就是跑去討一個封號，而有所謂的「問鼎中原」。周天子在封氏族的時候，既然這個氏族存在，就封你這個氏族。除了原有的氏族外，周還實施「封建親戚，以藩屏周」，來擴大周的勢力範圍。所以，宗法封建的形成，又是由於血緣關係投射到政治制度上去。要用什麼來規範宗法封建呢？就是用「仁」來規範，「仁」是什麼呢？「親親爲仁」，或者是「仁者，人也，親親爲大」，也就是用血緣關係來規範這些周人。要如何才能「親親爲仁」呢？那一定要以「和爲貴」，所以形成了血緣關係爲基礎的、和爲貴的道德規範。雖然經過了法家和黃老思想的功利主義過程，但很快的就在漢武帝時被董仲舒擋回去了，倫理學的義務論又把功利主義擋回去，後來形成中國兩千多年來的主流道德思想。道德在社會學的觀點來看，也只不過維繫一群人共同生存和發展的規範，這個規範維繫著中華民族的生存和發展。

　　西方的不一樣在哪裡？它文明的出現是奴隸帝國的時期，所以

才有希臘哲學的出現，有希臘哲學的出現才有西方文明的萌芽，再到羅馬帝國，到中世紀。這個奴隸帝國是靠征服來形成的，不是靠「和為貴」來形成的，所以亞里斯多德講「奴隸是會說話的工具」，孔子打死也不敢講奴隸是會說話的工具，孟子還說：「民為貴，社稷次之，君為輕」。因為沒有經過奴隸社會，所以中國就進入到宗法封建，以血緣關係為道德規範的要項。雖兩千年來並不是實行儒家之政，而是實行法家之政，但是儒家的道德規範卻形成了一種非常強烈的約束力，在不協調和矛盾之中，又使得法家之政的政治權力的酷烈以及政治權力的行使，受到了「親親為仁」的規範。這是我第一點的心得。

　　第二點心得我認為中國文化跟許多的西方文化有一點不一樣的，那是徐復觀先生給我的啟發。中國文化有幾個起源，至少有一個起源是在河洛之間，「河出圖，洛出書」，「河洛出圖書」是《易》的文化，《易》的文化是什麼呢？易的文化是一種卜筮的文化。在古代人類學研究上，發現有原始的古代民主之外，也有原始的古代宗教，在每個民族發展的初期都脫離不了原始的古代宗教。中國古代可考的是從帝到天的信仰。我們對未來的命運不知道，不知道而有所恐懼，信仰的文化、宗教的文化是把未來不可測的命運交給一個至高無上的神來主宰、來幫助我、來保佑我，這是信仰的文化。但是卜筮文化跟信仰不同，卜筮文化會想要知道未來會發生什麼事情？我的未來會怎麼樣？這是求知，雖「天機不可洩露」，但卜筮就是要預知天機。經過了一些紀錄，卜吉的會變凶，凶的又會變成吉，為什麼吉會變成凶，凶會變成吉呢？紀錄的人也需要一些說明，所以就用拗的，但又不能硬拗啊！因為卜出來不對啊！卜出來是天機啊！只好拗到是人的緣故上。所以，使吉變成凶，使凶變成吉，卜到了吉別高興，卜到了凶也別難過，逢凶可以化吉，在這種情況下

開始了人的重要性，人既然不是靠天，不是靠命運，那要靠誰？要靠「自求多福」，「天作孽猶可違，自作孽不可活」。中國文化開始從古代宗教中掙脫出來，解放出來，而創造了人文的世界。

除了人文的世界之外，中國很早就開始懂得用陰陽和氣來解釋整個宇宙世界的情況，所以中國還有很發達的自然主義。中國的自然主義大家最熟悉的大概就是伯陽父解釋地震的那一段，雖然解釋得抽象了一點沒有具體的內容，但他的原理原則到今天的地震學也無法超越。簡單講，他說天地之間都有氣，氣的構成有它的秩序，如果這個秩序變動了就會有地震。今天的地震學不是也這樣嗎？所以在這種情況下中國的文化是缺少宗教的，中國的宗教還是來自於印度的佛教，還有來自於其他各民族的宗教，中國才有宗教。中國的人文主義思想，中國人只相信自己不相信神的，所以「不問蒼生問鬼神」是知識分子對於統治者的批判。

另外，關於中國哲學的研究，最近我看到聯經出版公司出版的第9期的《思想》雜誌，裡面在談這個問題。第一個問題就是中國沒有哲學。博學如梁任公者，在他《儒家哲學》裡說，嚴格說起來中國沒有哲學，如果有的話只有人生哲學，中國人只知道好死不如賴活。從黑格爾以來，都說中國沒有哲學。憑良心講，我這輩子最不服氣的就是黑格爾這句話。我們承認中國沒有「哲學」這個名詞，但是在中國思想史上是否有哲學思想，這才是決定中國有沒有哲學的判斷的根據。如果中國思想史上沒有哲學的思考，那中國當然沒有哲學。但如果有的話，也不能說中國沒有哲學，那只不過是其他的名稱而已。從西方哲學來說，哲學這個名稱是從何時開始的？是從畢達哥拉斯開始的，在畢達哥拉斯之前難道希臘沒有哲學嗎？到畢達哥拉斯才把 philo 跟 sophia 連在一起的，sophia 本來在荷馬詩篇裡面是形容木匠的技巧。譬如形上學 Metaphysics 這個名詞何時開始

出現的？是在西元前50年 Andronicus 編亞里斯多德的講義，先編了他的 physika（自然學）後編了他的第一哲學，所以才叫 meta- physika 的。你把亞里斯多德從棺材裡搬出來，他也不知道他有一本書叫形上學，而且亞里斯多德的形上學裡面，哲學從哪裡開始的？是從泰勒士開始的，他根本不知道什麼是 Metaphysika，唯物主義這個名詞是從何時開始用的？是17世紀的波義耳開始用的，你能說17世紀以前歐洲哲學沒有唯物主義嗎？觀念論這個名詞Idealism是從何時開始用的？是來自於萊布尼茲用來形容笛卡兒的哲學，但是不能說在萊布尼茲及笛卡兒之前就沒有觀念論吧！

　　《思想》雜誌那幾位作者，我沒有機會跟他們對話，你不能說中國沒有哲學的名詞就沒有哲學。第二個問題，中國有哲學必須要能夠整理得出來，要有這樣的哲學問題，在思想史上要把它找出來。這裡又有人說，全世界的哲學都可以是一樣的啊！只不過語言表達不一樣，哲學還是哲學啊！甚至有人批評我們哲學系把中國哲學跟西方哲學分組，哲學就是哲學為什麼要這樣分？我可以告訴各位，中國從來也沒有文學這個詞，那個文學跟我們現在講的文學是不一樣的，所以是否這樣也可以不用中文系跟外文系呢？中文是語文，英文是語文，德文也是語文，所以只要開一個語文系就好了，所以這些名詞之爭，並不能否定中國哲學思想的事實。

　　我這幾十年研究還有一項小小心得。現在一講到中國哲學好像就是一個儒家，再加一個道家，我們系裡面還加了一個佛家。我們系裡的這個分法就有一點困擾，魏晉玄學是什麼家？陳鼓應老師說是道家，但是魏晉玄學家都說他們自己是儒家，你說他們是什麼家？王安石是什麼家？程、朱、陸、王是什麼家？他們不都標榜是儒家嗎？我對中國哲學的看法，不能只是用他標榜的門戶來看待，而且這個門戶之見我覺得是相當要不得的。我們也可以看到中國哲學發

展，在先秦的哲學有老子的哲學，有黃老哲學是「道在天地之間」；我們也看到有強調「學而不思則罔，思而不學則殆」的孔子，還有「求其放心而已」的孟子，在哲學來看是不一樣的。有看到「不出戶，知天下；不闚牖，見天道」的老子哲學，但也有看到要「上察於天，下極於地」的黃老哲學。簡單來講，西方有怎麼樣的哲學派別，老實說中國也免不了。歐洲人看到的星星、月亮、太陽跟中國人看到的是一樣的，歐洲人眼睛的構造跟中國人眼睛的構造也沒有太大的區別，只不過有頭髮顏色的不同而已。所以同樣的作為一個認識的主體，同樣的作為一個被認識的宇宙自然的客體，這樣的反應應該會有相當的雷同，所以中國哲學跟西方哲學一樣。中國哲學不是這麼單純只有所謂的人生哲學，中國哲學仍是具有形上學，具有本體論，具有認識論的一個哲學文化。但在此我沒有時間仔細跟大家分析報告。

　　另外關於台灣史的研究，我得出了幾點心得。第一，原來台灣的閩南人，是源遠流長的河洛人。河洛文化到台灣是經過閩南到台灣的。所以到今天為止，許多閩南人家中神主牌的堂號或是墓碑上的堂號，都還是泗水潁川南陽等。第二點我也發現近代台灣歷史的發展，是與近代中國革命史的發展息息相關的。中國民族從鴉片戰爭以來，雖然天朝上國的夢碎，然還不知警惕。一直到甲午戰爭戰敗之後，才是梁啟超先生所說的中國人才開始警惕起來，才是梁漱溟先生所講的中華民族自救運動的開始。中華民國成立從興中會始，興中會成立也因甲午戰敗開始。我也發現，台灣四百萬漢民族在日本帝國主義的統治下，抗日50年，是非常的激烈曲折與壯烈的，最近一部片子《1895》雖然拍得不是很好，但也略見端倪。

　　另外，我發現台灣的文化在某種意義上，比其他各省的同胞更具有河洛的成分。此外，我們研究台灣近四百年，發現了一條規律。

一條什麼規律？台灣處於中國的海疆，在近代世界航海運動開始後，成爲了中國勢力與外國勢力的角逐之地。這四百年來，鄭成功驅逐荷蘭人，是中國勢力驅逐了外國勢力；馬關割台是外國勢力驅逐了中國勢力；八年抗戰台灣光復是中國勢力驅逐了外國勢力；接著1950年韓戰爆發，第七艦隊進入台灣海峽，兩岸分裂至今。從以上的規律，我們可以看出台灣的發展。如果中國強大，台灣就是屬於中國的；中國是衰弱，那台灣就離開中國。因此在此歷史規律下來考察台灣的前途，我們就得考察中國的前途。

中國若如同李登輝或是林濁水所論的「中國崩潰論」或「瓦解論」，那台灣應該會離開中國，在一些列強的支持下獨立。然而如果中國不能瓦解，加上如報紙所寫中國的總生產力已經超過德國成爲世界第三大經濟體。我想要去瓦解全球第三大的經濟體是不太可能的。我想台灣未來的發展會隨著中國的崛起而崛起，兩岸的和平統一不是沒有機會的。台灣人重新做中國的主人翁。就誠如日治時期的台灣作家鍾理和所論「原鄉人的血必須流回原鄉，才能停止沸騰。」這是我研究台灣史30多年的心得。

今日我的報告到此爲止，謝謝大家。

王曉波，曾任臺灣大學哲學系教授，現任中國文化大學哲學系教授，著有中國哲學及台灣史專題著作多本。

行於所當行：

我的哲學之路[1]

周保松

《自由人的平等政治》是一本關於羅爾斯的政治哲學的專著，裡面盡是理性分析的文字。文字底層，是我走過的哲學之路。在這篇文章，我依然以羅爾斯為主線，但換一種筆觸，回顧一下我的讀書歷程，記記途中遇到的人和事，以及我對某些問題的思考，既為自己留點紀錄，對讀者了解我的觀點，或許也有幫助。

一

我第一次知道羅爾斯，是在廣州北京路新華書店。那是1993年暑假，我和香港中文大學一群朋友到廣州購書。我清楚記得，我的哲學系師兄，也是新亞書院的室友王英瑜將一本書塞給我，說這書值得看。我瞄了一眼，書名是《正義論》，作者是約翰·羅爾斯，譯者是何懷宏、何包鋼和廖申白，中國社會科學出版社1988年出版。書很厚，翻到目錄，全是艱澀陌生的術語，但我還是買了。我當時

1　此文乃為拙著《自由人的平等政治》（北京三聯)一書所寫的後記，在此發表時略去原第六節。初稿承蒙石元康、錢永祥、曾誠、鄧偉生及陳日東諸先生指正，謹此致謝。

即將升讀三年級，且已決定從商學院轉到哲學系，覺得要買點哲學原著充實一下書架。

　　同年9月，我選修了石元康先生的「自由主義與社群主義」。這是我第一次正式接觸政治哲學。上課地點在潤昌堂，全班40多人。石先生人高大，衣樸素，操國語，有威嚴。第一天上課，石先生攜了幾本書來，第一本介紹的，是《正義論》英文版[2]。石先生說，羅爾斯是當代最重要的政治哲學家，也是自由主義傳統集大成者。這一門課先介紹羅爾斯，然後再看1980年代興起的社群主義對他的回應，包括沈岱爾、麥金泰爾和泰勒等[3]。我後來知道，石先生是華人社會最早研究羅爾斯的人，並出版了一本關於羅爾斯的專著[4]。

　　這門課很精彩。石先生授課，系統深入清晰，打開一扇窗，讓我得見當代政治哲學的迷人風景。我第一次明白為什麼正義是社會首要德性，第一次知道什麼是原初狀態和無知之幕，也第一次感受到觀念的力量。石先生欣賞羅爾斯，但他並不十分同情自由主義，因為他覺得自由主義無法安頓人的生命，也難以建立起真正的社群。他認為人類社會由古代進入現代，經歷了一次範式轉移，由目的論變為機械論，由價值理性轉為工具理性，而這都和韋伯提及的「世界的解咒」有關，結果是價值多元主義的出現，而自由主義則是回應現代處境的一套思想體系。自由主義強調個人自主，重視基

2　Rawls, *A Theory of Justice* (Cambridge, Mass: Harvard University Press, 1971; revised edition 1999).

3　除了《正義論》，當時我們要讀的文章，均收在一本文集之中。Shlomo Avineri & Avner de-Shalit ed. *Communitarianism and Individualism* (New York: Oxford University Press, 1992).

4　《洛爾斯》（台北：東大圖書，1989），其後由廣西師範大學以《羅爾斯》為書名重印(2004)。

本權利，究其原因，是因爲在什麼是美好人生這一問題上，它承認沒有客觀答案，因此只能容許個人選擇[5]。石先生又認爲，當代自由主義強調中立性，主張政治原則的證成不可以訴諸任何理想人生觀，歸根究底，是接受了價值懷疑主義或主觀主義[6]。石先生這個對自由主義的詮釋，對我影響很大，也令我不安。如果自由主義的背後是價值主觀主義，那麼它所堅持的政治原則的客觀普遍性何在？這個問題從那時候開始，一直困擾我。

　　初識石先生，感覺他可敬卻不可近，直到學期結束時才有點改變。那門課除了考試，還有一個口試，每個學生要單獨見石先生十五分鐘。我是最後一位，後面沒人，因此和石先生聊了很久，主要是談麥金泰爾對傳統的看法。我在這門課拿了個甲等，大大增強了讀哲學的信心。打那以後，無論身在那裡，我和石先生的哲學對話從沒間斷，包括我在英國讀書時的很多通信。石先生是我見過最純粹的知性人，所有時間均專注於哲學思考，一坐下來便可以討論問題。和學生一起，他從不掩飾自己的觀點，同時卻鼓勵我們暢所欲言，據理力爭。石先生教曉我一樣很基本的東西：學術是求真求對，不是客套虛應和權威。

　　我的大學生活，重心在學生運動，大部分時間耽在辦報紙，策劃論壇，又或示威抗議上。我對亞里斯多德所說的玄思式人生並不嚮往，留在哲學系的時間很少。記得1995年新亞拍畢業照時，高我

5　石元康，《當代西方自由主義理論》（上海：三聯書店，2000）。對於現代倫理的困境，亦可參考錢永祥，《縱欲與虛無之上》（北京：三聯書店，2002）。

6　石元康，〈政治自由主義之中立性原則及其證成〉，收在劉擎、關小春編，《自由主義與中國現代性的思考》（香港：中文大學出版社，2002），頁16-20。

一屆的梁文道對我說，你將來一定會去搞政治。這多少是我給當時
同學的印象。八九後九七前的香港，異常躁動。我們即將告別殖民
統治，卻不知前面是怎樣的時代。港督彭定康的政治改革，帶來中
英兩國政府無盡爭拗，另起爐灶之聲不絕，香港人身在其中，卻無
從置喙，感覺無力。有資格移民的，忙著執拾包袱；有錢炒股炒樓
的，則希望在落日前撈多幾把。

　　大學後期，我在學校辦了幾次大規模論壇。其中一次，是請來
香港三大政黨黨魁(民主黨的李柱銘、自由黨的李鵬飛和民建聯的曾
鈺成)和名嘴黃毓民，題目是〈政治人物應具的道德操守〉。論壇在
中大的百萬大道烽火台舉行，近千同學出席，發言踴躍，由黃昏辯
到天黑，以至要點起火水燈，在人影幢幢中交鋒[7]。現在回想，這樣
的論題，竟引起那麼激烈的討論，多少說明當時的大學生對現實有
許多不滿，卻又無法參與，惟有在道德層面對政治人物月旦一番。
我們的校長高錕教授在1993年獲中國政府委任為港事顧問時，也引
來學生強烈抗議，並要求他到烽火台公開交代，因為我們擔心這樣
的政治委任會影響中大的學術自由。當天的交代會，出席者眾，群
情激昂，提出許多尖銳問題，在社會引起很大迴響。今年高校長獲
頒諾貝爾獎物理學獎，很多媒體跑來問我十多年前的舊事，因為我
是學生報記者，和高校長接觸較多，也寫過不少批評他的文章。只
是沒有了當年那層不確定的時代的底色，實在不易解釋當時校園的
風起雲湧。

　　當時中大的讀書圈子，最潮的可能是福柯，海德格爾也流行，
《存有與時間》是很多哲學系同學的聖經，對我卻沒有任何影響。
我是新亞人，哲學系不少老師更是錢唐牟諸先生的弟子，但我對新

7　黃毓民現在是香港社會民主聯線主席和立法會議員。

儒家談不上有什麼熱情。真正吸引我的，是倫理學和政治哲學，以及和人生哲學相關的學科，例如存在主義和宗教哲學。哲學系讀書風氣不錯，有各種讀書小組，由研究生帶著讀。通識課程方面，較有印象的，有許寶強的「20世紀資本主義」，羅永生的「意識形態」和盧傑雄的「當代西方思潮」。這些都是相當難啃的理論課，修讀的人卻不少。英文系的陳清僑開了一門叫「香港製造」的新課，首次讓我認真思考香港人的身分認同問題。這幾位老師，現在都在嶺南大學。雜誌方面，金觀濤和劉青峰先生已在中大中國文化研究所主編《二十一世紀》，裡面有很多好文章。台灣的《當代》經常介紹西方新思潮，我更是囫圇吞棗地追讀。文學方面，校園中最流行村上春樹和米蘭‧昆德拉。我們一群朋友也試過開讀書組，一起讀當代香港和中國文學，包括劉以鬯、西西、黃碧雲、王安憶和莫言等。那時中大時髦電影籌款，學生團體輪流在邵逸夫堂播放非主流電影，票價10元，是很好的文化活動，也是「拍拖」好去處。我印象最深的，是基斯洛夫斯基的一系列電影，例如《兩生花》（台灣譯為《雙面維若妮卡》）、《紅》、《藍》和《白》等。

時隔多年，我仍然很懷念當時的大學生活。以我參與的學生報為例，編委會有20多人，每個月出版一期，正常四開報紙大小，每期有40-50頁，分為校園、社會、中國、綠色、文化和論壇等版面，不僅關心大學發展，也關心香港的警權過大，珠江三角洲的民工受到的不公平對待，全球環境危機等，視野頗為開闊。我們辦報沒有學分，沒有酬勞，甚至要為此經常蹺課，但卻樂此不疲，通宵達旦開會辯論採訪寫作，盡情燃燒我們的青春。大學四年，我幾乎每晚都是三點後，才拖著疲憊身軀，在昏黃燈光下爬上新亞，一臉歉意喚醒宿舍工友幫我開門。那時也有同學自發出版形形色色的地下小報，引發很多討論。至於大字報，更經常貼滿范克廉樓學生活動中

心的入口，回應者眾。當時的「范記」，匯聚了學生會、學生報、國是學會、文社、青年文學獎和綠色天地等組織，什麼人都有，說是臥虎藏龍也不爲過。我是編輯，常常要找人訪問或約人寫稿，因此認識不少特立獨行思想成熟，有理想有個性的同學。中大建校40周年時，我寫了一篇文章，認爲中大最重要的傳統，是批判精神和社會關懷[8]。我一直認爲，從上世紀1970年代到今天，范克廉樓是這種精神的搖籃，直接影響了香港學運和社運發展。

讀到四年級時，我累積了很多問題，卻不知如何解決，於是有去外國讀書的念頭。舉幾個問題爲例。無論是在新亞書院或在哲學系，師長常勉勵我們要繼承和宏揚中國文化。但在中國努力走向現代化的過程中，我們要繼承傳統文化的什麼東西？儒家和民主真的沒有矛盾，並且如牟宗三先生所說，可以從前者「開出」後者嗎？長期生活在學生組織，我多少沾染一點左翼色彩，不太喜歡資本主義。但積極不干預、小政府大市場以至私有產權至上等，卻被視爲香港的成功基石。社會中倘若有人稍稍主張政府應該正視貧富懸殊問題，增加社會福利，總會被人口誅筆伐。我可以站在什麼位置回應這些觀點？此外，我當時寫了不少反思大學教育的文章，愈寫卻愈看到理想與現實的差距，愈寫愈不知在職業化商品化的大勢下，大學有什麼出路。這些問題深深困擾著我。

1995年畢業前夕，余英時先生回來中大，參加錢穆先生百年誕辰紀念，我負責接待他。那天大清早，我陪余先生從新亞會友樓走去開會的祖堯堂。在新亞路上，他問起我對什麼哲學家有興趣，我說羅爾斯。他說羅爾斯剛出版了一本新書，對早期觀點作了不少修

8　〈中大人的氣象〉，收在拙著《相遇》（香港：牛津大學出版社，2008），頁110-115。

正，值得好好讀讀。他說的是《政治自由主義》[9]。我有點訝異，余先生對羅爾斯也感興趣。更沒料到的，是一年後，我在英國約克大學會以這本書作爲碩士論文題目。

二

約克有2000年歷史，是個美麗小鎮，遺留下昔日的城牆、古堡和大教堂，吸引大量遊客。約克大學在約克鎮郊外不遠，1963年建校，是所新興的研究型大學。大學綠草如茵，環境優美。我住的宿舍，推窗外望，總見馬兒在吃草，松鼠在嬉戲。每天一大早，校園湖中的水鴨，會聯群結隊到宿舍窗前討食。政治哲學在政治系是強項，有6位專任老師，還有一個研究「寬容」的中心。約克這一年，我算是開始接受較爲嚴謹的哲學訓練，既要讀當代政治理論，也要研究政治思想史。碩士班的課都是研討會形式，每次有人做報告，接著自由討論，完了大夥兒便去酒吧喝酒。約克的生活，簡單平靜，是哲學思考的好地方。

我當時在學術上最關心的，是自由主義的中立性問題。這是極具爭議性的問題，很多哲學家捲入論爭，羅爾斯的政治自由主義更是討論焦點[10]。以下我談談我的看法，因爲這是我碩士論文的題目。

9　John Rawls, *Political Liberalism* (New York: Columbia University Press, 1993; paperback edition 1996).

10　除了羅爾斯，還包括Brian Barry, Ronald Dworkin, Will Kymlicka, Charles Larmore, Alasdair MacIntyre, Thomas Nagel, Joseph Raz, Michael Sandel, George Sher, Charles Taylor, Jeremy Waldron等。讀者宜留意，「中立性」一詞充滿歧義，不同哲學家有不同詮釋，我這裡只談羅爾斯的觀點。不過，羅爾斯本人一直避免用這個詞來描述他的理論。*Political Liberalism*, p. 191.

中立性一般指在某個問題上沒有立場，更不偏袒任何一方。自由主義的中立性原則，主要指政治原則的證成，不應訴諸任何整全性的宗教、哲學和道德觀。這些觀點包括基督教和回教，亞里斯多德和儒家的德性倫理學，也包括康德和密爾的道德哲學。這些學說的共通點，是有一套完整的倫理和意義體系，為個人生活和社會合作提供指引和規範。

不少論者認為，中立性是羅爾斯所代表的自由主義的重要特徵。最明顯的證據，是在《正義論》的原初狀態中，立約者被一層「無知之幕」遮去他們所有的個人資料，包括人生觀和世界觀。這樣做的目的，是保證最後得出來的正義原則，不會預設或偏好任何特定的人生觀，並在不同教派中保持中立。羅爾斯為什麼要這樣做呢？因為他相信人是自由人，可以憑理性能力構建、修改和追求自己的人生計劃。為了體現人的自由自主，所以才有這樣的獨特設計。中立性的背後，有著自由主義對人的特定理解。

有人馬上會質疑，這樣的設計，表面中立，骨子裡卻預設了康德式的自主倫理觀，因此並非一視同仁對待所有生活方式。例如對某些宗教徒來說，個人自主根本不重要，最重要是嚴格服從神的教導，並按神的旨意生活。所以，如果可以選擇，他們一開始便不會進入原初狀態。但這有什麼問題？自由主義不可能沒有自己的底線和立場啊。羅爾斯後來說，問題可大了，因為我們活在一個多元社會，不同人有不同信仰，對於何謂美好的人生常常有合理的分歧，如果自由主義原則本身奠基於某種特定的整全性倫理觀，將很難得到具有不同信仰的自由平等的公民的合理接受，從而滿足不了自由主義的正當性要求。因此自由主義必須將自己的道德基礎變得更加單薄，以期在多元社會形成交疊共識。羅爾斯稱此為政治自由主義。

政治自由主義有三個特點。一，正義原則的應用對象，是社會

基本結構，即規範社會合作的政治法律及經濟制度。二，正義原則
必須將自身表述爲一個自立的政治觀點，獨立於任何整全性的宗教
和道德觀，包括以康德和密爾爲代表的自由主義傳統；三，正義原
則的內容，源於隱含在民主社會公共政治文化中的一些政治觀念，
其中最重要的，是「社會作爲自由平等的公民共同參與的公平合作
體系」此一理念[11]。羅爾斯認爲，經過這樣的改造，政治原則將做
到真正的中立，從而令到公民從各自的人生觀出發，基於不同理由
也能接受政治自由主義，從而達到共識。

　　我對這更爲單薄的政治自由主義甚有保留。我這裡集中談三點。

　　第一，政治自由主義並沒改變羅爾斯最初提出來的正義原則，
也沒有改變自由人的平等政治這個根本理念，改變的是對這個理念
的說明。爲了避免爭議，羅爾斯不再嘗試論證一個形而上學的人性
觀，而是假定它早已存在於民主社會的政治文化當中，並得到廣泛
認同，因而可以作爲理論的出發點。這個假定實在過於樂觀。如果
民主社會真的如此多元，那麼在政治領域，「人作爲自由平等的理
性存有」這個觀念，必定同樣充滿爭議。退一步，即使這個觀念得
到廣泛認同，我們也需要知道，爲什麼它是道德上可取的。這是兩
個不同的問題。例如我們爲什麼應將發展人的自主的道德能力作爲
公民的最高序旨趣(highest-order interest)？當這個旨趣和人在非政
治領域持有的信念衝突時，爲什麼前者有優先性？羅爾斯當然不能
說，因爲這是社會共識，所以是對的。他必須提出進一步的理由支
持他的立場。我們很難相信，這些理由可以一直停留在政治領域，
而不去到有關人性和人的根本利益的討論。

　　此外，我們應留意，政治自由主義並不適用於非自由民主的社

---

11 *Political Liberalism*, pp. 11-15.

會，因爲它們尚未發展出羅爾斯要求的政治文化。於是出現這樣的
兩難：最迫切需要自由主義的國家，是那些最欠缺民主文化的國家，
但在這些國家，交疊共識卻絕無可能，自由主義於是只能保持沉默。
自由主義若要開口，難免和其他敵對的政治倫理觀針鋒相對，並須
全面論證爲什麼它對人和社會的理解，是最合理和最可取的。形象
一點說，在政治意識形態的競技場中，自由主義不是站在各方之外
並保持中立的裁判，而是身在場中的參賽者。不少論者以爲政治自
由主義較爲單薄，所以較容易和不同的傳統文化相容，卻沒有留意
到，交疊共識必須以深厚的自由民主文化爲前提。

　　第二，政治自由主義和傳統自由主義的最大分別，是前者將自
己局限於政治領域，後者卻不如此自我設限。以密爾爲例，他不僅
將發展人的個體性視爲「傷害原則」的道德基礎，同時也作爲實現
個人幸福不可或缺的條件。對密爾來說，一個真正的自由主義者，
無論在公在私，均應服膺自由主義的基本信念，培養自由心智，寬
容異見，活出自我。政治自由主義卻認爲，正義原則的證成和人們
對幸福生活的追求，屬於兩個彼此不相屬的範疇，人們可以一方面
在政治領域接受「自由平等的政治人」這個公民身分，同時在其他
領域接受非自由主義的宗教和倫理觀，並擁有其他身分。既然有不
同身分，難免有衝突的可能。當衝突出現時，人們爲何應該無條件
地給予正義原則優先性？對羅爾斯來說，政治人的身分不是眾多身
分之一，而是在所有身分中占有最高的位置。正當優先於「好」，
是他的理論的內在要求[12]。要保證這點，政治身分便不能和人們的
人生觀恆常處於對立和分裂狀態，因爲後者是個人安身立命的基

12 詳細討論可參考拙著〈正義感的優先性與契合論〉，《政治與社會
　　哲學評論》，30期(2009)，頁165-202。

礎，並構成人們行動的理由。因此，要證成政治價值的優先性，實有必要將政治人的觀念置放在一個更寬廣的倫理背景中，從而使得生命不同部分具有某種統一性。很可惜，政治自由主義走的不是這樣一條整合之路。

　　第三，政治自由主義面對多元世界的方法，是從羅爾斯所稱的公民社會的「背景文化」中撤退出來，不再就「如何活出美好人生」這類問題為公民提供指引。背景文化指的是人們在非政治領域形成的社會文化，包括人與人在家庭、教會、學校和其他團體中的交往，也包括為人們提供生命意義和行為指導的宗教、哲學和倫理觀。羅爾斯認為，為了尋求共識，政治自由主義不應介入任何背景文化的爭論，也不應對人們的生活選擇下價值判斷，甚至要和自由主義傳統本身保持距離。自由主義作為一種人生哲學，只是眾多生活方式的其中一種，並不享有任何特權。

　　這樣的文化中立，目的自然是希望包容更多非自由主義的教義和學說，並容許它們自由發展。羅爾斯沒有考慮到的是，如果這些教義在社會中影響愈來愈大，並控制公共討論的話語權時，有可能會反噬自由主義的基本原則，甚至會在某些社會議題上主張限制公民的基本權利。這絕非危言聳聽。原教旨主義、種族主義和極端民族主義，常會出現這樣的情況。羅爾斯或會回應說，只要這些教義繼續尊重政治自由主義的基本原則，便不成問題。麻煩卻在於，如果相信這些教義的人在他們的生活中，早已不認同自由主義是個值得追求的理想，他們便沒有理由要尊重政治原則的優先性。他們的服從，可能只是權宜之計。但我們也發覺，在民主社會，不少宗教團體樂意接受自由主義的規範。為什麼呢？那是因為這些團體早已完成「自由主義化」的過程，將自由主義的基本理念內化成信仰的一部分。這些理念包括道德平等、個人自主、基本權利和寬容等。

經過這樣的轉化，他們不再覺得尊重他人的信仰自由，是不得已的
政治和道德妥協，而視之爲現代社會生活的基本要求。同樣道理，
他們也可能接受幸福人生的必要條件，是個體必須有自由選擇和認
同自己的人生計劃。但對政治自由主義來說，這樣的內化工作是不
應該由國家來做的。

　　我認爲，一個真正的自由主義社會，必須培養出相信自由主義
的公民。自由主義不應只是一種制度安排，同時也應是一種生活方
式。只有這樣，公民才會有充足理由接受正義原則的優先性，才會
真心支持自由主義的社會改革，也才能令一個健康穩定的民主社會
成爲可能。基於此，我不認爲用中立性原則來定義自由主義是妥當
做法。自由主義有一套完整的政治道德觀，堅持自由平等，重視社
會正義，主張培養公民德性，並希望每個公民成爲自由人。它不可
能也不應該在不同價值觀之間保持中立。在不違反正義原則的前提
下，自由主義主張包容不同的生活方式，理由是尊重個人自主，而
非擔心缺乏共識，又或相信價值虛無主義。相較羅爾斯將自由主義
愈變愈單薄，我倒認爲應提倡一種「厚實」的自由主義，盡可能將
自由主義理解爲一套具普遍性和整體性的政治倫理觀，不僅適用於
政治領域，同時也適用於社會、經濟、文化、教育乃至個人生活等
領域。這樣的自由主義，一方面可以在制度上有效回應現代社會的
挑戰，另一方面能夠吸引更多人在生活中成爲自由主義者。

三

　　1996年完成論文後，已是初秋，我抱著忐忑的心情，從約克南
下，去倫敦政經學院找我後來的老師碩維(John Charvet)教授。英國
的博士制度，仍然是師徒制，一開始便要選定指導老師，並由老師

帶著做研究。所以，在正式申請學校前，最好和老師見見面，討論一下研究計劃，並看看雙方意願。約克大學的老師說，碩維在政經學院的名氣不是最大，卻是最好的師傅，推薦我去跟他。

　　政治系在King's Chamber，一幢古老的三層紅磚建築，樓梯窄得只夠一個人走。我爬上三樓，初會我的老師。碩維教授穿著西服，溫文隨和，說話慢條斯理，典型的英國紳士。我說，我想研究伯林和羅爾斯，主題是多元主義和自由主義。這個題目並不新鮮，因為行內誰都知道多元主義在他們思想中的位置。但我當時已很困惑於這樣的問題：如果價值有不同來源，公民有多元信仰，如何可能證成一組合理的政治原則？這組原則為什麼是自由主義，而不是別的理論？碩維同意我的研究方向，並說伯林是他1960年代在牛津時的指導老師。他又告訴我，當時整個英國都沒人在意政治哲學，牛津甚至沒有政治哲學這一門課。直到《正義論》出版，情況才有所改變。

　　那天下午，我們談得很愉快。臨走，碩維說，他樂意指導我。退出老師的辦公室，我鬆了口氣，終於有心情在校園逛逛。我先去哲學系參觀，見到波柏的銅像放在走廊一角，一臉肅穆。然後去了經濟系，卻找不到哈耶克的影子。我見天色尚早，突然有去探訪馬克思的念頭。馬克思葬在倫敦北部的高門墓地，離市中心不太遠，但我卻坐錯了車，待去到墓園，已是黃昏，四周靜寂，只見形態各異的墓碑，在柔弱晚照中默然而立。馬克思在墓園深處，墓碑上立著他的頭像，樣子威嚴，眼神深邃。墓身上方寫著「全世界工人團結起來」，下方寫著「哲學家們只是用不同的方式解釋世界，而問題在於改變世界」——這是《關於費爾巴哈的提綱》的最後一條，

寫於1845年[13]。

　　馬克思的斜對面，低調地躺著另一位曾經叱吒一時的哲學家史賓塞(1820-1903)。史賓塞的墓很小，如果不留心，很難發現。史賓塞是社會進化論者，當年讀完達爾文的《物種起源》後，第一個提出「適者生存」的概念，對留學英國的嚴復影響甚深[14]。嚴復後來將赫胥黎的《天演論》和史賓塞的《群學肄言》譯成中文，並主張「物競天擇，適者生存」，影響無數中國知識分子[15]。百年後，浪花淘盡英雄，我這樣一個中國青年，孑然一身立於兩位哲人中間，回首來時那條叢林掩影的曲徑，真有「逝者如斯夫，不捨晝夜」之嘆。

　　馬克思是我認識的第一位哲學家。早在1980年代中移民香港前，已在國內初中政治課聽過他的名字。我甚至記得，當年曾認真地問過老師，共產主義真的會來嗎？老師說，一定的，這是歷史發展的必然規律。我不知所以然，但老師既說得那麼肯定，我遂深信不疑，開始數算2000年實現四個現代化後，離共產社會還有多遠。當天站在馬克思墓前，少年夢想早已遠去，真正震撼我的，是看到墓碑上那句對哲學家的嘲諷。難道不是嗎？如果哲學家只是在書齋

13　Karl Marx, *Selected Writings*, ed. David McLellan (New York: Oxford University Press, 1977), p.158. 中文版見《馬克思恩格斯選集》第一卷(北京：人民出版社，1972)，頁19。

14　對於這一點，可參考Benjamin Schwartz, *In Search of Power and Wealth: Yen Fu and the West* (Cambridge, Mass: Harvard University Press, 1964).

15　「適者生存」首次出現在史賓塞的著作《生物學原理》(*Principles of Biology*)(1864)中。《群學肄言》(*The Study of Sociology*)中譯本在1903年由商務印書館出版，《天演論》(*Evolution and Ethics*)則在1905年出版。

裡空談理論，對改變世界毫無作用，那麼我決心以政治哲學爲志業，
所爲何事？這對躊躇滿志的我，有如棒喝。

馬克思的觀點，表面看似乎是這樣：哲學家只懂得提出抽象的
理論解釋世界，卻對改變世界毫無幫助。真正重要的，是推翻資本
主義，消滅階級對立，解放全人類。改變的力量，來自全世界的工
人無產階級。如果這是個全稱命題，並包括馬克思在內，那顯然沒
有道理，因爲馬克思一生大部分時間都在從事理論工作。如果理論
沒用，那我們不用讀他的《資本論》了。馬克思也沒理由說自己不
是哲學家，他的博士論文寫的是希臘哲學，而他的歷史唯物主義更
在解釋人類發展的內在規律。回到這句話的語境，馬克思的觀點應
是：費爾巴哈和其他哲學家對哲學的理解出了問題。

問題出在哪裡？這要回到費爾巴哈的哲學觀。費爾巴哈在《基
督教的本質》中提出一個革命性的觀點：人不是按神的形象而被創
造，而是反過來，上帝是按人的形象而被創造，然後將其安放在外
在超越的位置加以膜拜。上帝不是客觀真實的存有，而是有限的個
體將人性中最理想和最純粹的特質（知識、能力和善心等），投射爲
完美上帝的理念，但人自己卻沒有意識到這一事實。宗教異化由此
而生，因爲個體將本來屬於人作爲「類存在」的本質誤當爲上帝的
本質，並受其支配。哲學的任務，是透過概念分析，揭示這種虛假
狀態，恢復人類本真的自我意識，成爲自由自主的人。費爾巴哈明
白表示：「我們的任務，便正在於證明，屬神的東西跟屬人的東西
的對立，是一種虛幻的對立，它不過是人的本質跟人的個體之間的
對立。」[16] 由於宗教是所有虛假的源頭，因此哲學對宗教的顛覆，

---

16 Ludwig Feuerbach, *The Essence of Christianity*, trans. George Eliot
(New York: Harper & Brothers, 1957), pp.13-14. 中譯本，《基督教的

是人類解放的必要條件。

　　馬克思認同費爾巴哈的目標，卻認為單憑哲學解釋，根本不能
建立一個自由平等的社群，因為導致異化的真正源頭，並非人類缺
乏哲學的明晰和清楚的自我意識，而是由資本主義的經濟和社會結
構造成[17]。要克服異化，必須改變產生虛假意識的社會制度。再者，
費爾巴哈或許以為單憑純粹的哲學思辨，能為社會批判找到獨立基
礎，但下層建築決定上層建築，如果不先改變經濟結構，人們的宗
教觀和哲學觀根本難以超越時代的限制。

　　單憑哲學解釋不足以改變世界，這點我沒有異議。但改變世界
可以不需要哲學嗎？我想，馬克思本人也不會接受這點。改變世界
之前，我們需要先回答兩個問題。一，必須清楚當下的世界為何不
義，否則我們不知道為何要革命。二，必須了解革命後的世界為何
理想，否則我們不知道革命是否值得。這兩個都是規範性問題，需
要政治哲學來回答。對於第一個問題，我相信馬克思會說，資本主
義之所以不義，是因為階級對立導致嚴重剝削，私產制和過度分工
導致工人異化，意識形態導致人們活得不真實，自利主義導致社群
生活無從建立等。[18] 對於第二個問題，馬克思會說，共產主義社會
是個沒有階級沒有剝削沒有異化，人人能夠實現類存在的理想世
界。由此可見，改變世界之前，馬克思同樣需要一套政治道德理論，

（續）──────────────

　　本質》，榮震華譯（北京：商務印書館，1984），頁44。

17　以下討論主要得益於G. A.Cohen, *If You're an Egalitarian, How Come
　　You're so Rich?*（Cambridge, Mass: Harvard University Press, 2000),
　　pp. 93-100.

18　馬克思對資本主義的批判，以及對自由主義及社會分配的看法，可
　　參考〈論猶太人問題〉、〈經濟學與哲學手稿〉、〈哥達綱領批判〉
　　等文章。

並以此解釋和批判世界。

　　馬克思（以及馬克思主義者）如果不同意這個說法，可以有兩種回應。第一，科學社會主義不需要談道德，因爲根據辯證法和歷史唯物論，隨著人類生產力的提高，既有的資本主義生產關係必然阻礙生產力進一步發展，並使得資產階級和無產階級矛盾加劇，最後導致革命，將人類帶進社會主義的歷史新階段[19]。既然歷史有客觀的發展規律，不以個人意志爲轉移，那麼根本沒必要糾纏於沒完沒了的道德爭論。哲學家要做的，是幫助無產階級客觀認識這個規律，激起他們的階級意識，加速革命完成。

　　一世紀過去，社會主義的實驗，翻天覆地，到了今天恐怕再沒有人如此樂觀地相信歷史決定論。資本主義經歷了不少危機，但離末路尚遠，而且也沒有人肯定，末路的最後必然是社會主義。即使是社會主義，也不見得那便是理想的歷史終結。此外，二次大戰後福利國家的發展，大大緩和階級矛盾，而工人階級也沒有明確的共同利益，促使他們聯合起來顛覆既有制度。最後，社會主義作爲一種理想社會的政治想像，無論在西方還是中國，吸引力已大減。在這種革命目標受到質疑、革命動力難以凝聚的處境中，馬克思主義或者廣義的左翼傳統，如果要繼續對資本主義的批判，並希望通過批判吸引更多同路人，那麼批判的基礎應該是道德和政治哲學，而非歷史唯物論。

　　第二種回應，則認爲即使我們想談道德，也不可能擺脫資本主義意識形態的控制來談。馬克思認爲，不是主觀意識決定人的存在，而是社會存在決定人的意識。社會存在的基礎有賴總體生產關係決定的經濟結構，這個基礎決定了法律、政治、宗教和道德這些上層

　　19　關於馬克思的唯物史觀，可看《政治經濟學批判・序言》。

建築，並限定了人們看世界的方式。因此，資本主義社會中控制了
生產工具的資本家，為了一己利益，總會千方百計將他們的價值觀
灌輸給被統治者，並讓他們相信資產階級的利益就是他們自己的利
益。在這種情況下，如果不先改變經濟制度，任何真正的道德批判
都不可能。

　　我不接受這種經濟決定論[20]。無可否認，人的思考必然受限於
他所處的社會和歷史條件，但人的反省意識和價值意識，卻使人有
能力對這些條件本身作出後設批判。面對當下的制度和觀念，我們
總可以問：「這樣的制度真的合理嗎？我們非得用這些觀念來理解
自身和世界嗎？我們有理由接受這樣的社會分配嗎？」原則上，理
性反省沒有疆界。這是人之所以為自由存有的基本意涵。如果否定
這一點，我們無法解釋，為什麼青年馬克思能夠寫出〈論猶太人問
題〉和〈經濟及哲學手稿〉這些批判資本主義的經典之作。我們也
不能說，只有像馬克思這樣的先知，恰巧站在歷史那一點，才使他
能夠超越虛假意識，洞察真相。如果真是那樣，在全球資本主義興
旺發展的今天，左翼豈非更難找到社會批判的立足點？

　　所以，回到馬克思那句話，我寧願改為：哲學家們以不同的方
式解釋世界，問題是哪種解釋才是合理的。不過，這裡的「解釋」，
涵蓋了理解、證成和批判。這是政治哲學責無旁貸的工作。政治哲
學既要對現實世界和人類生存處境有正確認識，同時要證成合理的
社會政治原則，並以此作為社會改革的方向。就此而言，理論和實
踐並非二分，更非對立，而是彼此互動。理論思考的過程，即在打
破主流意識形態的支配，擴充我們對道德和政治生活的想像，並為

20　我認為馬克思也不可能接受這種決定論，否則他難以解釋他本人如
　　何能夠超越身處的時代，對資本主義作出批判。

社會批判提供基礎。

　　一旦將馬克思視爲政治哲學家，我們遂可以將他的觀點和其他理論互作對照。讓我們以社會財富分配爲例，看看代表左翼的馬克思和代表自由主義的羅爾斯的觀點有何不同。在〈哥達綱領批判〉(1875)這篇經典文章中，馬克思罕有地談及日後共產社會的分配問題。在共產主義初級階段，由於尚未完全擺脫資本主義的烙印，分配原則是按勞分配，即根據生產過程中付出的勞動力多寡決定個人所得，勞動成果應該全部歸於勞動者。這體現了某種平等權利，因爲它用了一個相同標準去衡量和分配所得。馬克思卻認爲，這正是按勞分配的缺陷，因爲它忽略了其他方面的道德考量。例如人在體力和智力上的差異，必然導致勞動力不平等。生產力高的人，收入一定遠較老弱傷殘者高。此外，這個原則也沒有考慮到每個人社會背景的差異。對結了婚或家有孩子的工人來說，即使付出和別人相同的勞力，拿到一樣工資，實際上並不平等，因爲他的家庭負擔重得多。所以，接勞分配並不是合理的社會分配原則。

　　馬克思聲稱，「爲避免所有這些缺點，本來平等的權利必須改爲不平等。」那麼該如何改呢？我們期待他提出更合理的建議。誰知去到這裡，馬克思筆鋒一轉，聲稱這些缺點在共產社會初級階段是不可避免的，因爲分配原則永遠不能超越社會的經濟結構和文化發展。只有去到共產社會更高階段，生產力的高度發展徹底解決資源匱乏問題，勞動不再只是維生的手段，而是生命的主要欲望後，我們才能夠完全克服「誰有權應得多少」這類資本主義社會殘存的問題，並最終實現「各盡所能，各取所需」。

　　對於馬克思的答案，我們可以提出兩個質疑。第一，馬克思並沒有告訴我們，在共產主義未實現之前，怎樣的財富分配是合理公正的。他只以一個歷史發展的許諾安慰活在當下的人，但這個許諾

實在太遙遠了。要知道，社會資源的分配，直接影響每個人的生命。我們能否實現自己的人生理想，能否享有幸福的家庭生活，能否得到別人的肯定和尊重，都和我們在制度中可以分得多少資源息息相關。因此，作爲平等公民，我們有正當的權利，要求公正的社會分配。馬克思或會說，非不欲也，實不能也，因爲歷史條件限制了所有可能性。但爲什麼不能呢？今天很多資本主義福利社會，早已爲公民提供各種社會福利，包括醫療、教育、房屋、失業和退休保障，以及對老弱病殘者提供的特殊照料。當然，這些措施或許仍然不足，但不是遠較簡單的按勞分配來得合理嗎？

第二，馬克思所許諾的共產主義社會，其實並沒有處理到分配問題，而是將分配問題出現的環境消解了。分配問題之所以會出現，主要是由於社會資源相對不足以及參與生產合作的人對自己應得多少份額有不同訴求。但去到共產社會，生產力的進步令物質豐盛到能夠讓每個人得到全面發展，而生產者又不再視勞動本身爲不得已的負擔，那麼分配問題早已不再存在。錢永祥先生因此認爲：「在這個意義上，『各取所需』不再是分配原則，因爲無限的資源加上『應得』概念的失去意義，已經沒有『分配』這件事可言了。」[21] 歷史發展到今天，即使是最樂觀的馬克思主義者，也得承認地球資源有限，如果人類繼續以目前的模式消費，很快將要面對嚴重的環境和能源危機。既然資源無限的假設不切實際，社會正義問題便須認真面對。

羅爾斯和馬克思有類似的問題意識，答案卻很不一樣。羅爾斯的問題是：在資源相對貧乏的情況下，如果自由平等的公民要進行

---

21 錢永祥，〈社會主義如何參考自由主義：讀曹天予〉，《思想》第
　　10期(2008)，頁262。作者也多謝錢先生就此問題的交流。

公平的社會合作，應該根據什麼原則來分配合作所得？羅爾斯的答案，是他有名的差異原則，即資源的不平等分配，必須對社會中的最弱勢者最為有利。這些最弱勢者，指經濟競爭力較低的人，包括老弱傷殘及低收入者[22]。羅爾斯認為，經濟不平等的根源，很大程度源於人的先天能力和後天環境的差異。如果我們接受道德平等，便不應該任由這些差異影響每個公民的正當所得。於是有了他那著名的無知之幕的設計，將這些任意的不平等因素遮去，確保每個合作者在對等位置上商討出大家都能接受的原則，而差異原則正是他們的理性選擇。羅爾斯心目中的公正社會，是一個人人平等且共同富裕的社會：公民享有基本的公民和政治權利，擁有公平的機會平等，而在實行市場經濟的同時，政府須透過累進稅、遺產稅及其他措施，提供各種社會保障，並盡量避免生產工具和社會財富過度集中在少數人手中。羅爾斯稱這個社會為財產擁有民主制（property-owning democracy）或自由主義式的社會主義政體（liberal socialist regime）[23]。

馬克思說，我們應該改變世界，令世界變得更美好更公正。沒有人會反對這點。但正義的標準是什麼？社會資源應該如何分配，人與人之間應該存在怎樣的道德關係，才滿足正義的要求？這是所有政治社群必須認真對待的問題。如果正義是社會的首要德性，政治哲學則是政治社群的首要學問。我以上的討論旨在指出，一旦歷史沒有必然，一旦我們恆久處在資源有限訴求不斷的環境，一旦我們意欲好好活在一起，那麼我們必須善用理性，善用人類累積的道德資源，共同構建和追求一個自由平等的公正社會。這既是國家對

22　Rawls, *A Theory of Justice*, p. 302/266 rev.

23　Rawls, *A Theory of Justice*, revised edition, p. xv.

公民的責任，亦是政治正當性的基礎。羅爾斯的正義理論，回應了馬克思提出但其本人沒有回答的問題。如果其他理論不滿意羅爾斯的答案，他們必須提出實質的道德論證，並爲心目中的正義社會圖像作出辯護。

四

1997年，我回到香港。這一年，香港從英國的殖民地，變爲中國的特別行政區。6月30日那夜，我作爲香港某報的記者，穿梭在灣仔會議展覽中心和中環立法會大樓之間，在人山人海中感受歷史的巨變。那一夜，有人狂歡，有人憤怒，有人惶惑，有人傷感。而我，一個1980年代從大陸移居香港的新移民，一個經歷八九六四的青年，一個決心以香港爲家的公民，心情更是混雜[24]。那一夜，我在報館工作到深夜，然後在滂沱大雨的7月1日清早，在電視上看著解放軍的軍車，一架接著一架，緩緩開入城中。那一刻，我終於意識到，香港變天了。眨眼間，回歸又已逾10年，香港這個屬於我們的城市，應該如何走下去？作爲香港人，我們對它有怎樣的期望？我們身在其中，可以做些什麼令它變得好一點？這是我長期思考的問題。以下我將以一個香港人的身分，從政治哲學的觀點，談談我的想法[25]。

---

24 我曾寫過一篇文章，談及這方面的經歷。〈活在香港：一個人的移民史〉，《思想》第6期(2007)，頁211-232。其後收在拙著《相遇》(香港：牛津大學出版社，2008)，頁219-250。

25 我特別強調自己香港人的身分，因為我想表明，以下所有對香港的批評，同時也是自我批評；所有對香港未來的期許，同時也是自我期許。

　　在香港，最主流最強勢的論述，是將香港當作一個純粹的經濟城市。如何在全球資本主義體系中，維持和鞏固它的競爭力，更是整個社會的首要目標。目標既然已定，剩下的便是用什麼方法達到這個目標。而所有和這個目標不相容的理念制度和生活實踐，都被邊緣化或被消滅。這種城市想像的潛台詞，是香港不是和不應該是一個政治城市，因為過於政治化不利香港的繁榮安定。因此，普選民主應該緩行，社會公義最好少談，既有的遊戲規則儘量維持。這種情況必須改變。改變的前提，是香港人必須有另一種城市想像，將香港理解為自由平等的政治城市。這種探索，對香港正在討論的政制改革爭論，相關且必要。原因很簡單，如果我們仍然困於經濟城市的想像，無法確立政治領域的獨立性和優先性，那麼所有政治改革和政治價值的追求，都難以擺脫經濟發展至上的限制。

　　作為發達的資本主義城市，香港社會每個環節，都服膺市場競爭邏輯，並將經濟效率和工具理性發揮得淋漓盡致，成為徹底的商品化社會。對很多人來說，香港本身是一個大市場，裡面的人是純粹的經濟人。政府的角色，主要是維持市場有效運作，其他什麼都不要管。市場的邏輯，是優勝劣敗，適者生存。經濟人的目的，是個人利益極大化，人與人之間只有工具性的利益關係。在這樣的環境，每個人從出生開始，便被訓練得務實計算，學會增值競爭，更視財富累積為幸福人生的必要甚至充分條件。不少人認為，這是香港成功的秘訣，並主張變本加厲，將下一代打造成更有競爭力的經濟人，並將市場邏輯擴展到非經濟的教育文化環境保育等領域。

　　問題卻在於，香港人甘心將香港這片土地只當成赤裸裸的市場，並視自身為純粹的經濟人嗎？近年愈來愈多人開始質疑這個模式，因為這樣的生活並不美好。劇烈的競爭和異化的工作，巨大的貧富懸殊和嚴重的機會不平等，疏離的人際關係和貧乏的精神生

活，還有過度的物欲主義和消費主義對人的支配，都令香港人活得
苦不堪言。經濟發展的終極目標，理應是改善人的生活，使每個人
活得自由自主，有效實現自己的人生理想，並在社會關係中受到平
等尊重。如果目前的制度使我們活得愈來愈差，我們沒理由不努力
謀求改變。另一方面，香港近年社會運動不斷，公民意識逐步成熟，
呼喚政治改革的聲音日益壯大。香港人一旦脫離殖民地統治，意識
到自己是這個城市的主人，他們自然不可能再接受政治權力操控在
少數人手中，不可能容忍這個整體十分富裕的城市卻有那麼多人活
在貧窮線下，更不可能忍受文化和精神生活長期受壓於單向度的經
濟思維。

香港需要新的定位，並對這個城市有新的期許。我們正站在這
樣的歷史門檻。問題不在於要不要跨過去，而在於如何跨過去，跨
過去後往哪個方向走。要回答這個問題，關鍵在香港人如何建構對
這個城市的想像[26]。

沿用羅爾斯的思路，我認為，香港人應視香港為自由平等的公
民走在一起進行公平合作的政治社群。這個社群，根據《基本法》
規定，是中國的一部分，卻享有高度的自治權力，包括行政、立法
和獨立的司法權。我們稱它為特別行政區，但特區是個政治概念，
而不是個行政概念。「高度自治」意味著香港人理應有相當大的政
治自主空間，構想規劃和打造這個屬於自己的城市的未來。

既然每個人都是自由平等的公民，並願意在公平的條件下進行
合作，我們便不應將特區當作市場，並用市場邏輯決定政治權力和

---

26 對於「社會想像」(social imaginary)此一概念，可參考Charles Taylor,
   Modern Social Imaginaries (Durham and London: Duke University
   Press, 2004), pp. 23-30.

社會文化資源的分配。例如我們不能說，誰的錢多誰便應擁有多一些政治權力，因爲這違反政治平等；我們也不能說，誰是市場的勝出者便應占一切，因爲公平合作要求資源分配必須滿足正義的要求。就此而言，特區政府有她獨特的政治角色和道德使命。特區擁有制訂法律、設立制度，分配資源和要求公民絕對服從的權力，因此它必須重視政治正當性問題，並讓公民知道，基於什麼道德理由，它可以擁有管治香港的權力。如果我們相信主權在民，那麼政治權力的正當運用，必須滿足兩個條件。一，政府必須得到自由平等公民的充分認可。一人一票的民主選舉，是體現這種認可的有效機制。二，政府必須重視社會正義，給予公民平等的尊重和關注，確保社會資源得到合理分配，並充分保障公民的基本自由和權利。這是現代政治最基本的要求。中國總理溫家寶也爲政府施政定下這樣的使命：「尊重每一個人，維護每一個人的合法權益，在自由平等的條件下，爲每一個人創造全面發展的機會。如果說發展經濟、改善民生是政府的天職，那麼推動社會公平正義就是政府的良心。」[27] 以我的理解，這裡的良心是指政府的道德責任。

　　有趣的是，特區政府常常強調它的管治理念是「小政府大市場」。就字面解，這是指政府盡可能將自己的權力和功能縮到最小，然後將大部分社會及經濟問題交由市場解決。這個說法，既不正確亦不可取。首先，香港早已不是放任自由主義哲學家諾齊克筆下的「小政府」[28]。例如香港有12年的義務教育，近乎免費的公立醫療服務，相當部分人口住在政府興建的公共房屋，還有政府提供的不

27　溫家寶連任總理後首場記者招待會的講話，轉載自《南風窗》，2008年第7期，頁29。

28　Nozick, *Anarchy, State and Utopia* (Blackwell, 1974), p. ix.

同社會保障。這些福利是否足夠，另當別論，但政府卻絕對算不上
什麼也不管的「小政府」[29]。

　　其次，這種抑政府揚市場的思路，會嚴重窒礙香港的政治發展。
我們知道，市場和政府根本不應處於對等位置。市場只是政治社群
的一個環節，政府才是特區的最高管治者，負有不可推卸的追求公
義和促進人民福祉的責任。在制度上，政府必定優先於市場。政府
是市場規則的制訂者和監管者，並透過徵稅及其他措施，決定個人
在市場的合理所得[30]。市場從來不是自足和獨立的領域，並凌駕於
政府之上。當然，市場有它的重要價值，但市場導致的結果，往往
並不公正，而市場本身亦不能自動糾正這些不公正。所以，如果放
任的市場競爭導致貧富懸殊，老弱無依，機會不平等，甚至金權和
財閥政治，那麼一個重視社會正義的政府，自然有必要對市場作出
監管。我這裡並非主張政府要凡事干預，而是指出在概念上和法理
上，我們必須將政府和市場的角色和功能作出清楚的區分。如果政
府自甘作小，放棄很多理應由她承擔的政治和道德責任，那是不必
要的自我設限和自我矮化。

　　既然政治優先於市場，那麼在公共生活中，政治人的身分自然
優先於經濟人。政治人的身分，我們稱為公民。這個身分，賦予每
個人平等的政治權利，並承擔相應的政治義務。在日常生活中，我
們會由於自願或非自願的原因，和他人建立不同關係，因而擁有不
同身分，這些身分衍生出相應的權利和義務。例如我是某人的兒子，

29　以2007-2008年度為例，教育占政府總開支22.8%，社會福利占16%，
　　醫療衛生占14.7%。

30　或許有人以為凡是市場競爭的結果都是一個人所應得的，這其實是
　　一誤解。市場是基本制度的一部分，一個人最後所得多少，是由整
　　個制度來決定的。

某所學校的畢業生，某家公司的僱員等。但作爲政治社群的一員，不管所有別的差異，我們都是平等的公民，並應得到政府的平等對待。當這個身分和其他身分發生衝突時，公民身分有優先性。基於此，我們不容許宗教團體限制人們信教和脫教的自由，因爲信仰自由是公民的基本權利；我們也不容許公司爲了成本和經濟效益，剝奪公民理應享有的勞工福利；我們甚至不容許政府本身損害憲法賦予公民的基本權利。

有人或會問，人世間充滿不平等，爲什麼我們要如此在乎公民平等？這必然是因爲公民之間具有某種道德關係。試想像，如果我們都是純粹的經濟人，而社會則是競爭市場的話，我們很難接受對弱勢者有什麼道德義務，亦不會認爲政府有責任爲他們做些什麼。公民身分體現了這樣的道德關懷：作爲政治共同體的成員，我們願意平等相待，並分擔彼此的命運。公民權的實質內容，需要透過公開討論和正當程序，才能確定下來。我這裡強調的，是政治社群的道德意涵。我們甚至可以說，任何政治社群都是道德社群，都預設了人與人之間某種非工具性的道德關係。如果我們依然視這個城市爲殖民地的延續，又或一群經濟人湊合在一起的利益競逐之地，那是香港人的悲哀。我們有幸活在一起，理應善待自己，善待彼此。

香港要完成這種自我定位的轉變，必要條件是港人培養出積極的公民意識。公民意識的培養，和教育密不可分。教育的場所，不必限於書本和學校，而可以擴展到社會運動和各種形式的公共討論。但這裡所指的教育，並非教條式的愛國主義和民族主義教育，要求個人放棄獨立思考，無條件服從集體。恰恰相反，它肯定個體獨立自主，鼓勵人們參與公共事務，並承擔起應有的公民責任。就此而言，公民教育和通識教育的目的，是培養學生的價值意識和批判意識。但在目前日趨職業化、技術化和市場化的教育環境中，要

實踐這種理念，實在舉步維艱。這又和前述的城市想像相關。我們知道，教育有兩個基本目的：一，為社會培養人才；二，促進個人福祉。問題的關鍵是：我們想要怎樣的社會？什麼構成人的幸福生活？如果香港只是一個單向度的經濟社會，那麼所期待的人才，自然也是單向度的經濟人：務實，講求效率，重視工具理性，利己主義，以及維護社會建制等。在這種教育思維中，批判意識和價值意識根本沒有位置。同樣道理，一旦如此理解人，我們很容易便將幸福生活和經濟地位的高低掛勾，卻與公民身分的實踐變得毫無關係了。

　　回歸已逾10年，香港嘗盡非政治化的苦果。殖民主走了，工具理性再不管用，因為管治者必須要為香港定下新的政治目標，並為這些目標的正當性作公開辯護。管治者需要有自己的政治理念，並告訴我們這些理念為何值得追求。可惜的是，今天的管治階層，仍然繼續用單一的經濟思維去理解香港，並有意識地壓抑香港人政治意識的發展。問題是，香港人，尤其是年青一輩的香港人，愈來愈對保守封閉不公平的制度不滿，並渴望改變。這不是世代之爭，不是利益之爭，而是價值之爭。在種種爭論之中，我們開始體會到，整個社會的政治想像其實相當貧乏，甚至沒有足夠的政治概念和知識結構去理解當下的處境，遑論建構理想的政治圖像。就此而言，香港並非過度政治化，而是政治上尚未成熟。我們早已完成經濟現代化，政治現代化卻剛起步。也許這種危機同時也是契機，促使我們從觀念、制度和個人生活層面，好好反思所謂的「香港經驗」，開拓新的想像空間。

　　出路在哪裡？既得利益者會說，繼續走非政治化的路吧。只要給香港人麵包，維持香港的繁榮安定，人民自然會安靜。但我們可以走另一條路，將香港變成民主公正自由開放的城市，讓每個人活

得自主而有尊嚴，讓生命不同領域各安其位，讓下一代不再只做經濟人，同時也做政治人文化人，更做對這片土地有歸屬感且活得豐盛的平等公民。

五

1998年，我離港赴英，回到倫敦經濟學院繼續我的學術之路。倫敦四年，對我的思想發展有極大影響。在這一節，我先描述一下倫敦的學術環境，以及英美分析政治哲學的一些特點。

倫敦經濟學院在倫敦市中心，國會、首相府、最高法院、英國廣播公司、大英博物館等徒步可達。它是一所以社會科學為主的研究型學府，研究生占整體學生逾半，全校更有六成學生來自其他國家。初抵學院，我便被它的學術氛圍吸引。學校每天有很多公開講座，講者大多是學術界和政經界翹楚，吸引很多老師學生前去捧場。當時的校長是著名社會學家紀登斯，每學期都會就某一學術主題作系列演講，包括探討第三條路、現代性和全球化等。紀登斯不僅學問了得，口才亦佳，每次站在台上，不用講稿，便能生動活潑地將很多艱深的學術問題清楚闡述。哲學方面的講座，更多得聽不完，因為倫敦是英國哲學界大本營。除了政經學院，還有大學學院、英皇學院、伯克學院、皇家哲學學會、亞里斯多德學會、倫敦大學高等哲學研究所等。林林總總的演講、研討會、學術會議、讀書會和新書發布會等，長年不斷，參與者眾。由於研究生課不多，除了讀書和寫文章，我大部分時間都在聽講座。

支撐倫敦學術氛圍的另一隻腳是書店。凡是喜歡書而又到過倫敦的人，都會同意這裡是愛書人的天堂。除了Foyles, Waterstone's, Blackwell, Borders這些大型書店，還有數以十計的二手學術書店，

散布在查令十字街、大英博物館和倫敦大學附近的大街小巷。這些
書店各有特色，有的以文學爲主，有的專賣左翼或女性主義，有的
則是出版社倉底貨的集散地。我生活中最大的樂趣，是每星期騎著
自行車，逐家書店閒逛，倘佯於書海，流連而忘返。後來我乾脆「下
海」，跑去倫敦大學總部那家號稱歐洲最大學術書店的Waterstone's
做兼職，圖的不是每小時6英鎊的工資，而是那張員工7折購書卡。
這家書店樓高5層，建築古雅，有書15萬冊，儼然是個圖書館的規模。
更難得是內設二手書部，書種多流通快，常有意外收穫。我每星期
工作兩天，工資一到手，眨眼又已全數奉獻給書店。我認識幾位堪
稱書痴的哲學同學，大家一見面，例必交流最新的讀書購書心得，
真是其樂無窮。現在回想，那幾年瘋狂淘書的日子，最大的收穫，
倒不是書架上添了多少藏書，而是擴闊了知識面，加深了對書的觸
覺，並培養出自己的閱讀品味。我現在回到倫敦，一腳踏入這些書
店，人自自然然安靜下來，哪裡也不想再去[31]。

　　倫敦經濟學院的政治哲學，一向集中在政治系，而非哲學系。
哲學系由波柏創立，以科學哲學、邏輯及方法學爲中心。我在讀的
時候，政治系有七位政治哲學老師，政哲博士生有20多人[32]。我們
每學期有兩個研討會，一個由同學輪流報告論文，另一個則請外面
的哲學家前來演講，老師一起參與。討論完後，大夥兒會去酒吧飲
酒，改爲談論輕鬆一點的題目，例如時政和哲學家的趣聞逸事等。
酒吧燈光昏暗，人聲嘈雜，大家擠在一起，三杯下肚，很快便熟絡。
我們一班同學的友誼，都是在酒吧薰出來的。

---

31 寫到這部分時，筆者正身在倫敦。
32 這些老師包括John Charvet, Janet Coleman, Cecile Fabre, John Gray,
   David Held, Paul Kelly, Anne Philips.

　　除此之外，我的老師碩維還專門在他家舉辦讀書會，稱爲Home Seminar，每兩星期一次，每次3小時。我們通常帶幾瓶酒去，老師則提供芝士和餅乾。酒酣耳熱之際，也是辯論激烈興起之時。討論範圍很廣泛，因爲大家的研究範圍不同，從盧梭、康德、馬克思到羅爾斯都有。有時意猶未盡，幾位同學還會到酒吧抽一根煙，邊喝邊聊。我的住所離老師家不遠，每次完後，我總是帶著醉意，伴著一堆問題，搖搖晃晃騎著車回家。

　　碩維早年以研究盧梭聞名，後來興趣轉向當代政治哲學，並在1990年代出版了《倫理社群的理念》一書，嘗試進一步修正和完善羅爾斯的契約論，並證成自由主義的平等原則[33]。我的哲學問題意識，很多受他影響。碩維對我關懷備至，只要我寫了什麼東西，總會在兩星期內改完，然後約我在學院旁邊的Amici咖啡館討論。老師有自己的哲學立場，但他總是鼓勵我發展自己的想法。就像和石元康先生一樣，在碩維面前，我總是暢所欲言，據理力爭。我一直以爲這是學術圈的常態，後來見識多了，才知道這是我的幸運。老師幾年前退休，學系爲他辦了個惜別聚會。那時我已回到香港，據同學轉述，他在致辭中提及，最遺憾的是我不能在場。

　　還有兩個哲學家，對我影響甚深。第一位是德沃金。德沃金當時剛從牛津的法學講座教授退下來，分別在紐約大學和倫敦大學主持兩個法律和政治哲學研討會。研討會的形式很特別，要討論的文章在兩星期前寄給我們，受邀的哲學家不用做報告，而是由另一位主持華夫（Jonathan Wolff）先將文章作一撮要，接著交由德沃金評論然後到作者回應，最後聽眾加入討論。研討會長達三小時，吸引很

33　John Charvet, *The Idea of an Ethical Community* (Ithaca: Cornell University Press, 1995).

多哲學家和研究生，每次將會室擠得滿滿，遲來的只能席地而坐。

研討會有種很特別的氣氛，不易形容，勉強要說，是人一到現場，便感受到一種嚴陣以待的學術張力。德沃金思想的銳利和口才之便給，在行內早已出名，而他的評論甚少客套之言，總是單刀直入，對文章抽絲剝繭，提出到肉批評。被批評的人，自然得打起十二分精神，寸步不讓，謹慎應對。至於台下聽眾，很多來者不善，恨不得在這樣高手雲集的場合露一露臉，提出一鳴驚人之論。所以，一到討論環節，舉手發言的人總是應接不暇。記憶中，受邀出席的哲學家包括拉茲、史簡倫、謝佛勒和威廉斯等當世一流哲學家[34]。

第二位是最近去世的牛津大學的社會政治理論講座教授柯亨。他那時在牛津開了一門課，專門討論羅爾斯，用的材料是他新近才出版的《拯救正義與平等》的手稿[35]。我每星期一大早從倫敦維多利亞站坐兩小時汽車到牛津旁聽。課在全靈學院舊圖書館上，學生不多，20人左右。第一天上課，我坐在柯亨旁邊，見到他的桌上放了一本《正義論》，是初版牛津本，書面殘破不堪[36]。他小心翼翼將書打開，我赫然見到600頁的書全散了，書不成書，每一頁均密密麻麻寫著筆記。那一刻，我簡直有點呆了，從此知道書要這樣讀。我當時想，連柯亨這個當代分析馬克思主義學派的哲學大家，也要以這樣的態度研讀《正義論》，我如何可以不用功？！柯亨的學問和為人，對我影響甚深。他當時在手稿中，完全否定穩定性問題在羅爾斯理論中的重要性，而這卻是我的論文的核心論證，因此我必

34　Joseph Raz, T. M. Scanlon, Samuel Scheffler, Bernard Williams.

35　G. A. Cohen, *Rescuing Justice and Equality* (Cambridge, Mass: Harvard University Press, 2008).

36　《正義論》分別由哈佛和牛津在美國和英國出版，書的大小不同，頁碼卻一樣。後來再有初版和修訂版兩個版本。

須回應他的觀點。這是一場極難也極難忘的知性搏鬥,而我在過程
中學到很多[37]。

　　最後,我想談談我所感受到的英美政治哲學的治學風格。不過,
讀者宜留意,這既然是我的感受,自然受限於我的經驗,難免有所
偏頗。當代英美政治哲學的主流,基本上屬於分析政治哲學。這並
不是指這個傳統中的哲學家均接受相同的政治立場,而是指他們對
於政治哲學的目的和方法,有頗為接近的一些看法[38]。這裡我集中
談5點。

　　一、分析政治哲學十分重視概念的明晰和論證的嚴謹。它認為,
哲學的基本工作,是用清楚明白的語言,準確區分和界定政治生活
中不同的政治概念,然後在此基礎上提出理由證成政治原則,而證
成過程必須盡可能以嚴謹的邏輯推理方式進行,並讓讀者看到背後
的論證結構。換言之,分析政治哲學反對故弄玄虛,反對含混晦澀,
反對不必要地使用難解的術語,以及反對在未有充分論證下視某些
經典和思想為絕對權威。

　　二、既然道德證成是分析政治哲學的基本任務,那麼其性質必
然是規範性的。它既不自限於哲學概念的語意分析,亦不像社會科
學般只關心實證問題,也不將焦點放在思想史中對不同經典的詮

37　對於這個問題的討論,可參考書中〈穩定性與正當性〉及〈正義感
　　的優先性與契合論〉兩文。

38　我這裡的討論受益於David Miller & Richard Dagger, "Utilitarianism
　　and beyond: Contemporary Analytic Political Theory," in *Twentieth
　　Century Political Thought*, ed. Terence Ball & Richard Bellamy
　　(Cambridge: Cambridge University Press, 2003), pp. 446-449. 亦可參
　　考 Philip Pettit, "Analytical Philosophy" in *A Companion to
　　Contemporary Political Philosophy*, ed. Robert E. Goodin & Philip
　　Pettit (Oxford: Blackwell, 1993), pp. 7-38.

釋，而是探究價值倫理的應然問題，追問什麼是政治權力的正當性
基礎，社會資源應該如何分配，個人應該享有什麼權利和承擔什麼
義務等。政治哲學關心的是「我們應該如何活在一起」這個根本的
道德問題[39]。這是柏拉圖和亞里斯多德以降政治哲學的核心問題。
而提出問題本身，即意味著我們相信人可以憑著自己的理性和道德
能力，對種種政治道德問題作出合理回答。分析政治哲學不會接受
「強權即正當」的政治現實主義，也不會接受政治根本無是非對錯
的道德虛無主義。

　　三、道德證成是個提出理由的過程。無論我們贊成或反對某種
政治原則，均需要有充分的理由支持。分析政治哲學普遍認為，這
些理由的性質必須是俗世的，和具體實在的個人的利益相關的，而
不應訴諸宗教或某種超越的神秘權威。這些理由可以是人的基本需
要、欲望的滿足、個人自主和尊嚴、人的理性和道德能力的實現，
以至社群生活的價值等。這些理由的共通點，是原則上能夠被生活
在經驗世界中的理性主體感知、理解和接受。

　　這不表示理性主體不可以有宗教信仰，更不表示這些信仰不應
成為個人行動的基礎，而是分析哲學有個很深的理論假定：規範人
類倫理和政治生活的基本原則，若要得到充分證成，那麼訴諸的理
由，必須要在最低程度上滿足交互主體性的論證要求。宗教理由很
難做到這點，因為它的理論效力總是內在於該宗教的意義體系，但
現代社會不同人有不同信仰，宗教理由很難可以成為理性主體普遍
接受的公共理由。就此而言，政教分離不僅是制度上的安排，也是

39　對於倫理和政治的規範性質，以及與其他實證科學的分別，西季維
　　克作過恰當的討論。Henry Sidgwick, *The Methods of Ethics*
　　(Indianapolis, Hackett, 1981), 7th edition, pp. 1-2.

道德證成上的要求：政治原則的基礎，不能訴諸任何宗教，也不能訴諸某種神秘超越的自然秩序，而是必須回到人間，回到人自身，回到我們共同生活的歷史文化傳統。

四、至於政治哲學的方法學，分析哲學家在他們的著作中，一般不多作討論，甚至完全不觸及[40]。但在相當寬泛的意義上，他們基本上接受了羅爾斯提出的「反思均衡法」[41]。這個方法的特點，是先假定人們在日常生活中，會形成一些根深柢固的道德信念。這些信念經得起我們的理性檢視，且有廣泛深厚的社會基礎，從而構成道德證成中「暫時的定點」，例如我們普遍認為宗教不寬容、奴隸制和種族歧視是不公正的。但對於這些道德判斷背後的理據，以及當不同判斷之間出現衝突時如何取捨，卻非我們的道德直覺足以應付，因此我們有必要提出不同的道德和政治理論，並和這些暫時的定點進行來回反思對照。一套理論愈能夠有效解釋我們的道德信念，愈能夠在眾多判斷之間排出合理次序，從而在信念和原則之間達成某種均衡，那麼它的證成效力便愈大。

反思的均衡作為一種方法，有不少操作上的困難，例如如何找出這些定點，不同人對定點有不同判斷時如何取捨，定點和原則之間出現不一致時應該修改那一方等，都不是容易解決的問題。但反思的均衡不僅是一種方法，同時反映了某種獨特的哲學觀。它最大

40　這是相當有趣的現象，值得進一步探究。最近有一本書，對此作了專題探討。David Leopold & Marc Stears, *Political Theory: Methods and Approaches* (Oxford: Oxford University Press, 2008).

41　我說「寬泛」，是因為羅爾斯的反思均衡法和他的契約論是分不開的，其他哲學家卻往往只接受前者，卻不一定同時接受後者。例如 Will Kymlicka, *Contemporary Political Philosophy* (New York: Oxford University Press, 2002), second edition, p. 6.

的特點，是認為政治哲學思考，應始於生活，卻不應終於生活。所謂始於生活，是指所有政治理論證成工作，均須從我們當下的道德經驗和人類真實的生存境況出發。道德真理，不存在於某個獨立於經驗的理型界或本體界。政治哲學的任務，不是要抽離經驗世界，找到一個超越的絕對的立足點，然後在人間建立一個美麗新世界。[42]我們打出生起，已經活在社群之中，過著某種倫理生活，並對世界應該如何有著種種判斷。這些「直覺式」的道德信念，實實在在指引著我們的生活，並影響我們看自我和世界的方式。羅爾斯稱這些信念為暫時的定點，意味著它們在道德證成中，絕非可有可無，而是不可或缺的參照系。但理論思考卻不應終於生活，因為這些定點只是「暫時」的，並非不可修正的絕對真理。人的理性能力和道德意識，使得我們成為自主的反思者，能對生活中既有的信念和欲望，進行後設反省。經不起實踐理性檢視的信念，會被修正甚至被揚棄。這個反思過程原則上沒有止境，因為人類的生存境況會隨著歷史發展而出現新的問題，這些問題會挑戰既有的道德信念，從而促使我們繼續思考和探索政治生活的其他可能性。就此而言哲學沒有終結。

　　五、最後，分析政治哲學具有某種公共哲學的特點。所謂公共哲學，有幾個面向。首先，它思考的對象，是和公共事務相關的議題；其次，它是在公共領域向所有公民發言，提出的是公共理由，而不是特別為統治者或某個階層服務。原則上，每個公民均可自由接觸這些觀點，並就它們的合理性提出意見。再其次，書寫哲學的人，並不理解自身為高高在上的精英，而是政治社群的一員，並以平等身分向其他公民發言。他們相信，透過明晰的思考和小心的論證，以及在公共空間的理性對話，可以減少分歧，增進共識，共同

---

42 不少人以為羅爾斯的契約論採納了這種觀點，其實是一種誤解。

改善政治生活的質素。最後,哲學家理解自身具有某種不可推卸的
公共責任,這些責任包括以真誠態度書寫,對公共事務有基本關懷,
對人類苦難有切實感受,對不義之事有基本立場。政治哲學是一門
實踐性的學問,這份責任內在於學問的追求之中[43]。

　　我認為,以上5點是當代分析政治哲學的一些顯著特點。當然,
作為概括性的描述,這些特點不是嚴謹的定義,也不一定為分析哲
學所獨有。但將這五點放在一起,再和其他哲學傳統對照,我們還
是可以看到它的獨特性。《正義論》出版後,不少論者形容其為當
代政治哲學的分水嶺,因為它打破了此前英美「政治哲學已死」的
局面,並復興了規範政治哲學的傳統。這樣的評價大抵持平,因為
上述討論的五方面,都在《正義論》中得到充分體現。其後從事政
治哲學的人,雖然很多都不同意羅爾斯的哲學立場,基本上還是在
他設下的範式中進行理論思考。這個傳統發展到今天,仍然充滿活
力,探索領域也早已從傳統的議題,延伸到全球正義和跨代正義、
動物權益和少數民族文化權利、綠色政治和基因改造等。這個傳統
能否在中國生根,並產生一定影響力,是個值得關注的問題[44]。

六

---

43 有人或會說,這些責任不僅適用於政治哲學家,也適用於所有知識
　分子。我對此並無異議,儘管我認為由於道德和政治哲學的規範性
　質,更容易和這些責任聯繫起來。

44 讀者須留意,這個傳統有它的優點,也有它的局限。例如它過於重
　視概念分析,卻對政治生活中的歷史和社會面向不夠重視,在科際
　整合方面(尤其和社會科學)也有很大的發展空間。我這裡無意說因
　為分析政治哲學是主流,所以是最好的。事實上,一個健康而有活
　力的學術社群,應該存在不同的哲學傳統,也應有良性的對話交流。

　　很多年前，我讀到伯林的〈兩種自由的概念〉。在文章開首，伯林告訴我們，千萬不要輕視觀念的力量。回首現代歷史，意識形態改變和摧毀了無數人的生命。我們活在觀念之中，並受觀念支配。這個世界，有好的觀念，也有瘋狂邪惡的觀念。觀念的力量，來自觀念本身，因此觀念只能被觀念擊倒，而不能被武力征服。哲學家的任務，是要善用一己所學，嚴格檢視觀念的合理性，努力捍衛人的自由和尊嚴[45]。伯林這番說話，對我影響甚深，並在無數黯淡的日子，支撐我對哲學的追求。

　　這篇文章寫到一半時，我重返歐洲，在巴黎的咖啡館，在火車，在倫敦大學的宿舍，斷斷續續在回憶和哲思之間糾纏徘徊。期間，我重訪約克大學和倫敦政經學院，拜會昔日的老師。我也再一次徜徉倫敦書店，在書堆中尋尋覓覓，欲窺舊時身影。某個下雨天，我和我兩個正在牛津唸書的學生，去了Wolvercote 墓園。伯林長眠於此。柏林的墓素樸簡潔，碑上刻著「ISAIAH BERLIN, 1907-1997」。墓園靜寂，天空澄澈。我在墓前佇立良久，回首來時路，不禁想起蘇軾的「常行於所當行，常止於所不可不止」句。行於所當行，是我當下的心境。

　　是爲後記！

　　　　　　　　　　　　初稿 2009年7月　定稿 2009年12月
　　　　　　　　　　　　香港沙田中文大學忘食齋

　　周保松，現任教於香港中文大學政治與行政學系，研究興趣為當代道德與政治哲學。

---

45 Berlin, *Four Essays on Liberty* (Oxford: Oxford University Press, 1969), p. 118-119.

思想采風

在21世紀的台灣與魯迅相遇：
錢理群在台演講側記

陳瑋鴻

　　魯迅作品在台灣的傳播始於1920年代，主要是隨著中國新文學革命的介紹引入，《台灣民報》曾轉載〈鴨的喜劇〉、〈狂人日記〉、〈阿Q正傳〉等多篇著名的小說。隨後在台灣左翼作家的闡釋下，魯迅關切被壓迫階級與受迫害者的形象也被建立起來。二戰結束後，由於魯迅好友許壽裳以及在地學者如楊雲萍等人的推許與闡發，台灣曾經出現過短暫的「魯迅熱」[1]。不過，隨著中國內戰的演變，以及國民黨撤退來台對左翼的鎮壓和查禁，魯迅成為反共政策的標靶而消聲滅跡。直至解嚴後，1989年台灣才有《魯迅全集》出版。魯迅的著作從禁書、盜版書到文學商品，其思想在台的傳遞因政治力嚴重扭曲，加上遲來且文學商品化的稀釋，使魯迅如今在台灣僅作為中國現代文學作家而聊備一格，喪失很多具體且豐富的思想蘊含。

　　從1985年至2001年在北京大學講述魯迅17年的錢理群教授，2009獲聘國科會講座教授來台，於交通大學與清華大學開課講學，彌補了魯迅思想在台缺乏生命力的缺憾。錢教授並於10月30日假台

1　中國新文學革命與魯迅在台思想的傳播，可參看中島利郎所編的《台灣新文學與魯迅》各篇論文（台北：前衛出版社，2000）。

北清大月涵堂演講〈「魯迅左翼」傳統〉，與會者甚眾，一時將演
講堂擠得水洩不通，可想見他在北大備受學生愛戴的光景。錢教授
以雄渾厚實的音調，明晰又不時幽默地講授多年來自己在魯迅思想
與對人生、時代省思之間的揉合。

魯迅左翼與東亞魯迅

錢教授是從當前左翼在中國大陸的變化，重新回顧魯迅思想的
定位。魯迅的左翼思想與「黨的左翼」、「愛國左派」，以及「學
院左派」有極大的區隔。「魯迅左翼」是「對現存的一切進行無情
的批判」精神，以及追求個體自由的理想。因此，它相對於「黨的
左翼」，永遠在黨派、體制、權勢集團之外，位處邊緣。堅持批判
的徹底性，「魯迅左翼」拒絕充當國師、幕僚、智囊，更不願做國
家意識形態的幫傭，從而保有知識分子獨立批判的人格。另外，「魯
迅左翼」不困鎖在象牙塔裡，永遠與民間底層和被壓迫者站在一起，
批判是爲社會實踐尋找出路。

錢先生進而將魯迅連結世界性左翼思潮。由於中國社會主義
經驗，以及東亞現代性後進發展的性質，使得魯迅與第三世界的左
翼有某種親近性。在多位韓國與日本學者的闡釋下，「東亞魯迅」
也成爲東亞與西方左派或批判理論對話和相互影響的獨特資源。

「歷史中間物」的知識分子

魯迅在文革時期受到中共造神般的推崇，對於生前一貫反專
制、反偶像崇拜的魯迅，可說是極大的諷刺。錢教授認爲，中國近
代史所有的災難，都關係到知識分子懷有「國師情結」，自詡掌握

真理,欲將烏托邦完全實現;忽略了批判外在社會的同時,另有一個徹底自我批判的向度。如魯迅指出的,4000多年的吃人民族,每個人都在其中沾染了吃人的成素,需要自我批判。這雙重批判的態度,即是錢教授不斷闡釋的「歷史中間物」意識:「從絕對對立中發現自我與他者的糾結,從單向地批判外部世界的他者,轉向他我、內外的雙重、多重批判的纏繞。」[2]每個人都承接沈重的歷史債務,批判社會更須無情地批判自己,如此才能清楚認知自身所處的歷史環節,以及行動的限度。

實踐魯迅「真的知識階級」將無可避免陷入內在的自我衝突。一旦批判的尺度轉向了自我,實踐者同時夾處在理想改革與自我懷疑之間,而且必須承認改革是永遠的不完滿,甚至徒勞無功;徬徨與痛苦將永久蟄伏於知識分子的心靈。此處境如魯迅在〈過客〉裡的描繪:在蒼茫的暮色裡,過客行走的前方除了「墳」不知還有何物,而回頭只剩逼人的黑夜,過客只能向前走去。「絕望之為虛妄,正與希望相同」,社會改革者如何能超克此內在的困局?

重構魯迅的精神

在錢教授的重構下,魯迅精神具有豐厚的實踐力,包含三個側面:

硬骨頭精神:近代中國在面對帝國主義和殖民者的侵略壓迫,魯迅代表追求個人獨立與民族尊嚴的精神;堅毅的抵抗不僅在面對外部力量,個體也必須擺脫冀求依附的人格,拒絕充當官、商、大

---

2 〈十年沈默的魯迅〉,《與魯迅相遇》(北京:三聯書局,2003),頁98。

眾的「幫忙」、「幫閒」。

韌性精神：面對苦難與不義唯有長期、數代人鍥而不捨地投入，即使眼前無法獲得成果，卻必須糾纏到底。錢教授幽默地比喻，這樣的鬥爭精神猶如「邊打邊玩」：「只玩不打」是屈從於現實，而「只打不玩」的改革卻無法行之長久，唯有如「壕塹戰」般長期抗戰，社會改革成功無須在己，只自問付出多少。

泥土精神：實踐必須心懷「想大問題，做小事情」的態度，正視現實、不尋找精神避難所，著手點點滴滴的苦工；唯有將理想落實於日常具體生活，才能避免空談與無所事事。

上述由魯迅思想中抽繹出的社會實踐精神，可謂一掃對魯迅陰霾形象的認識，也可窺見錢教授自己長期投入社會改革的動力來源。

如何觀察中國：「去看地底下」

2002年錢教授從北京大學退休後，仍舊依循著魯迅的「立人」思想，回歸其精神故鄉貴州，探尋那個他曾生活18年卻遲遲未能理解的土地，並為中小學教育改革貢獻心力。在他的精神自傳裡，他坦言成為「兒童文學家」是人生最後的計畫，我們彷彿可以聽到魯迅〈狂人日記〉裡「救救孩子」的呼喊。

隨錢教授來台講座同步出版的《魯迅入門讀本》中，他提醒不要以崇拜或知識興味接近魯迅，而應是去「感受魯迅」：「感受魯迅，就是把魯迅看作是和我們一樣的『人』，尋找生命的共通點，並思考『他』和『我』的關係。」[3]此段樸質的話蘊含極為深刻的體

3　魯迅，錢理群編，《魯迅入門讀本》（台北：臺灣社會研究季刊，2009），頁53。

會：越接近魯迅思想，就越能理解在同屬於「人」的命運下，我們個體生命的獨立性。在價值理想與認知方法都顯現魯迅左翼的思考。台灣長期缺乏左翼思想傳統與社會主義的聲音，建立台灣的「魯迅學」或許是接榫東亞與世界左翼的重要媒介。

　陳瑋鴻，台大政研所博士生。目前研究興趣為當代政治哲學、歷史正義論與記憶政治學等。

致讀者

　　隨著新年到來，《思想》新的一期也應時出刊。

　　本期的「日本症候群」專輯，切入一個廣泛的文化現象，讀者應該不會煩於篇幅繁袠。台灣的日本症候群——「由於日本所引發的種種心理、文化、社會與政治諸現象」——大家並不陌生；它包括了哈日、親日、戀日、甚至仇日等等情結，不一而足。日本在近代歷史中與台灣以及中國的關係深厚複雜，日本症候群的出現因此不難理解。不過，台灣的日本症候群一旦成形，與日本的關係反而間接一些；它主要在島內作用，為內部的自我意識、大眾文化、以及政治上的攻防論述提供動能，堪稱台灣精神史關鍵的環結之一。我們構作此一專輯，著眼點即在於追索台灣精神面貌的一個深層歷史源頭，對流行文化的興趣倒在其次。畢竟，「歷史」——尤其是「日本」在近代東亞的歷史——往往是穿著軍服的思想家，無論作為殖民者、侵略者、還是西方現代性的對抗者。在這個意義上，歷史不應該被流行文化或者觀光懷舊等趣味現象完全掩蓋。

　　歷史固然塑造了台灣的日本症候群，不過如專輯中的文章所示，台灣的各類日本情結也反過來塑造自己的日本想像、塑造相應的歷史敘事。對這種「想像」的日本以及「想像」的歷史有所自覺，甚至於作檢討，正是這個專輯的用意所在。

　　在中國大陸，歷史這種雙向的「作用」兼「被作用」態勢更是鮮明。中共的政治論述一向立足於歷史：只有歷史所提供的寬廣場景，才能指示、說明它的特定政治選擇。可是畢竟政治才是決定性

的力量：歷史往往必須「今用」。王超華並不接受「歷史終結」的
說法。但她發現，十餘年來中共的意識型態經營，竟然人工地塑造
了福山所謂的歷史終結局面：割斷社會主義歷史之後，意識型態的
「多元迷宮」特質，掩飾了資本當道所帶來的社會矛盾。叢小平的
大作分析不同時期的三齣「國慶史詩劇」，指出每一齣劇皆構築了
一套歷史論述，從工農─人民革命、調整到改革開放「新時期」、
再調整為今年的「民族復興」天命論，充分展現了政治與歷史以今
釋古和古為今用的雙向運作。

　　秦暉先生的訪談，值得讀者特別注意。在中國大陸知識界的各
種立場與「話語」之間，秦暉獨樹一幟。他不一元地迷信市場，也
不一元地迷信國家，更排除了民族主義或者「中國特殊論」對於市
場與國家的扭曲與佔有。他用「自由」與「福利」的雙元價值觀，
分析中國大陸二十年來改革與發展的路徑特色，判斷政權性質的演
變與趨勢，批評知識界各種單元的、簡化的論述，其全面、深入、
與系統，對讀者很有幫助。他重申經典的自由與平等兩項價值，在
當前中國大陸的保守性「大國崛起」狂潮中，尤其發人深省。秦暉
的著作甚多，本次訪談集他的思想之大要於一篇，是很好的參考文
獻。陳宜中的提問全面而扼要，良有貢獻，也值得推許。

　　本刊的創刊編委江宜樺、單德興二位，因為分別在政府與學術
機構擔任要職，先後辭去了編委職務。我們深深感謝他們二位對這
份刊物的精神與實質貢獻，也很遺憾不能繼續仰仗他們的學識智
慧。所幸者，我們邀請到了王智明先生從本期開始參加編委會；在
下一期，王超華女士也將參加編委會。他們二位生力軍，將會讓本
刊的視野與觀點更形廣闊、多樣。

　　　　　　　　　　　　　　　　　　　編者 2010年 新年

《思想》徵稿啓事

1. 《思想》旨在透過論述與對話，呈現、梳理與檢討這個時代的思想狀況，針對廣義的文化創造、學術生產、社會動向以及其他各類精神活動，建立自我認識，開拓前瞻的視野。

2. 《思想》的園地開放，面對各地以中文閱讀與寫作的知識分子，並盼望在各個華人社群之間建立交往，因此議題和稿源並無地區的限制。

3. 《思想》歡迎各類主題與文體，專論、評論、報導、書評、回應或者隨筆均可，但請言之有物，並於行文時盡量便利讀者的閱讀與理解。

4. 《思想》的文章以明曉精簡爲佳，以不超過1萬字爲宜，以1萬5千字爲極限。文章中請盡量減少外文、引註或其他妝點，但說明或討論性質的註釋不在此限。

5. 惠賜文章，由《思想》編委會決定是否刊登。一旦發表，敬致薄酬。

6. 來稿請寄：reflexion.linking@gmail.com，或郵遞110台北市忠孝東路四段561號4樓聯經出版公司《思想》編輯部收。

各期專輯

思想14
台灣的日本症候群

2010年1月初版　　　　　　　　　　　　　　　定價：新臺幣360元
有著作權・翻印必究
Printed in Taiwan.

編　　著	思想編委會
發行人	林　載　爵

叢書主編	沙　淑　芬
校　　對	劉　佳　奇
封面設計	蔡　婕　岑

出　版　者　聯經出版事業股份有限公司
地　　　址　台北市忠孝東路四段555號
編輯部地址　台北市忠孝東路四段561號4樓
叢書主編電話　(02)87876242轉212
總　經　銷　聯合發行股份有限公司
發　行　所：台北縣新店市寶橋路235巷6弄6號2樓
電　　　話：(02)29178022
台北忠孝門市：台北市忠孝東路四段561號1樓
電　　　話：(02)27683708
台北新生門市：台北市新生南路三段94號
電　　　話：(02)23620308
台中分公司：台中市健行路321號
暨門市電話：(04)22371234ext.5
高雄辦事處：高雄市成功一路363號2樓
電　　　話：(07)22112234ext.5
郵政劃撥帳戶第0100559-3號
郵撥電話：　2　7　6　8　3　7　0　8
印刷者　世和印製企業有限公司

行政院新聞局出版事業登記證局版臺業字第0130號

國家圖書館出版品預行編目資料

台灣的日本症候群/思想編委會編著.
初版. 臺北市. 聯經. 2010年1月（民99年）.
336面. 14.8×21公分.（思想：14）
ISBN 978-957-08-3545-8（平裝）
1.台日關係 2.中國大陸研究 3.現代哲學
4.文集

578.333107   99000380